JN117957

アフリカの聞き方、アフリカの語り方

メディアと公共性の民族誌

田中正隆

風響社

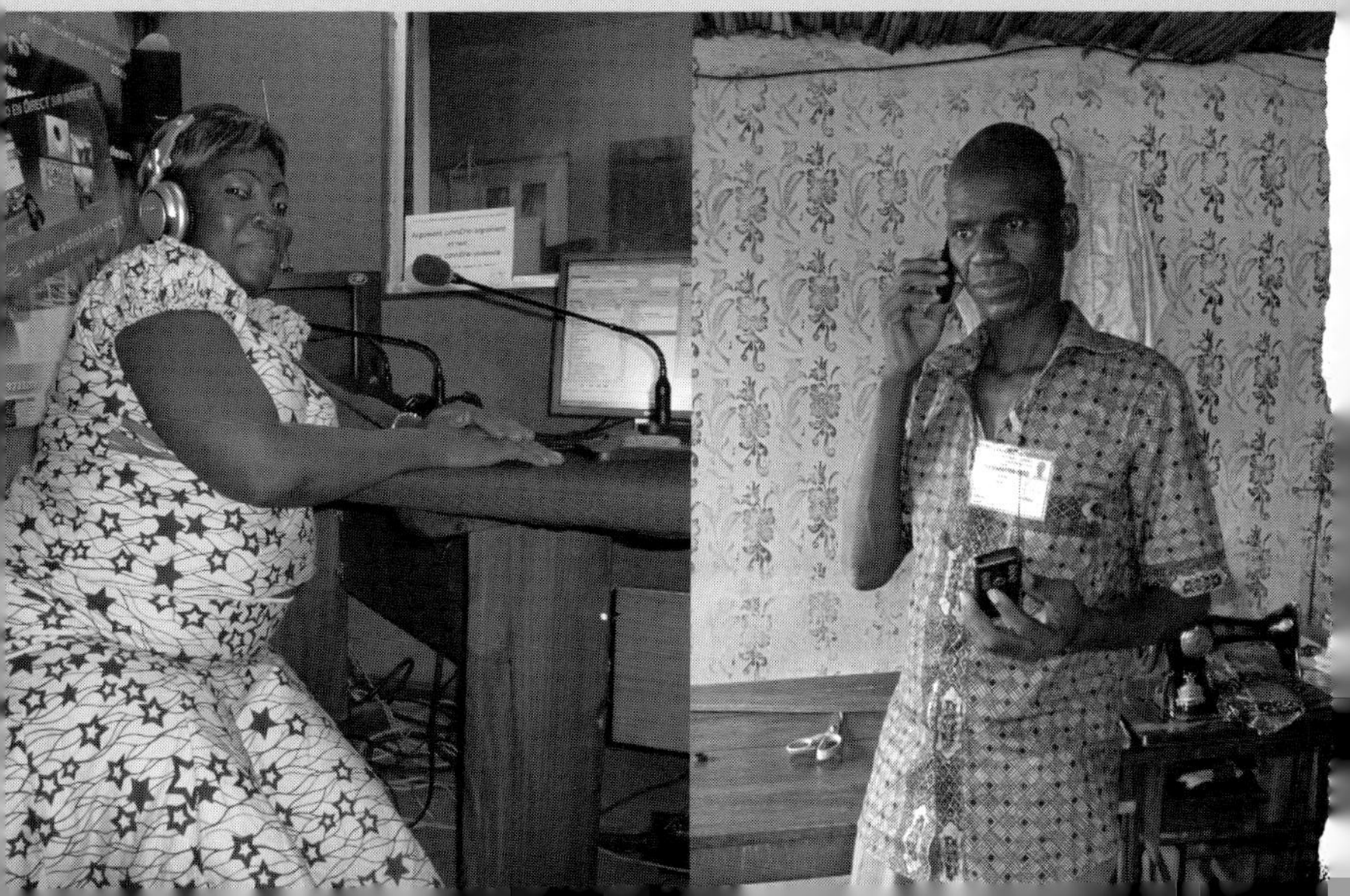

はじめに

今日のアフリカ社会では、テレビやインターネット、携帯電話が普及する都市部だけでなく、村落部においても、ラジオの音楽が日々の暮らしの一部となっている。地域にねざした情報、たとえば葬儀や集会の連絡、知人への伝言を伝えてくれることから、アフリカにおいてメディアは広く浸透し、その影響力の大きさが指摘されてきた(1)。

とりわけラジオの普及は二〇世紀半ばに一〇〇万台超ほどであったのが、二〇世紀末には一〇億台にまでなり、今世紀に入っては一家族に一台以上は所有されている。一〇万人のコミュニティで少なくとも一局以上の地域ラジオ局が容易に聴取することができる。フランスラジオ国際放送（ＲＦＩ）が世界に四六〇〇万人のリスナーがおり、そのうち二七五〇万人がアフリカのリスナーだと宣伝するのも、局の広告とともにこのメディアを通してアフリカ社会でいかに情報流通が盛んとなっているかが窺える数字である［Perret 2010: 1005］。むろん電力供給の整った都市部ではテレビ、インターネット、携帯電話（やスマートフォン）の普及は著しい。携帯電話の広がりは二〇〇〇年に一五〇〇万人の利用者が二〇一〇年に五億四〇〇〇万人となり、年平均増加率が三〇％超という統計からもその急速な伸びがよくわかる。日本と違い、ＳＩＭフリーの携帯電話は一人が二、三台持つのが当たりまえである。今日、携帯電話やスマートフォンなどを含む携帯端末は通話やインターネット接続だけでなく、ラジオやテレビを視聴するのに広く用いられている。そして、この携帯端末によって、アフリカではラジオは聴くものから参加するものへと拡張したのである[2]。

私がラジオに興味をもったのは、コトヌに寝泊まりしていたある晩、寝入りばなに窓の外でラジオを聞いて笑いあっている人々の声が聞こえてきたのがきっかけであった。番組から流れる声は怒っているようでもあり、アナウンサーではなく一般の人の語りのようだった。彼らが熱心に話せば話すほど、聞き手のほうはクスクスと笑いを誘われているらしい。翌朝、声が聞こえてきた辺りを探して人に尋ねてみると、深夜のあの番組は再放送で、誰もが不満を話せる番組だという。朝の本放送を聞いてみなよと教えてもらったのが始まりだ。

本書ではこうしたアフリカ・メディアとの出会いをもとに、人々の暮らしにおけるメディアの関わり、その背景となる民主化という社会変化の本質へと視野を広げてゆくことをねらいとする。ここでいうメディアとはいわゆるマスメディアのことで、テレビ、ラジオ、新聞など、人々の間で情報のやり取りをするための媒体をさす。本書ではラジオを中心に考察しよう[3]。メディアを通して人はどのように社会とつながるのか。そこで流れた番組の分析をとおして、人々が社会に対してどのような思いや考えを持っているかを、本書は読み取ってゆく。放送の送り手は、生活者としてありつつ、番組をとおして人と人とをつなぐ＝媒介する。人々は番組から情報を得るだけでなく、自らの意見をもち、聞き手同士のつながりや交流が番組を成り立たせてゆくことを本書は示すだろう。今朝の新聞が貼りだされたキオスクでの人々の語りや、ラジオ番組をめぐる人々の討論がいわば草の根の議会となる。それを示すことで、それぞれの社会に埋め込まれ、その状況を決定するモノとしてのメディアの可能性を読み取ってみたい。

メディアに関する研究は、なお人類学では対象や記述についてのさまざまな模索が続けられている。各地の人類学では一九八〇年代、アフリカ社会を対象とした人類学では一九九〇年代の独立系新聞、ラジオ、テレビの増加といったフィールド環境の変化への対応という形で研究が進められたからだ［Willems & Winston 2017; Gratz 2014］。人類学は、この分野で先行するカルチュラル・スタディーズ（CS）や社会学の諸研究を参照しつつ、独自のニッチを模索してきた［Spitulnik 1993; 小池 二〇〇三、今関 二〇〇三］。しかし、地域社会の調査に基づいたメディア研究は、欧米の先行研究を相対化することにとどまらない重要性がある。上記のとおり携帯端末の普及は欧米とは異なるし、放送と通信、経済活動の融合など、テクノロジーの使われ方は地域に固有の状況だからだ。[4] そこで、本書は実地調査にもとづいた、ある社会のメディア、とくにラジオをめぐる状況についてのモノグラフを提出したい。本書の記述は西アフリカ、ベナン共和国での国営、民営、ローカルラジオについての調査資料にもとづく。[5] 以下、各章は次のような構成で展開してゆく。

次の序章ではアフリカの現在を理解するメディア研究の意義を論じ、先行する欧米メディア論の流れを整理する。アフリカ地域研究ではメディアはデモクラシーとの関連で論じられてきたが、本書の議論の背景となる公共圏論の、今日の課題を措定する。

第一章では対象とするベナンの状況を、マスメディアに関連する近現代史から整理、紹介する。産業の自由化政策の一環としての放送周波の開放と民営放送のインパクトを論ずる。第二章ではベナン政治とメディアやジャーナリズムの関わりを二〇〇〇年代以降の大統領選挙に焦点をあてて明らかにする。第三章では放送に携わるジャーナリストたちが業務とともにいかなる人生を送ってきたかを語りのなかに見出す。第四章では聞き手＝オーディエンスの活動をとりあげ、民主化というマクロな社会変動と個人の生がどのように交錯するかを示す。第五章ではメディアと政治の関わりのベナン的状況を明らかにするために、隣国トーゴの状況との比較を行う。第六章ではアフリカのメディア研究において不可欠な宗教とメディア、とりわけベナンに特徴的な伝統宗教とメディアとの関連を検討する。

各章での事例研究をふまえて、終章ではアフリカ政治のメディア転回、ジャーナリストとオーディエンスの生活史研究、宗教のメディア転回の意義を確認し、序章で示された公共圏論や現代のデモクラシーについての考察へと議論を接続する。

注

（1）人々が自由、平等に、そして容易に情報をやりとりするのにメディアが果たす役割は大きい。それは意見交換や議論の場として後述する公共圏とも密接にかかわる。マスメディアがこうした議論を活発化させる電子公共圏が期待をもって想定された。だが、二〇〇〇年代以降のインターネット環境の変化によって、メディアが形成する電子公共圏が、先進国においてはすでに有効性を失っているともメディア論では述べられる［伊藤・毛利編　二〇一四など］。立場や経済条件、出自や性別などが不特定な者が自由で平等な討論をする公共圏が、電子環境によって容易となることが期待されたはずである。だが現実には、同時に倫理的な規制もなくなるため、かえって排他性や対立、悪感情などがそうした場に噴出した。いわゆるネットの炎上や誹謗中傷などが、公共圏の崩壊として指摘された。

だが、オープンであるがゆえに匿名で、情報の真偽も定かとならないのは、安定的な通電供給がされており、電子環境が充実している場合である。ネット環境に期待された公共圏の可能性が、どこでも「炎上」によって無効化するのだというのは、メディアの発展は、やがてこうなるという想定が前提となっているように思われる。文字、印刷技術をへてマスメディアやソーシャルメディアが普及するのは、決して一系列的な進化発展過程ではない。インターネットやブロードバンドという技術形態は共通するが、それが用いられる環境や人々のニーズ、社会状況は異なっていることに、本書は留意する。「社会に埋め込まれ、その状況を決定するメディアの可能性」とは、これに対応する。

（2） アフリカ社会における携帯電話の普及状況は［羽渕・内藤・岩佐編　二〇一二］など参照。同書は携帯電話（ケータイ）のアフリカ社会への普及とそのインパクトについてフィールド調査にもとづいて報告したものとして、メディア研究ではきわめて重要な書であった。もっとも、二〇〇〇年代当時、ケータイが担っていた電子送金、決済システムなどの経済的利用に重点をおいて論述されている。ラジカセなどの放送受信器から経済ツールとなる通信媒体へと人々の需要が推移した様子が記述されている。本書ではケータイ、スマートフォンが放送媒体と結びつく、テクノロジーのリープフロッギング（蛙飛び）と言論状況に焦点をあてて、アフリカのメディアを考察する。

（3） 後述するとおり、アフリカ社会ではラジオが都市や地方まで最も広く利用されているメディアであるため、本研究の対象とする。また、国営、民営（商業）ラジオ局とローカルラジオ（地域のラジオ局）とに分類して考察する。放送局の分類は商業系と非商業系や地域の非商業系コミュニティラジオのほか、英国ＢＢＣや仏国ＲＦＩなどヨーロッパの国際ラジオといった分類もあり、聴取可能な地域では人々に広く聞かれている。コミュニティラジオはユネスコなどの国際機関が地域振興や市民教育を目的として設立に協力し、一九八〇―九〇年代には仏語圏アフリカ各地に広がった［Adjovi 2007: 90-95; Tudesq 2002: 76-87］。

（4） 日本では、［アジア経済研究所　一九九五］が、第三世界のマスメディアを、各地域研究者の個人的な体験談や雑感なども交えて報告しており、近年では政治学の視点から、コートジボワールの新聞のもつ困難を統計を駆使して論じた［大林 & Nuama　2000］がある。社会学では、おもに新聞を対象とした白水のエスニックメディア研究がある［白水　二〇〇四］。人類学での［飯田・原編　二〇〇五］は日本のメディアにおける異文化や他者像の理解が主たる関心事であった。

（5）　本書が依拠する資料は二〇一〇年度日本学術振興会科学研究費補助金研究「政治変革期西アフリカにおけるメディアの民主化とリテラシーに関する研究」以来、メディアと民主化に焦点をあてて継続して行ってきた現地調査によって得られた。もっとも、ベナンとトーゴの政治情勢やメディアに関する情報収集はベナン南部村落の在来信仰の調査を行っていた二〇〇〇年ころにも、都市部との往復のなかですでに並行して実施していた。質問票と面接によるラジオ・リスナーへのアンケートは、メディア状況の概観を得るためにこの時期（二〇〇七年から二〇〇八年）に行われたものである（一章参照）。毎年、七月から九月にベナンではコトヌとロコサ、トーゴではロメとパリメを主な調査地とした。ジャーナリストなどの都市住民の多くにはフランス語で、ローカルラジオの調査を行ったロコサ周辺ではアジャ語とフランス語でやり取りをしている。ジャーナリストには二〇一〇から二〇一一年に、オーディエンスには二〇一二から二〇一三年に行なった集中的な聞き取りの資料に基づいて後の章を論述している（三章、四章参照）。放送番組の書き起こしや分析においても現地の社会的背景の理解が必要なため、調査助手との共同作業で確認しながら行った。とくに二〇一一年と二〇一六年には大統領選挙の行方とその民衆の反応に焦点をあてて調査を行った（二章と五章参照）。

目次

目次

目次

装丁：オーバードライブ・前田幸江

ベナン地図

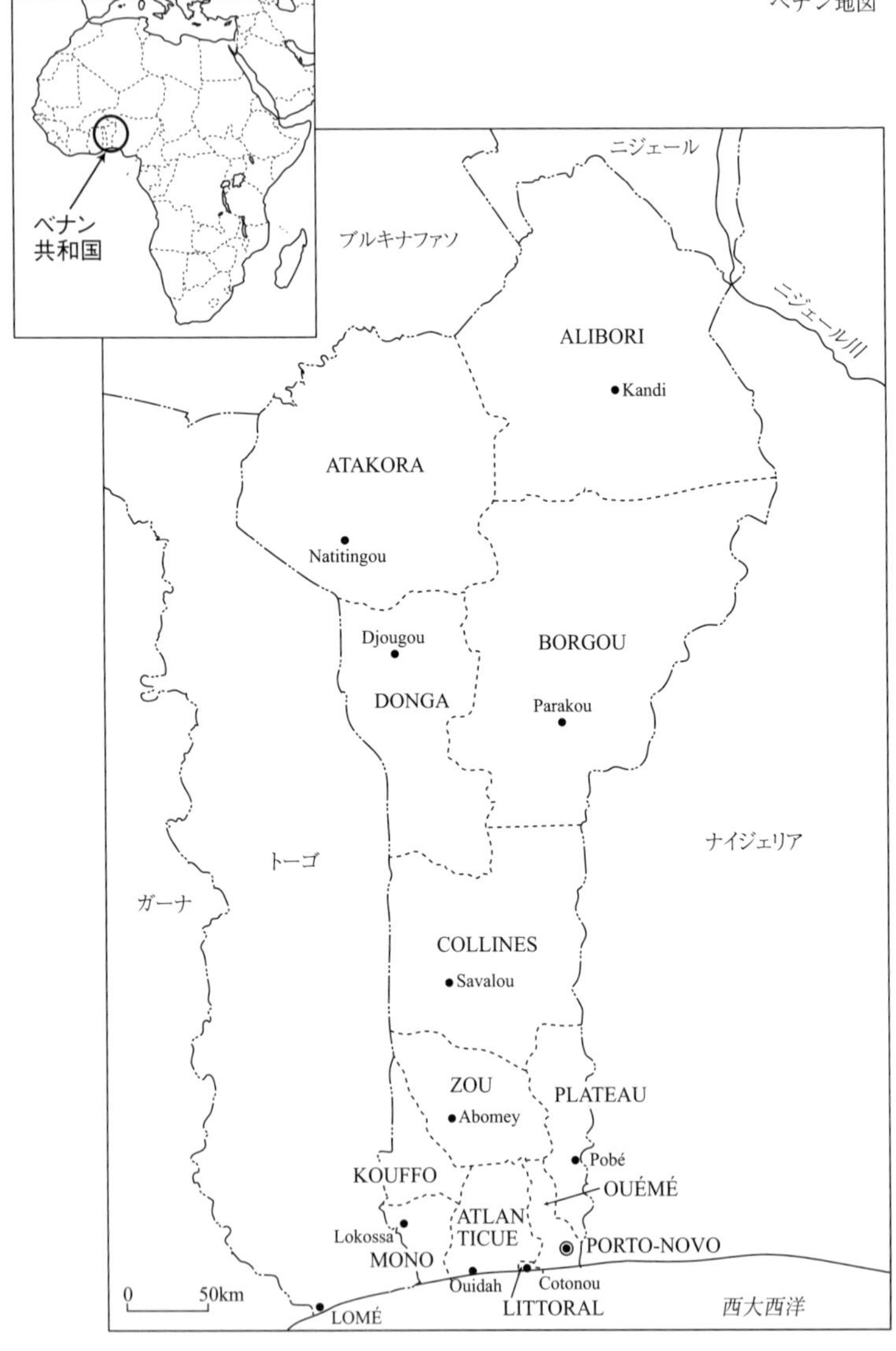
ベナン
共和国
ニジェール
ブルキナファソ
ニジェール川
ALIBORI
Kandi
ATAKORA
Natitingou
Djougou
DONGA
BORGOU
Parakou
トーゴ
ガーナ
ナイジェリア
COLLINES
Savalou
ZOU
Abomey
PLATEAU
Pobé
OUÉMÉ
KOUFFO
ATLAN
TICUE
Lokossa
MONO
PORTO-NOVO
Ouidah
Cotonou
LITTORAL
LOMÉ
西大西洋
0
50km

●アフリカの聞き方、アフリカの語り方——メディアと公共性の民族誌

序章　アフリカ・メディアとしてのラジオ

一　メディア・スタディーズと人類学

メディアの先行研究を瞥見しておきたい。カルチュラル・スタディーズ（ＣＳ）やコミュニケーション論のそれは、初期はマスメディアの効果の研究であり、情報が受け手に直接に影響する皮下注射モデルから、オピニオンリーダーや議題設定に着目した限定効果モデルへと移行した。だが、一九七〇年代以降、ＣＳはスチュワート・ホールのエンコーディング／デコーディング論によって動的なオーディエンス研究へと転回した。従来の効果論とは異なり、送り手は言語などでコード化されたテクストを送るが、受け手が主体的にそれを解釈する（＝デコード）点に議論の力点がおかれた。政治的、経済的、イデオロギー的にコード化されたテクストから、受け手はさまざまな解釈や実践のせめぎあいのなかで意味を読みとる、という［Spitulnik 1993: 295-298; Askew 2002: 5f］。

こうしてメディア自体の分析から、メディアと情報がオーディエンスにどのように捉えられてゆくかという微視的記述的な研究へと転回された。この研究は、人々がどのようにメディアを視聴するかをエスノグラフィックな手法で描いたため、人類学と親和性をもった［Spitulnik 2000、今関二〇〇三］。人々の生活や社会に深く埋め込まれたメディア、これを明らかにするのに、社会学では従来の欧米型メディア観を相対化する方向をとった。政治経済学アプローチをとるカランとパクの論集［カラン・朴編　二〇〇三］はアジア、欧米、オーストラリア、アフリカといった事例を比較することで、しばしば欧米化と混同されるグローバル化の議論を超えようとする。

人類学では二〇〇二年、Askew & Wilk（eds.）とGinsburg Abu-Lugod & Larkin（eds.）による二つの論集が編まれた。これらではCSと映像人類学の先行研究を統合しつつ、メディアのグローバル化によって進行する、文化帝国主義や同質化への批判的議論が試みられた。メディアによって各地の情報交流が盛んになり、文化的表象が循環する。欧州クラブリーグのサッカーの試合中継がアフリカ地方都市のカフェで流れ、広島の平和祈念行事の映像が豪州のニュース番組で報じられたりする。地域に根ざした人類学者の営み以上に世界のローカル事情を伝えるのは、CNNやハリウッドその他のグローバルメディアが主となっている［Askew 2002: 1］。それはメディアを介した欧米目線への統合化ではないのか、という批判である。

では人類学の課題とは何か。まずは、各地のメディアがいかに多様であるか、その差異を明らかにすることだと考えられた［Spitulnik 1993: 294, 303］。たとえば、Ginsburg Abu-Lugod & Larkin（eds.）論集の寄稿論文では、インド、タイ、中国やブラジル・カヤポ、オーストラリア・アボリジニなど一八以上の国家、民族集団についての表象やメディアが研究／言及されている。そのほかにもメディアの情報や表象が世界中に広がり、流通することで、ナショナルやトランスナショナルにローカルな人々の想像力が結びつく過程を研究する、グローバリゼーションの人類学的研究がある。これらの前提にはグローバルとローカル、同質化と多様性を対立項におく見方がある。このような議論をふまえつつも、だが、本書の目的は、グローバル化や欧米偏重メディア観を相対化することではない。ローカルな事情にもとづきつつも、むしろ独自の視座を展開した以下のような先行研究に着目したい。

たとえば、スピトゥルニク Spitulnik, Debra は、ザンビアの村落社会の調査をもとにラジオがもつモノ性に注目し、それと人との関係のありかたを生きられた経験ととらえた［Spitulnik 2000］。ラジオが地方村落にどれだけ普及し、人々が聞いているか、だけではない。むしろ、モノとしてのラジオのまわりにどのように人が集まり、音空間を共有し、乏しいバッテリーを利用するかを村落生活のエスノグラフィーとして描いた。ラーキン Larkin, Brian はナイジェリア、ハウサ社会にラジオ、移動映画、ビデオが取り入れられてきた経緯を記述し、日常生活を営むムスリムと新たな技術でありモノ（materiality）であるメディアがどう遭遇し、都市文化がどのように創造、再創造されてきたかを論じている［Larkin 2009］。また、川田牧人はフィリピンのラジオ聴取者の調査をもとに、聞くという一見受動的な行動が社会への参加へと向かわせる能動性につながっている様態を明らかにする［川田二〇〇五］。そして、「人々の日常生活におけるラジオというメディア経験をひとつづきのものとして」捉えること、すなわち「メディア経験をする当事者の生活を中心に据える」ことを提唱する［川田二〇〇五：一九九］。

これらの研究は共通して、各地のメディアの多様性を記しつつ、日常を生きる人々にメディアがどのように捉えられているかに焦点をあてる。メディアとの関わりを人々の生活に重点をおいて描くこと、言い換えれば生活実践の総体からメディア経験を捉えようとするのである。

二 アフリカ・メディアとデモクラシー論

アフリカ社会のメディア研究は民主化とのかかわりのなかで論じられてきた。一九九〇年代に東欧民主化を背景として、国民会議や普通選挙の実施、複数政党制などの政治体制の大きな変化がアフリカ社会にも訪れた。権威主義やマルクス・レーニン主義から民主国家形成への転換である。新聞、ラジオ、テレビなどのメディアをとおした情報環境の変化は人々の社会や政治への関心を喚起しつつ、不確実で偏向した報道と情報操作や新たな排他主義という負の可能性も生じた。一九九四年のルワンダ紛争とジェノサイドの悲劇では、ラジオ・ミルコリンヌ（千の丘）の放送がエスニック間の恐怖心と対立を扇動する担い手となったことが知られている。伝統的に無文字である多くのアフリカ社会では音や語りを伝えるメディア、とくにラジオの影響は大きく、両刃の剣となる。

研究史としては、一九七〇—八〇年代の近代化論をへて、九〇年代からは民主化の時代的推移をもとに論じられてきた［Head（ed.）1974, Tudesq 1999, Nyamnjoh 2005］。メディアは情報によって人々の意識を喚起し、デモクラシーを促進する重要な社会機関だとされている。[1] だが、民主化と一口にいえども、その内容は個々の社会的文脈のなかで理解する必要がある。[2] メディアの果たした機能についても、アフリカでは単にテクノロジーの問題でなく、伝統的な口頭伝承の継承やエリート層の存在、政治とのパトロン関係などの、社会内部の諸要素の融合として理解すべきだとする視座が提示されている［Bourgault 1995］。こうした問題意識から、各地に固有のメディア状況がどのように民主化に関与しているかが問われてくることになった(3)［Tudesq 1999: 7-10, Perret 2005: 273-302］。

二〇〇二年の「メディアとデモクラシー論集」では、この主題が複数の専門領域の論者によって検討されている［Hyden, Leslie & Ogundimu（eds.）2002］。アフリカにとって、一九六〇年の独立に次ぐ第二の大きな政治転換である民主化では、以前にましてメディアが重要な役目を果たしているとの認識のもと、政治、経済、技術、文化的領域という四区分のマトリクスが提示され、各論が展開している。すなわち、政治面では表現の自由、社会の番犬役における倫理の問題、経済面ではメディアのオーナー権の問題、技術では事実と情報の乖離や再編成、そして文化面ではグローバル化によって価値観が西欧に依存する一方、伝統的でインフォーマルなメディア（うわさ、街頭ラジオ、落書き、海賊版メディアなど）を用いたアフリカ側の抵抗が論じられる。だが、表現の自由化によってメディア表現が多様となり、市民の政治参加も開かれるが、他方でメディアの恣意的な情報操作が大きな影響力をもち、また市民の暴走が政権側の抑圧を強化させるような危険がなくもない。つまり各領域は相互に連関するとともに、必ずしも良い方向の連関ばかりではない。これを説得的に示すものとして、南アフリカ在住の政治人類学者ニャムンジョ Nyamnjoh, Francis は、メディアがいかに民主化に寄与するかを、カメルーン

写真１　多くのバイクタクシーマンが新聞を立ち読みし、ラジオに耳を傾けるキオスク（コトヌ）

の新聞を事例として論じた［Nyamnjoh 2005］。メディアの情報によって人々が社会への関心を持つ一方で、アフリカでは熱心な視聴層や政治に傾斜する人々が生じやすい。だからメディアは事実や証拠の取り扱いにおいて、倫理観や専門性が重要となる。だが、カメルーンでは、土着のベティ語系民と移入したバミレケ民のそれぞれが新聞の論調をもとに九〇年代以降対立を深めてしまった。メディアが、複数政党制や多文化主義に寛容となる場を提供できず、地元民 autochton とよそ者 stranger という規定をめぐって対立が表面化し、むしろリベラル・デモクラシーに負の結果を招いたという(4)。

英国人の人類学および言語学研究者のファードンとファーニス Fardon, Richard & Furniss, Graham や仏語圏アフリカのメディア研究先駆者であるテュデスク Tudesq, André-Jean は、アフリカのメディアのなかでもラジオをとくに重要視している。新聞雑誌、テレビ、インターネットといった多様化にも関わらず、都市部だけでなく村落部も含めた民衆への浸透度ではラジオが抜きんでている。非識字率の高い地域では新聞、雑誌などの活字を読む層は限られているのに対して、ラジオは土地の言葉で話し、人々の声を拾い、地域密着の情報を伝達したり娯楽の道具となるからだ。ファードンとファーニスは国際ラジオ、国営ラジオ、地域コミュニティのラジオに分類しつつ、法的規制の整備やテクノロジーの継承と専門化などの多様な研究の必要性を説いた［Fardon & Furniss 2000］。放送局がおびただしく増大し、視聴層が急激に拡張するなかで、どのように研究対象を絞り込み、変動の総体を把握するか、多くの試みがなされた。

本書が対象とするベナンにおいても、民主化との関わりについての研究がなされた。ベナンは一九六〇年のフランスからの独立、一九七〇―八〇年代のマルクス・レーニズム期（革命期）を経て、一九九〇年に民主化移行をむかえる。革命期からの国営新聞エフズはナシオンへ改称し、ラジオ、テレビ局も七〇年代のフランス出資会社をもとに「ベナンラジオ・テレビ公社（Office de Radiodiffusion et Télévision du Bénin=ORTB）」となり、現在までメディアの中核を占めている。(5) 仏人メディア研究者のフレール Frère, Marie-Soleil は新聞報道のあり方をとりあげて、それとデモクラシーとの関係を論じた［Frère 2000］。その相互連関が社会的文脈によって異なる結果を生むことを明らかにするために、彼女はベナンとニジェールという隣接する二国の事例を対照した。ベナンが初の国民会議による民主化をとげたモデルとなったのに対して、ニジェールは武力衝突や政治的不安定を生じてしまったからだ。民主化によって言論の自由をえた報道機関が何をどのように語り、それがデモクラシーの政治的語りにどのような影響を与えたかを、多くの新聞記事や風刺画を引きつつ論じている。ベナンのある新聞では樹木に喩えた。樹木は根や枝、葉や花などそれぞれ部位はちがえども同じ樹液が流れている。われわれの社会もさまざまな違いを調和させる必要がある。それがデモクラシーなのだと［Frère 2000: 313f］。

これら先行研究では、アフリカ社会が変動期にあり、その起点となるのがメディアであるとの認識を共有している。デモクラシーを理解するためには、人々に浸透するメディアこそが鍵となる要素だと捉える。では、具体的に人々は暮らしのなかでどうメディアに関わり、どのようにデモクラシーに参与するのだろうか。ハイデンらの論集やファードンらの論集においても序論の大きなマトリクスをベースにしながら、各論は各社会のメディア機関の活動報告が多い。メディアと人との結びつきの具体的な記述は乏しい。先行研究では現地のメディアが総体として抱える問題の展望を急ぐあまり、諸個人の実践を等閑視する傾向にある。メディアとの関わりが社会変動にどのように組み込まれるのかが明示的でない。後述するように、本書ではローカルなメディア経験を通じて、人々が民主化という変動をどうとらえてきたのかを、具体的な語りのなかから明らかにしてゆく。メディアとデモクラシー論が前提としてきた、個々の人々の生活にむしろ注視することで、本書は先行研究を補完したい。

三　公共圏

アフリカにおけるメディア状況の理解のためには、メディア側の事情だけではなく、民衆側の運用の仕方、反応、相互交流を視野に入れることが重要である。すなわち、情報が行き交うメディア空間の公共性を考える必要がある。個人の視聴がラジオを囲む皆の語らいや憩いの時間、話し合いの場と地続きであるのが、アフリカ・メディアの特徴だからだ。本書の理論枠組みとして、メディア論において、またデモクラシー研究においても重要な公共圏概念の展開を以下で確認しておきたい。

人、モノの自由な移動や混淆化、共存が進む一九九〇年代以降の社会変化のなかで、公共性はさまざまな分野で争点となった。(6) メディア／情報産業においては、欧米では放送事業の規制緩和と民営化、多角化が進んだ。国営放送は民営商業放送との競合から、多数派の関心にあわせ、あるいは娯楽性を増すなどの方針転換がおこる。だが、市場原理や商業化が進むなかで、あらためてメディアは誰にむけてどのような内容を公開すべきかが問い直された。公共の利益や規範性の見直しである。そのため、メディアを介して人々が意見交流する場を公共圏と捉え返す議論が、メディア研究へ積極的に導入された［カラン　一九九五：一二九―一三一、Crossley & Roberts 2004: 3-4］。市民に平等に開かれた言論の場としての公共圏は、国家や市場（経済）と区別される市民社会に多様性を見出そうとする概念である。周知の通り、ハーバーマスは、この起源を西欧社会史における一七―一八世紀のカフェ、クラブ、サロンに認め、当時流布していた新聞、パンフレットなどの印刷メディアが情報の共有を促進させたとした。人々は活字出版物の批評をカフェで論じあうことで情報を交換し、公論を形成していったという。市民社会の基礎づけを、メディアによる情報の流通や共有においたのである［ハーバーマス　一九九四］。

その後、彼のいう市民的公共圏は、理念的であって実態とかけ離れているとして多くの批判を浴びた［ハーバーマス　一九九四：v―ix、キャルホーン　一九九九、林　二〇〇二：一二九―一三〇］。しかし、この議論の英米圏への導入と一連の反応が、公と私の区分、市民概念のもつ排除の構造や承認についての議論を掘り起こした学的意義は大きい。社会学や政治哲学において十分な先行研究があるため、これらの議論をここで反復はしない［カラン　一九九五、キャルホーン　一九九九、林　二〇〇二］。後述する地域研究への導入のために、以下の点の確認にとどめる。すなわち、西欧近代史においても農民や労働者、女性による公共圏が認められ、それらと差異化する状況にあった。ハーバーマスはそうした大衆（人民的）公共圏について述べつつも、ブルジョア市民社会の分析を優先し、その包括的、均質的な公共圏を望ましいものと捉えていた。だが、実際には社会のなかで有力な集団間の競合状況があり、複数で多元的、抗争的な捉え方のほうが現実の複雑性をよりよく理解できる。また、公共圏を共通の公共の関心事に私人が論じ合う場であるとする定義は、公私の区分を普遍的、固定的に捉えている。

しかし、かつては私的な家族内の問題とされたものが、後に社会問題化する事柄もあるように、区分は変化してゆく。このように公共圏論の展開をふまえておく。公共圏は単一で均質的ではなく、多元性や競合性をもつ。そして、何が公共としてふさわしいかは時に応じて変化し、固定的、普遍的ではないということを確認しておきたい(7)［Crossley & Roberts 2004; Cody 2011］。

ハーバーマスが検討した西欧社会史の事例でなく、非西欧社会の事例から、公共圏概念の批判的拡張を試みる研究も進められた［Comaroff & Comaroff 1999; Cefaï & Pasquier 2003; Meyer & Moors 2006; Rajagopal 2009; Mudhai, Tettey & Banda 2009］。近年では、日本人研究者によってもアフリカ［西　二〇〇九、児玉編　二〇〇九］、オセアニア［柄木田・須藤編　二〇一二］を対象として、豊富な事例を含む共同研究の成果が上梓された。これらは国外の論集に比肩する水準と充分な多様性を具えていると思われる。そこで、以下ではこの論集を手がかりに、非西欧地域研究における公共圏論の意義と可能性を見出しておきたい。まず児玉編では、アフリカ農村社会の社会変容を理解するために、住民組織活動を公共圏の視角から分析している。ゆえに、村落のなかでの交換や消費の関係、協同組合など、土地と農作物をめぐる関係がとりわけ分析対象となっている。他方、柄木田、須藤編では、島嶼地域という地理的条件とモザイク状の多文化社会をなすオセアニアに固有の国家と国民を明らかにすることが目的となっている。国家枠組みを背景としながら、公共圏の可能性を汲みとる対象は、交易ネットワーク、協同組合、メディア、移民、教会、国際ＮＧＯなどと多彩である。アフリカ、オセアニアを対象に公共圏論の可能性を検討したこの両論集における相違は、単に地理的事情だけの問題ではないだろう。

児玉編はアフリカの共同体と市民社会論をふまえており、公共圏の可能性を最大限に汲みとる内容となっている。政治学、社会学分野では、東欧民主化やグローバリゼーションを社会的背景として市民社会論の再検討がなされてきた。だが、それ以前にナイジェリア人研究者エケー Eekh, Peter は原初的公共領域と市民的公共領域を区分し、公共圏に多元性を読み取る議論を行った。奴隷交易や植民地化によって、アフリカでは社会組織が破壊され、個人の自由や安全の拠り所を、国家以外の組織である親族や地縁などに求めざるを得なかった［Ekeh 1992: 192］。公共的な必要性が国家ではなく、親族組織によって支えられたのである。そこには独立以降、現在まで続くエスニシティ対立（tribalism）や汚職の問題に、こうした公共領域の理解が必要となる現状がある［Ekeh 1975: 108-111］。

アフリカ研究は、エケーの議論をふまえてより地域的文脈にそった公共圏を掘り起こそうとする。それは西欧社会史における市民的公共とは異なる、日常生活にねざした住民組織や制度に公共圏の可能性を見出す。たとえば児玉編所収の松村論文は、エチオピア南部農村における「コーヒー飲み」慣行をとりあげる。ここではコーヒー栽培をめぐって、民族、宗教にもとづくアソシエーションがあるが、その境界をこえた社会関係も築かれている。コーヒー飲みに招き招かれる関係はムスリム、キリストの異教徒間であっても、オロモ、アムハラの異言語集団間でも対話や相互行為の場を作る契機となってきたという［松村　二〇〇九］。これらは西欧市民社会論における自律的な個人 - 市民像や、均質で閉じた集団 - 共同体像などとは異なる関係構築だといえる。

ところが、柄木田・須藤編では、オセアニアにおいて、そもそも人々の平等な参加や対話による公共圏の成立自体が可能かという根本的な問いかけがなされている。共同体紐帯が強く、慣習的社会関係を重んじる社会では、親族、民族を超える開かれた公共圏は見出しにくい。多元的、重層的で越境性をもつ公共圏もありうると、概念の相対化をしつつも、それが生じにくい事例を詳細に提示している。山本論文によると、サモア村落部では、話者・聞き手・語られる人という三者間のコンテキストがコミュニケーションにおいて重要である。こうした語る内容と語るべき文脈が不可分な地域では、自由で開かれた議論の場は生じにくい。とくに、マスメディアは不特定多数への情報伝達や拡散が可能であるが、それゆえに語ってはいけない内容や聞かれては困る相手がさまざまなケースで生じてしまう。したがって、村落内の事項や異伝が多く存在する伝統的情報などのローカルな情報は、コンテキスト・フリーなラジオ放送には載せられないのである［山本　二〇一二］。このように、同論集は公共圏を否定する報告も含みつつ、地域レベルから国家レベルまでの中間カテゴリーの重層性を提示するのである。

同論集は、公共圏概念が理性的討論などの規範性を重視するために、オルタナティヴのもつ多元性や対抗性を見落としてしまう課題を乗り越えようとした。本論で検討するメディアの公共圏においても、合理性や啓蒙主義を優先する市民的公共圏をモデルとするのは、オルタナティヴな展望を閉じてしまう。そして、コンテンツとなる情報の有益性ばかりをややもすると偏重するだろう。たとえば、遊び、娯楽やレトリック、演劇性や祝祭性といった豊かなメディア実践は、有益な情報から区分され、無視される。だが、話者の話の冗長さや雄弁さ自体がメッセージ性を持ちうるし、ことにメディアはそれを利用すること自体が楽しいことではないだろうか。メディアを持つこと、共有すること、番組に語りかけたりすること自体が人を惹きつける。後述するが（四章）、受け手としてのオーディエンスやファンが能動性を有するという論点が、ここに接続できる［Lewis 1992］。能動的なファンは互いに交流する。ファン・コミュニティの活動の実態とともに、ファンの参加を促し、能動性を引き出す仕組みを参加型文化として捉え返す研究へと展開する[9]［Jenkins 2006: 149-151］。参加する活動をその話題の内容ややりとりの詳細のなかに追うことで、人々の間での「公共」の生成プロセスや今後の持続への展望を明らかにすることができる。

以上の序章では、先行する欧米メディア研究を整理したうえでアフリカ・メディア研究の確認をした。近年まで間断なく出版されるアフリカ・メディア研究論集では、ポップカルチャーや宗教、日常生活のなかでのさまざまなメディア経験の実態や変化について報告や議論がなされている［Mudhai, Tettey & Banda 2009; Wasserman 2011; Willems & Mano 2017］。これらをふまえて本書では、理論的背景に公共圏－デモクラシー論をすえて、具体的なメッセージの送り手と受け手や受け手同士がどのように関わり、多元的な公共圏やデモクラシーを作り上げるのかを事例のなかで探っていこう。人・メディア（モノ）・デモクラシーがどのような関係をむすび、生成していくか。メディア研究は、単にローカル社会での近況報告として消費されるのではなく、新たな状況をふまえてつねに繰り返し検討されるべきイシューとなっていると本書は考える。

注

（1）　メディアは国家や政策の情報をさまざまな人々に伝えるコミュニケーションツールとして機能する。また、情報の流通に携わることによって、政府の政策を監視し、政治的・経済的な権力とは異なる力をもった監視役＝番犬 watchdog の役を果たすといわれる［カラン・グレヴィッチ編　一九九五、カラン・朴編　二〇〇三］。

（2）　従来、政治学でなされていた民主主義や政治体制の研究が人類学の対象となってきている［Comaroff &

Comaroff（eds.） 1999、cf. 田中　二〇〇九］。Paley は民主主義を定義づけすることよりもそれをめぐる社会的葛藤の構成的性質に注目することが人類学の貢献だとし、alternative democracy を提示する意義を述べている［Paley 2002: 471］。これをふまえた［田辺　二〇〇六］を参考に、本書では人々の間で用いられている語彙、「デモクラシー」をもとに議論してゆく。

（3） アフリカ社会のメディア研究は、各国の状況報告論集をへて［Head（eds.） 1974］、社会、政治的変化との連関が論じられてきた［Bourgault 1995; Nyamnjoh 2005］。とくに仏語圏アフリカでの事例研究をもとに、早くからメディア研究を進めてきたのは Tudesq であった［Tudesq 1999］。七〇―九〇年代のメディア浸透の推移を整理しつつ、アンケート調査によって主たる視聴世代層の分布などを明らかにしている［Tudesq 2002］。また、アフリカ研究では、民主化への寄与だけではなく、むしろ社会不安や対立、紛争とメディアのむすびつきも重要であるが、今後の研究課題とする。

（4） Nyamnjoh はアフリカのリベラル・デモクラシーについて、政治、社会、経済、文化的領域においてすべての人が等しく相互に交流し、参加することが可能なシステムがあり、対立する意見を議論し合える倫理観があるとしている［Nyamnjoh 2005: chap. 1］。だが複数政党制が一部の政治エリート間の競争に限定され、大衆がつまはじきされるなど、現実には対立状態となっている場合もあると述べる。本書の以下の章ではこれをふまえて論じる［cf. Paley 2002: 479f.］。

（5） 上記に関して詳細は［ODEM 2001: 21-33］、［Frère 2000: 41-107］、［Perret 2005: 116-125］［Tudesq 2002］。民主化以降、一九九七年の自由化当初に認可された民営放送局は二九局から、二〇〇六年には六六局のラジオ局と三局のTV放送にまで増大している（第一章を参照）。

（6） 欧米諸国において公共圏が議論されたのは、一九八〇年代の公共事業、経済政策や福祉国家政策の行きづまり、一九九〇年以降の東欧民主革命などが社会背景にある。本節は、こうして地域研究に導入された公共圏論の意義を検討しつつ、アフリカ・メディア研究における可能性を模索してゆく。

（7） スウェーデンのメディア研究者ダールグレン Dahlgren, Peter によれば、（生物学的）人間が社会成員となるプロセスは重要であり、個人がどのように市民となるか、市民が民主的文化をどのように機能させるのかが公共圏論の争点となったという。メディアの公共圏論は、メディアを通した人々の間の交流がどのように意見を形成し、語る市民を生み、民主主義につながるのかを問う。そして、市民の間の相互作用や個々人のエイジェンシーを重視しつつ、公共圏の変動性、動態性を汲み取ろうとする［Dahlgren 2002: 10-14］。公共の意味は絶えず見直しがなされ、変容する。こうした議論は、固定的ではなく変化してゆく公共圏という本節の議論と重なっている。

（8）児玉編［二〇〇九］では、現在進行形で変容するアフリカ農村を理解するために、住民組織活動とそれを実体化した場を公共圏と捉えようとする。西欧的な公共圏概念がそのままアフリカの事例に接木しうるとはしないが、人々の活動事例が、「公共圏の活動にふさわしい」かどうかは問わない、と宣言されている。その内容や目的が公共圏にふさわしいかは、内部の理解によるので、外部からは判断しえないからだ、とする。

（9）ジェンキンス Jenkins, Henry は、ゲームやドラマのファンによる、メディアを介してつながる空間の事例を挙げている［Jenkins 2006］。今日のメディア環境ではブログ、ＳＮＳ、Wikipedia などが該当する。彼の専門はメディア教育論だが、人々が単に情報を受けとるだけでなく、流用や応用して広めたりする所へ能動的に参加する文化は、さまざまな領域や事例に節合可能と思われる。たとえば、知識や技術を個人の認知や力能によるだけでなく、共同体へ参加することで伝承してゆく実践共同体論が連想される。

第一章　ベナンのメディア状況

一　放送周波の民主化

本章ではベナンの地誌的な基礎情報を確認し、メディア史を整理しておこう。[1] ベナン共和国は人口約一〇〇一万人（二〇一三年）、北緯六―一二度、東経一―三度に位置する細長い国土となっている。本書で調査地とした南西部はおもにギニア・サバンナ・熱帯雨林地帯であり、年間の降水量九五〇―一一〇〇ミリほどである。主要エスニック集団は都市部の大多数を占めるフォン、アジャ、ヨルバであり、北部（内陸部）ではデンディやバリバが住む。綿花や落花生を主な換金作物とする農業が主生業である。港が拓けている南部は一七世紀から一九世紀にはダホメ王国が栄え、その末期（一八九四年）からフランス領植民地として統治された。

ここでは、現地情報を伝えるフランス語の活字媒体が発行されており、ラジオ放送も一九五三年から始められた。フランスから一九六〇年にダホメ共和国として独立し、一九七二年から一九九〇年まで（革命期）は、ベナン人民共和国と称して、マルクス・レーニズムによる近代化が進められた。ラ

表1　ベナンの民主化移行略史

1960	仏植民地体制から独立
1960s	地域主義とクーデター（未遂）頻発による不安定期
1972、1974	ケレクによるクーデター、マルクス・レーニズムによる一党制（PRPB）政権
1980s 末	国庫財政破綻、学生・労働者・公務員によるデモ、ストの増加、拡大
1989	マルクス・レーニズム放棄
1990 初	「生活勢力からなる国民会議」開催
1991	暫定政府、民主的選挙をへて、ソグロ政権誕生、複数政党制

ジオ「革命の声」は、この時期の人民革命党の広報機関だった。やがて、政権腐敗などから経済危機に陥り、一九九〇年の国民会議をへて政変をむかえた。その後、ベナン共和国に改称し、複数政党制による民主化が進んだ（表1参照）。こうしたなか、政治を語る民営新聞が現れ、ラジオ、テレビも視聴者のニーズに合わせた複数民族語での放送がなされた。ベナンラジオ・テレビ放送公社（ＯＲＴＢ）は、かつての国営放送を引き継ぎ、現在でも放送事業の中核である。そして、一九九七年の放送網開放によって民営放送が一気に増大することになった。近年の大統領選、国民議会議員選挙などでは巨大ポスターやマニフェストを打ち出す広報や活発なテレビ出演など、メディアを利用した選挙戦が目立っている［田中二〇〇九］。

一九九七年、政府の民主化政策の一環として、放送周波の開放化（自由化）が施行され、政府が規制していた放送事業への民間の参入が認められた。その同年にいちはやく開局したのはゴルフＦＭ（105.7MHz）というラジオ局であった。この新規放送局はたちまち人々の評判となった。この局は、すでに民主化以前から月二回発行されていた民営新聞ガゼットゴルフを母体としており、国営ＯＲＴＢかフランス国営放送（ＲＦＩ）しかなじみのなかった人々のなかで、音楽、娯楽性をともなった斬新な内容は、多くの支持を得た。もっとも人々を捉えた特徴とは、政府、官僚がソースの報道ではなく、独自の取材にもとづいて批判的視点を交えた報道を流したこと、リスナー参加型の番組を広く取り入れたことであった。続く一九九八年、一九九九年には、すでに民営新聞を発行していた企業やメディアでの就労経験のある個人事業主などが続々とラジオ開局に参入した。音楽やアート、ライブ・パフォーマンスなどを番組に連動させたり、マーケットで働く女性層に向けた番組など、独自色を出した放送局が聞き手をひきつけている。本書ではベナンの状況を鑑みて、大きく都市部の国営と民営のラジオ、地域のローカルラジオを比較対照して考察を進めていく。

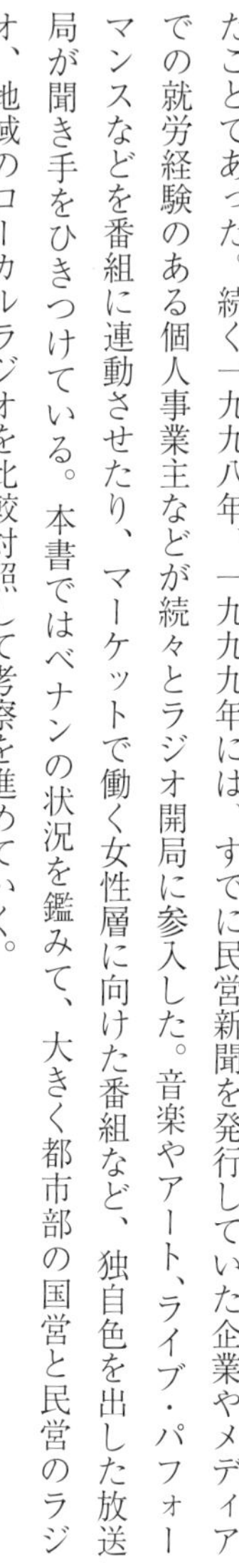

写真２　ORTB スタジオ内、各種音響設備が整っている。

さらに、こうした放送事業を管理、統括する機関について言及しておく。視聴覚通信官庁（HAAC=Haute Autorité de l'Audiovisuel et de la Communication）は民主化転換の際の国民会議で発議され、一九九二年に法制化をへて、一九九四年から運営されている。これは国内放送局の許認可や統制機関の役として、電波の不正使用や局運営、放送倫理の監査、統制などを行っている。ＨＡＡＣが諸局に電波を割り当て、文化通信大臣の署名のカードを報道機関に発行する。九名で構成され、その内訳は三名が大統領任命、三名が国会が任命、あとの三名が記者や技術者など民間のメディア関係者から五年の任期で選出となっている。このように公的官庁の一角を占めながら、政府当局とは独立した機関であり、放送倫理の自治を請けもっているとされる。「報道の自由は国家がこれを保証し、国家組織法にもとづき、ＨＡＡＣによってこれは保護される」という憲法二四条は、しばしば参照される［Allagbada 2014: 92-94; Tudesq 2002: 63-64］。一九九七年の放送自由化の際には二九局を認可したが、その後の申請の増加から、ベナンでは三局のテレビ局と七〇以上の民営ラジオ局が稼働している（二〇〇五年）。

二　国営放送と民営放送

本節では国営局と民営局の放送内容を対照させて、理解を深めてみよう（表2参照）。初の放送局ラジオダオメは、一九五七年、国営放送局として郵便通信局内でのスタジオと五人のスタッフで始まった。やがて独立時には二四人に、二〇〇三年には一一四人のスタッフへと増員され、中部、北部の各地まで七つのＦＭ局に展開した。これらでは現在、週にのべ一〇〇〇時間のプログラムが放送されている［ODEM 2001: 25-31］。

かつての革命期と称されるマルクス・レーニン主義期（一九七二―一九八九年）では、メディアは民衆の教育や大衆動員のための道具であり、当局の検閲を受けることを余儀なくされた。だが、一九九〇年の民主化をむかえると、しだいに改革が模索されるようになった。一九九六年の政権交代をうけて、民主化路線の継続を印象づけたのは、一九九七年の放送周波の開放（自由化）政策の施行だった。こうした変化は番組編成にもあらわれている。国営放送公社ＯＲＴＢ＝ラジオ・ナショナルの番組内容を見てみよう（表3参照）。二〇〇〇年度の番組表からは使用言語が増え、地域に必要な連絡事項をその土地の言語で伝えている。ローカル局からの中継放送も多い。そして、電話を介してリスナーが参加する、相互交渉的な番組が取り入れられている。クイズや音楽リクエスト、（ラジオ）ドラマなど、娯楽番組も目立つ。二〇〇八年の表では二四時間に放送枠が拡大され、リスナーが時間を問わず聞き流せていることがわかる。

上述のとおり、ベナンの民営放送は一九九七年の放送周波開放後から始まる。もっとも注目され、人々の耳目を集めたのは同年に開局したゴルフＦＭ（Golfe FM 105.7MHz）であった[2]。その斬新な内容、音楽、娯楽性は、当時の人々にとってとても刺激的であった。当時、村落での住み込み調査を行っていた筆者にも、都市に住む友人たちがこの放送局の面白さや新しさを語ってくれるのをたびたび耳にしたことが思い起こされる。その斬新さの要点とは、政府よりの報道ではなく、批判的な報道やコメントを流したこと、リスナー参加型の番組を定時に組み込んだことであり、聞き手を覚醒させる魔法のようなラジオ放送＝magic radioとして売り込んだのであった。従来のＯＲＴＢではあり

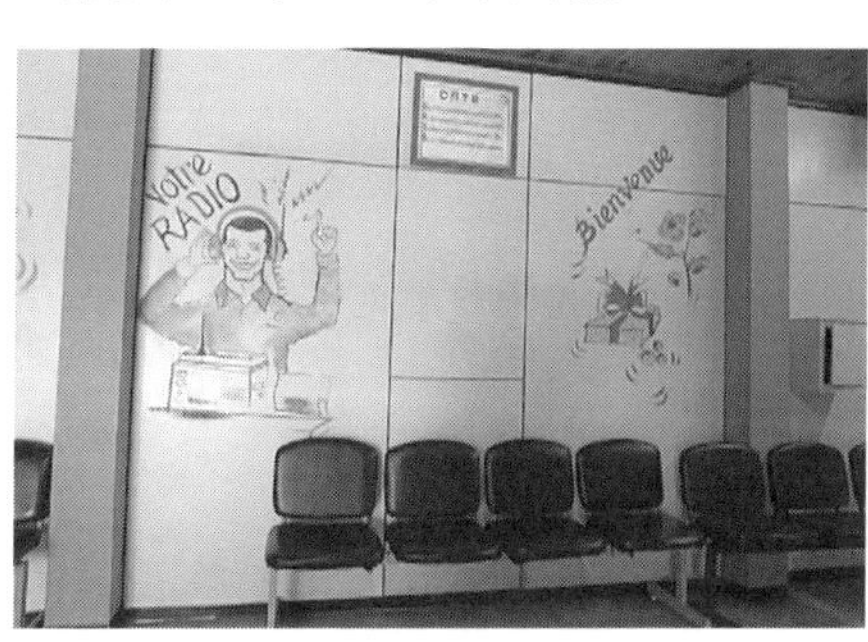

写真３　ORTB社内の待合室

写真４　ゴルフFM、TV局

沿革	特色
1953年仏政府下ラジオ・ダホメ局。独立して稼動は1957年の5月から。1976年新館建設、1983年4月から中部都市パラク局開局。当初の「ラジオ・ダホメ」から革命期（1972-1990）「革命の声」局、1990年から「ラジオ・ベナン」。1994年以来アトランティックFMをコトヌで開局。パラクにも2局あるが、コトヌの8時ニュースを流す。複数民族（集団）語での放送。 1972年、テレビ局創設。1978年12月から試験放送を開始。はじめは南部地域だけ受信可能	1953年仏政府下ラジオ・ダホメ局では5人編成。1956年には12人、1960年独立時は24人、2003年は114人のスタッフ。1953年ラジオ局創設、1972年テレビ局創設ともにフランス出資。ダホメの通信の発展のため。中波1kW、短波250Wから創始。革命期はイデオロギーによる民衆の結集や教育のため。1997年放送自由化への脅威から1994年、創造性と多様性に富む内容、コトヌとポルトノヴォのリスナーの需要に応えるアトランティックFM開局。電話リクエスト、ジョーク、クイズ番組など。97年分割独立。
新聞ガゼットゴルフは1988年発刊。月2号、16ページ、100CFA。発行当時政府検閲により休刊処分を受けるが翌年（1989年）復刊、現在に到る。 ラジオは1990年、大学内でのラジオ放送から開始。1997年12/22～認可済み放送開始。 105-7MHz、1000W放送局	新聞は発刊当初、100CFA、5000部だが、完売、7500部追加。最初期は政府への好意的、市民への啓蒙的な紙面。2か月後から批判を展開、ゆえに政府からもさまざまな圧力を受けた。 ラジオは1000W放送局。社主は同じイスマエル・スマヌ。アメリカ、デンマークなど諸外国からの投資もあったが、親交によって開始。 ゴルフTVが完成することで組織としてはORTBに比肩するマルチメディア局へ。
1998年10月6日放送開始。 有能でカリスマ性をもつ記者、ジェロム・カルロスと彼に賛同する有志によって創業、現在に到る。	500W局。 ジェロム・カルロスのカリスマ性。民放テレビでの解説者。ODEM（放送業職業倫理諮問機関）リーダー。 Ivoir Dimanche（象牙海岸）元編集長、博物館、図書館、コトヌ国立文書館館長職を経て報道機関へ。音楽や情報を中心に市民意識の喚起、アフリカ社会の啓蒙・応援を趣旨として開局。

表2　ベナン都市部の国営ラジオ、民営ラジオの対照表

名称	代表者	場所
ベナンラジオ・テレビ放送公社＝ ORTB ラジオ・ナショナル　Radio National アトランティックFM　AtlantiqueFM	フィデル・アイクエ Fidele E. AYIKOUE	コトヌ パラク
ガゼット・ゴルフ　Gazette Golfe ゴルフFM　マジック・ラジオ Golfe FM Magic Radio	イスマエル・スマヌ Ismael SOUMANOU （実業家）	コトヌ、 シケコジ区
カップFM　CAPP FM =Centre Africain de la Pensée Positive	ジェロム・カルロス Jerome CARLOS （記者）	コトヌ、 アパパ区

えないほど、リスナーからの反応を多く取り入れ、今の政治や経済、法制度に対して歯に衣着せぬコメントを加える姿勢に人々は自由の息吹を感じた。

二〇〇八年八月期のゴルフＦＭの番組表が表3にある。最新ヒット曲やレゲエ、伝統音楽など多彩なジャンルの音楽をたたみかけるように放送している。番組の区切れ目には「ゴルフＦＭ」とテンポの良い連呼があるため、聞き手の耳に残る。そして、リスナー参加番組の内容もクイズに答えたり、好みの曲目をリクエストすることから、討論番組でのアンケート、日ごろの不満や考えを自由に発言させるまでさまざまな形態がある。どうしても討論で意見したい人、単に音楽が好きな人、空き時間にたまたま耳にしたラジオのクイズに答えたい人など、さまざまな参加者に扉を開く内容であったことは間違いない。

また、アートやパフォーマンスなど文化色を強く打ち出して開局したのがカップＦＭ（CAPP FM、

Golfe FM　2008 年 8 月　月曜の番組

時刻	番組
5：00	朝の感謝と祈り やさしい音楽
6：00 30	音楽 朝の不満 Grogne Matinal
7：00 30	朝の Golfe info（ニュース） 海外ニュース、スポーツ、今日の運勢
8：00	新聞・雑誌レヴュー 討論
9：00 30	音楽リクエスト、イントロクイズ 英語で話そう
10：00 30 45	Golfe info（フォン語ニュース）スポーツ スポーツくじ、ロト ヒットチャート（音楽）
11：00 30	仕事（求人）・法律相談（フォン語、グン語、ヨルバ語） 今日の食事と健康
12：00 30	Golfe ショータイム（音楽リクエスト） 今日のインタヴュー、音楽情報
13：00 30	お昼の Golfe info（ニュース） スポーツ、海外ニュース、広告
14：00 30	ニュース（フォン語、ヨルバ語） 最新ヒットチャート（音楽）
15：00 30 45	ニュース（英語） スポーツ レゲエ音楽
16：00 30	クイズゲーム 大笑いの時間、小話・ジョーク集

表3　ORTB と Golfe FM の放送番組表の対照

ORTB　2000年10月　火曜の番組		ORTB　2009年8月　火曜の番組	
時刻	番組	時刻	番組
5：55	局のテーマ局と聖歌	5：00 30	ニュース速報 情報と連絡事（ジタマリ語、ヨムーソンバ語）
6：00	目覚めの音楽 情報と連絡（バリバ語） 放送クラブ（アジャ語） 広告と告知連絡	6：00 15 30	文化時評 新聞レヴュー（フランス語） 朝の情報
7：00 30	朝のニュース、各地から 放送クラブ（ヨム語）	7：00 30	広告と連絡 若手農家に聞く（アジャ語）
8：00 15 30	情報と連絡（ジタマリ語） 情報と連絡（デンディ語） 情報と連絡（ヨム語）	8：00 30	一般とスポーツのニュース 新聞レヴュー（フォン語、デンディ語）
9：00	音楽	9：00 15 30	ニュース 新聞レヴュー（フランス語再放送） 救急処置（公衆衛生のために）
10：00 30	女性への言葉 ディアスポラアフリカ	10：00 15 30 45	速報 今日のご招待（インタヴュー） アフリカの道（国連放送局） 経済の案内（ヨルバ語、サフエ語）
11：00 45	ベナンの歌とリズム（音楽） 食事に気をつけよう（公衆衛生）	11：00 15 45	ニュース 文化時評（再放送） アフリカディアスポラ（海外の人へのインタヴュー）
12：00 20	お昼の情景 広告と告知連絡	12：00 15 45	新聞タイトルレヴュー ラジオ・クイズ番組 広告と連絡
13：00 45	ベナンの現在 広告	13：00 30 45	お昼のニュース 広告と連絡 今日のご招待（再放送）
14：00	情報と連絡（フォン語）	14：00	情報と連絡（フォン語）
15：00 30 45	情報と連絡（デンディ語） 広告と告知連絡 伝統（民族）音楽	15：00 15 30	ニュース 情報と連絡（デンディ語） 音楽
16：00	リスナーからの声（電話）	16：00 15 45	ニュースとスポーツ さまざまな女性たち（トークとルポ） 各地から（ルポルタージュ）

17：00	連続ドラマ（フォン語）
30	子供たちの遊び
18：00	夕のGolfe info（ニュース・レヴュー） 経済、スポーツ、広告
19：00	Golfe info（フォン語）連絡、広告
30	不思議の世界（ドラマ）
20：00	Joseの部屋（音楽、バラエティ）
30	たくさんの女たち（トーク）
21：00	Golfe info（ニュース）広告、連絡
30	今日の討論（ゲスト、リスナー参加）
22：00	ショータイム
30	懐かしの音楽
23：00	Grogne matinal（「朝の不満」再放送）
30	伝統音楽
0：00	夜の明かり
30	小話、伝承
1：00	放送終了（音楽）

99.6MHz）である。カリスマ性をもった社主兼コメンテーターのカルロス氏が報道の帯番組を務め、多くのリスナーがその言動に耳を傾ける。そして、コンサート・ライブやイベントを放送と連動させるなどで、ミュージシャンやアーティストとその作品に関心をもつ多くの若年層に支持されたことが、この局の成功のポイントである。こうした民営局はORTB＝ラジオ・ナショナルのような政府からの広報や実用的な連絡を中心とした放送ではなく、軽快な音楽にのせたトークやコメディ、クイズなど娯楽色を前面に打ち出して新規性をアピールしたといえる。あるいは、都市住民、若者層やマーケットで働く女性など、リスナー層のターゲットをしぼり、そのニーズにあった番組編成をすることで市場を開拓している局もある。

こうした動きに国営放送も対応をせまられた。一九九七年にORTBから分局したアトランティックFMは、ニュースのほかに音楽、クイズ、料理、討論などラジオ・ナショナルに比べて内容にいっそうバラエティをもたせ、リスナーの関心をつないだ。興味深いことに、こうした内容の刷新を担ったのが、まだ当時は研修期間中で二〇歳台の新人や若

17：00	ヒットパレード	17：00 15	ニュース ヒップホップ音楽
18：00 30	ローカル局放送（アジャ語） ローカル局放送（ヨルバ語）	18：00 15	ニュースレヴュー ローカル局放送（ビアリ語）
19：00 15 30	文化への招待（ヨルバ語） 文化への招待（バリバ語） スポーツニュース・時評	19：00 15	夕方のニュース（第一版） 各地の文化紹介（バトヌーバリバ語、ヨルバ語）
20：00 30	広告と告知連絡 ベナンの現在	20：00 15	速報 ローカル局放送（ロパ語、アジャ語）
21：00 15	各地から イスラムの教え	21：00 15 45	ニュース ローカル局放送（ヨルバ語） イスラムの教え
22：00 30	晩のニュース こんにちは先生（医療情報番組）	22：00 30	音楽 夕方のニュース（第二版）
23：00 45	アフリカの記録（歴史） 夜の音楽	23：00 15	文化時評（再放送） 千の太陽（RFI 放送）
0：00	局のテーマ曲と放送終了アナウンス	0：00 15	ニュース アナウンサーのトーク番組
		1：00 15	ニュース ミナ語で話そう
		2：00 15 30	ニュース アフリカの歴史（RFI 放送） さまざまな女性（再放送）
		3：00 15	ニュース ベナンの歌とリズム（音楽）
		4：00 15 45	ニュース 各地から（再放送） アフリカの道（RFI 放送）

出所：ORTB 内閲覧資料および Golfe 放送局での聞き取り

手たちであった。彼らは実地での経験を積みながら、従来の枠にとらわれない試行錯誤を重ねていった。ＯＲＴＢ局内では一九九七年時点のアナウンサーの半数は三〇歳以下であり、一九九八年にはさらに一五名の若手の採用があった。彼らは研修のあと、地方局の補強人員として各地に配属され、経験をつんだという。ＯＲＴＢは国内の中部、北部に広がるネットワークが大きな強みだ。こうした地方局の新人がさらに新たな機会を求めて民営局に転進していった。つまり、九〇年代のメディア界は若者の雇用に大

写真5　カップFM局

写真6　ラジオ・トッパ、ダントッパ市場の一角にあり、人でごった返している。

きく門戸が開かれており、ＯＲＴＢが人材育成の場となっていたのである。

まとめておこう。民主化はメディア業界にとって民営局開局という大きな転換点となった。だが、放送周波開放はメディア間競争の幕開けでもあった。ＯＲＴＢは南部から中部、北部に支部局を広げ、地域ごとの言語や文化に対応してゆく。そうした地域の支部局が多くの若手の研修の場となった。そして、後発の民営局は独自の視点や個性的なジャーナリスト、多彩な番組内容によって、聞き手の市場を拡大している。だが、拡大路線や競争の激化がメディア業界に負の側面を生じたことも事実であり、のちに検討したい。これらが概況である。

三　人々のラジオ受容

一方、一般の人々はラジオをどう捉えているだろうか。二〇〇七年―二〇〇八年度に実施したアン

図1　ラジオ聴取に関するオーディエンスへのアンケート
（アトランティック県、コトヌ市周辺、2007～2008年実施）

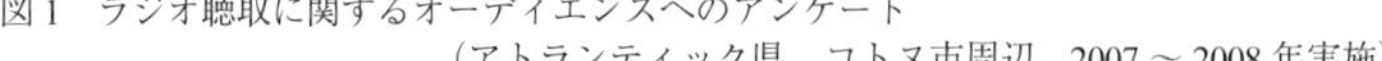

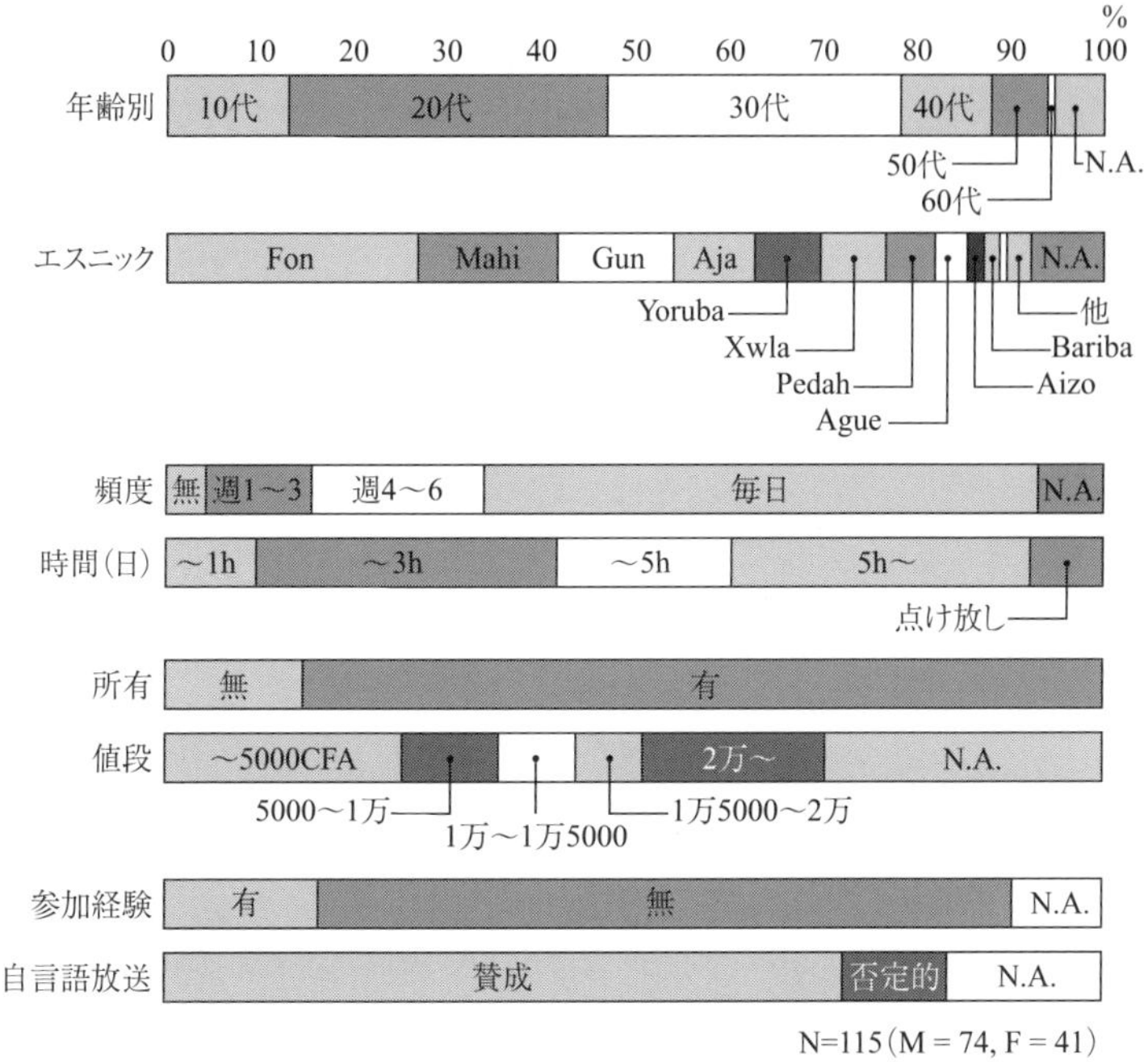

ケートの結果から読み取ってみたい（図1参照）。このアンケートでは、コトヌ在住の人々を対象として、メディア（ラジオ）がどう浸透し、日々の暮らしでどのように利用されているかを概観するために行った(3)。回答者は主に南部出身だが、民族集団、年齢層について分散しており、おおよその聴取状況を知ることができる。ラジオについての質問とはいえ、全く聴かないという意見はほとんど無かった（五回答）。それぞれ、興味関心のむく局や番組名をあげて複数回答していることから、朝、晩を中心によく聴かれていることがわかる。都市部ではテレビが飲食店や個人宅にも広が

写真7　番組に参加する携帯電話を持つ雑貨商の女性

りつつあるにも関わらず、なおもラジオを三—五時間というかなりの長時間つけているという回答が多かった。記述回答では、娯楽や情報取得のために聴くとの回答や、理容院や仕立て屋などの室内の職人層からは、業務のあいまに聞けるとの指摘があった。

ふだん聴いている局や番組のなかで、もっともよく聴くものを問うと、全般的に、国営のラジオナショナル（四六回答）よりも民営局を挙げる人が多かった。ゴルフFMやカップFMは、国営放送よりもはるかに多くの人が日常的に聴いているようだ（六五、六二回答）。アトランティックFMは、国営だが民営局との対抗から、より娯楽色をとりいれ、若者にターゲットをあてた局であるが、回答者のなかでその名を挙げる者は少なかった（九回答）。また、フランス国営放送RFIをよく聴くとの回答が多かったが、これは、手早くさまざまな情報を得るというニーズに対応している。そのため、ローカル言語や多言語の放送を支持する人が多いなか（八四回答）、国際ニュースや海外からのアフリカ報道の情報を得るために、むしろ仏語放送を好んで聴くという人もいた（一三回答）。

回答者のほとんどが自分のラジオを所有しており、購入したおおよその時（や場所）と値段を答えている。五〇〇〇CFA[4]以下のものが多いが（二五回答）、回答者のうち一〇代も含む学生がそのように答えている。だが二万CFA以上も多数をしめ（一九回答）、五万CFA—一〇万CFAの高級機種

（CDとの複合機）を所有したり、また複数台所有する者もいた。携帯電話でラジオ番組に電話をする人々が増えているが、実際に参加した経験のある人は、ただ聞き流すだけの人（八五回答）に比べて少数派であった（一九回答）。だが、先述のよく聴く番組でも、特定のジャーナリストが担当する参加型番組の名が多く挙げられていた。参加の形式は、好きな楽曲のリクエストから電話やメールで意見を寄せるなどさまざまであった。

このアンケートの結果では、自ら電話参加をしたという人は少数にとどまった。だが、後述するように熱心なオーディエンスは存在する。一般の人々も参加型番組を好んで聞いている。個性的なジャーナリストの情報番組が人気を集めても、それはかつてのような政府の広報手段として放送されていたのとは異なる。参加型番組は他者の声を聴き、受けとめようとする人々が楽しんでいる。いわば、聴くことで参加する多くの人に番組は支えられている［川田　二〇〇五］。直接参加でなくとも、番組へのメッセージやジャーナリストへの応援が多くあることが、その後の聞き取りからうかがわれた。このような広報する手段から参加するものへの変化は、民主化以降のメディアの質的変化として指摘することができる。本書では以下の章で、こうした「参加するオーディエンス」に焦点をあててゆく（第四章参照）。

注

（1）以下のメディア史の記述は［Frère 2000］、［ODEM 2001］、［Perret 2005: 116-125］、［田中　二〇〇九］およびORTB、ゴルフFM局内閲覧資料による。本稿の記述では省略したが、民主化とメディアをめぐっては葛藤がなかったわけではない。フレールの新聞研究によれば、第二次大戦期から独立期にかけて仏語圏アフリカでは政治—社会の緩和政策もあり、多くの新聞が発行されており、これらが後の政党を生み出す議論の場となった。だが独立後、民主化前夜のベナンでは、複数の民営新聞が発行されたにもかかわらず、当局による検閲をうけ、休刊、復刊を繰り返す例もあった。ラジオに関しては、後述のオーディエンスの事例において言及される。

（2）［Perret 2005: 116-121］および聞き取りによる。放送出力一kW、三〇名ほどのスタッフが働いている。ゴルフFMでは、開局当時の一九九七年、大学の新卒を採用するよりも実務経験のあるスタッフ、とくに隣接諸国での放送事業経験が運営の要になっていたという。

（3）二〇〇七年—二〇〇八年度のこのアンケートでは、情報提供者紹介などで調査に協力を仰いだ七名に、それぞれの住居、職場の近隣の人々、知人からの回答を依頼した。面接調査ではなく、仏語の質問表の留め置き記入方式による。二か年それぞれ七月から九月の四か月間にわたり、協力者の住居、職場とも別々なため、回答者の重複はない。概観を得るアンケートのため、聴取時間や局名などの客観的事実の質問に限定し、選択式中心の回答であり、主観や見解を問うのは省いた。性別、年齢層、職種などを除き、無記名とし、特定の立場や政治的見解を問うものではないことを明記した。

（4）円とCFAの交換レートは一CFA≒〇・二二円（二〇一二年）。現地の給与事情は流動的だが、小学校教員の月給は七万—九万CFAほどである。有資格の会計士は一一万—二五万CFAほどで経験に応じて幅がある。他のアフリカ諸国と同様、都市部でも現金の定期収入の職をみつけるのは難しい。

第二章　民主化とメディア――大統領選挙の分析から

はじめに

前章ではベナンのメディア（ラジオ）の展開と現状について概観をえた。本章では政治情勢（民主化）における世論とジャーナリズムの相関を検討しよう。そのために、二〇〇〇年以降の大統領選挙とその報道に焦点をあてて、比較、検討する。この考察をとおして、人々が政治について何を、どのように語り、そして語りえないのか、ジャーナリズムがいかなる情報と向き合っているのかが理解されるだろう。これは、後述する個々のジャーナリスト、個々のオーディエンスの論述について理解を深めるはずである。

近現代史をとおして、ベナンは社会主義期や民主化転換期を担った国家リーダーからの世代交代をへて、政治―社会の変革が進んでいる。アフリカを対象とする人類学は従来、ローカルな領域やミクロな記述、分析を身上としてきたが、こうした変動期の社会について、マクロな政治―社会の領域を視野にいれて考察することは重要である。グローバル化が浸透した一九九〇年代以降、「市民社会」

「民主主義―デモクラシー」という従来、政治学が扱ってきた概念や対象について、フィールド調査にもとづいて論ずる人類学的研究が増えている(1)[Comaroff & Comaroff (eds.) 1999; Paley 2002; 小川 一九九八]。「政治的なるもの」をめぐる議論が、現代社会の政治的経済的緊張のたかまりとともに、人類学でも喫緊の研究課題となっているからだ。アフリカの政治状況について、いわゆる伝統的政治体系や王国、牧畜社会の政治制度だけではなく、紛争や難民、貧困、環境問題など、アクチュアルな問題系が論じられている[Malkki 1995]。そして、政治学においても、従来は政治の外部とみなされてきた要素とともに「現在」を理解しようとする試みが積み重ねられているのである。

写真8　市街での人目をひく巨大ポスター

カメルーンの政治学者、モンガ Monga, Célestin は制度中心に政治現象を分析する従来の研究に対して、むしろさまざまな形態での市民たちの活動に着目する。また、社会的現象も、人々の日常生活における心理的情動的な要素が大きく作用するため、新たなコミュニケーションツールのマスメディアが重要な役割を果たす。モンガはテレビ、ラジオ、新聞、雑誌、漫画にいたるまで、アクセスが可能な都市居住中間層が充実してゆくことがアフリカの可能性を広げるという[Monga 1996]。彼の指摘のとおり、アフリカではメディアを用いた情報の流通は政治、経済とともに人々の暮らしに大きな影響を及ぼすファクターとなっている[Hyden, Leslie& Ogundimu 2002; Nyamnjoh 2005]。

ベナンでは、二〇〇六年三月の大統領選挙において、経済界出身で政治的には新参者のヤイ・ボニが七割の得票で当選した。その選挙戦略の特徴が、ポスター、音楽、インターネットなどメディアを積極的に動員したことだった。本章ではモンガの指摘を念頭において、こうした新たな情況に着目し、政治情勢を追う。ヤイ・ボニはその後、二〇一一年の選挙でも再選を果たしている。彼はどうやって二度の選挙で勝利したのだろうか。従来、ベナン政治では、特定の民族集団や地域に基盤をもつ「郷土の息子 fils du terroir」が地方政治を土台に国政にも介入する「郷土の論理 logique du terroir」が支配的であった［Bako-Arifari 1995］。地域主義やネポティズムにもとづくこの論理が、近年の大統領選で何らかの変容をきたしているのだろうか。以下では民主化の流れをふまえて、二〇〇六年、二〇一一年の選挙の推移と争点を記述し、考察を加えてゆく。

一　民主化の起点とメディア

ベナンは、一九六〇年にフランスからダホメ共和国として独立したのち、地域的、民族的な価値観の相違や経済格差からくる葛藤や政治的混乱が続いた。一九七二年にその解決を名目にマチュ・ケレク少佐が政権を奪取し、ベナン人民共和国の名のもとにマルクス・レーニン主義による国家統合をすすめた。だが、この人民革命党一党制政治も、汚職や党派政治の横行、経済危機にいたり、民主化へ大きく方向転換する［Banégas 2003、田中　二〇〇九］。この体制転換の歴史的起点となったのが国民会議の開催であった。

写真９　政治首都ポルト・ノヴォにおける選挙前後の政治的な落書き、「ベナン再生党はソグロを最後まで支える」

ケレク政権は一九八九年、複数政党制への移行と国民会議の開催、主権委譲を受諾した。国家の危機的状況や転換期にその政治的将来を話し合うために開催される公開のフォーラムを国民会議（conférence nationale）と呼ぶ。ベナンでは、一九九〇年二月一九日から二八日にコトヌで開催され、旧体制への厳しい糾弾と今後の国家運営が討論された[2]［Robinson 1994］。会議の場は、かつての国家元首を頂点とする一党支配の秩序が一旦無化され、意見交換と交流が行われる、一種の儀礼的空間となった。当時のこの会議の模様は新聞、ラジオ、テレビなどが連日報道し、民衆の強い関心を呼び起こした。マスメディアが民主化移行におけるベナンの熱狂を増幅し、デモクラシーの象徴を人々の心に深く植えつけたのである。

フレールはこうしたこうしたベナンの民主化を、新聞メディアとの連関で論じた［Frère 2000］。ベナン（ダホメ）では一九五〇年代にはすでにフランス政府によって情報誌やラジオ局が開設されていたが、社会主義期に政府広報を中心とする新聞やラジオが展開された。フレールはこうした新聞記事や見出しの表現を引きながら、一九九〇年民主化をむかえて、メディアがどのようにデモクラシーを表現し、人々に伝えたかを論じた。先の国民会議では、旧体制秩序から主権が切り離され、会議はある種のカオス的空間となりつつ、新大統領による新秩序への移行が、人々に受け容れられるかたちで、儀礼的に表現された。ベナンの多くのメディア、ジャーナリストも、国民会議に象徴されるデモクラシー移行を高く評価している。国民会議が今日まで民主化の精神的支柱として影響力を保っているのは、具体的な政治変革を伴っていたからだけではなく、このような象徴的、儀礼的構成を伴っていたためでもある。その後、軍出身のケレクから経済界出身のソグロへ、そして一九九六年にはふたたびケレクへという劇的な交代が、しかし平和裏になされたことは、この国において、国民会議の経験が理念だけでなく実際の政治プロセスとして定着していることの証左といえよう。

二　二〇〇六年大統領選挙と世代交代

二〇〇六年三月に民主化後四度目となる大統領選挙が行われた[3]。周囲の西アフリカ諸国の政治情勢では、えてして世代交代は円滑に進まない。ブルキナファソのコンパオレ、ガボンのボンゴ、後章で論ずるトーゴのエヤデマの例を見れば十分だろう。ゆえに、この選挙は次世代への継承がどのように行われるのかが注目された。ベナンでは独立期、社会主義期から継続する政治アクターたちは、憲法上、候補者年齢の上限を迎えていた。ところが、ケレクは選挙に先立ち、憲法を遵守して引退を宣言し、対抗馬であるニセフォール・ソグロも出馬を断念した。

これを受けた次代の有力候補は、元国民議会（国会）議長、民主再生党（ＰＲＤ）党首で弁護士資格を持つアドリエン・ウンベジ、やはり国会議長を務めて社会民主党（ＰＳＤ）党首のブリュノ・アムス、進歩とデモクラシーのアフリカ運動（ＭＡＤＥＰ）党首イジ・コラオレ、ベナン再生党（ＲＢ）は

表4　2006年大統領選挙の投票結果概況（予備選＋二次選）

候補者名（26候補中、上位7名）	得票
T. ヤイ・ボニ	35.64%
アドリエン・ウンベジ	24.12%
ブリュノ・アムス	16.2%
レハディ・ソグロ	8.4%
A. イジ・コラオレ	3.2%
レザール・セフエト	1.65%
セヴリン・アジョヴィ	1.42%

候補者（2名の決戦投票）	得票
T. ヤイ・ボニ	74.51%
アドリエン・ウンベジ	25.49%

ニセフォールの実子、レアディ・ソグロといった各政党の代表であった。選挙戦前夜の予想では南部都市部に強い支持基盤をもち、内政にも強いウンベジ有利という論調だった。だが、こうした既存政界のアクターではなく、キャリアとして外部から参入したヤイ・ボニが独自の選挙戦を展開していた。

候補者たちはみな、世代交代における変化をアピールした。人々は長引く景気低迷や政・官の汚職体質に失望していた。商取引の利権に関わる省庁関係者や大臣の汚職が民営新聞の一面で報道されることもしばしばであった。こうした情勢では、候補者のもつこれまでの政治活動歴や特定政党の支援といった要素は、マイナスに機能したのである。ヤイ・ボニは所属政党をもたず、西アフリカ開発銀行総裁という国外のキャリアをもつことから、政治的しがらみに疎く、もっとも過去との決別を際立たせることができた。自身の経歴や既存政党との差別化から、彼は新規性を強く印象づけていったのである[4]。

二〇〇六年三月五日、二六候補者で争われた第一次選ではヤイ・ボニ三五・六%、ウンベジ二四・一%の得票という意外な結果となった。そのほかの候補は一〇%前後の得票にとどまった。ベナンの大統領選は一次選の上位二候補による決選投票を行う。政界再編をめぐる駆け引きから、他候補はヤイ・ボニの支持を国民に呼びかけ、かくして二次選ではヤイ・ボニが四分の三の票をえる圧勝となったのである（表4参照）。

三　世代交代するデモクラシー

ケレク、ソグロ、ヤイという民主化後のリーダーの経歴を比較してみよう（表5参照）。ケレク、ソグロは生誕地は対照的だが、同世代である［Iroko 2001］。民主化転換というベナン現代史は、この二人を軸に展開してきた。ケレクは一九三三年、北部ナティティング近くのクアルファ生まれで、ソンバというマイノリティ集団の出身、ソグロは一九三四年、トーゴはロメの生まれだが南部の出身である。一九六〇年代には両者ともフランスに滞在しているが、ケレクはサン・ラファエル士官学校、ソグロはＥＮＡ（国立行政学院）に学んでいる。ソグロはそのままフランス南西部で金融監査の実務に携わり、ワシントンで世銀行政官のキャリアを積むのに対して、ケレクは一九六一―六三年にダホメ共和国初代大統領ユベール・マガの助役として働き、一九六七―六八年に革命軍事評議会議長を務めて国政に深く関わっている。一九七二年、クーデターの続く政治的混乱を収束するため、彼は軍事クーデタによって政権を掌握し、社会主義国家を整備してゆく。

だが、その後、この体制の経済的破綻により、一九九〇年に国民会議が開催され、ソグロが民主的選挙により共和国大統領に就任した。ソグロはただちに経済再建策を断行し、いわゆる構造調整策を推進する一方、世界銀行の高官であった経歴を生かして、欧米のドナーからの援助を集めてゆ

表 5　民主化後のベナン大統領の経歴比較

マチュ・ケレク
1933 年 9 月　ナティティング生まれ 1960-1961 年　サン - ラファエル軍隊学校 1961-1963 年　ユベール・マガ大統領の助役 1967-1968 年　革命軍事評議会議長 1972 年 10 月　クーデタから共和国大統領就任　ケレクⅠ期（革命期） 1990 年　アフリカ初の国民会議開催、政権移譲、民主化 1996 年　大統領再選、52.9％得票率　ケレクⅡ期
ニセフォール・ソグロ
1934 年 11 月　トーゴ、ロメ生まれ 1950s 年　カンヌ（仏）のカルノ・リセ校修了 1958 年　ロジーヌ（後、弁護士）と結婚 1960-1962 年　ENA（国立行政学院）卒、金融監査の学位取得、仏南西部シャラントマリティム県にて実務をつむ 1983-1986 年　世界銀行行政管理官アフリカ 24 ヶ国の代表 1987-1989 年　同部署にて（ベナン）金融監督官 1991 年　ベナン暫定政府の首相 1991 年　ベナン大統領就任、67.6％得票 1996 年　再選選挙戦敗北
ヤイ・ボニ
1952 年　中部都市チャウルウ生、父方ヨルバ、農家出身 1969 年　カンディの中学 1972 年　ブゥケ高校（パラク）卒、ベナン国立大学にて経済学専攻、ダカール大（セネガル）にて財政学修士 1975-77 年ベナン商業銀行（BCB）勤務 1977-1989 年　西アフリカ中央銀行（BCEAO）にて技官勤務 1986 年　オルレアン大（仏）にて第三課程博士（金融学）修了 1991 年　パリⅣ大ドフィネにて経済学博士号取得 1992-1994　ニセフォ・ソグロ政権の経済顧問 1994 年　西アフリカ開発銀行総裁 1999-2006 年　同職再任 2006 年 3/19-（2016 年 2）ベナン共和国国家元首

く。しかし、その政策は名目上の経済成長率を上げる一方で国内での緊縮財政を強いるものだった。その結果、多くの反発や失望を招き、急激に議会内部や一般の人々の支持を失ってしまった。加えて、一九九四年にはCFAフラン通貨の切り下げが行なわれ、人々の暮らしに大きな打撃を与えることになった。一九九六年の大統領選挙には、民衆の離反したソグロは再選を果たせず、五年間の雌伏の後、民主化の推進役へと転身したケレクが政権に返り咲いた。その後、彼は二〇〇一年度の大統領選挙でも再選を果たすが、二〇〇六年の大統領選挙では七〇歳未満という立候補者資格の規定を遵守し、次世代への政権移譲を行った。

ヤイ・ボニは一九五二年、北部ボルグ県から六〇キロのチャウルゥ生まれ。父の出自はこの地域に住むヨルバ系ナゴだが、母は北部に多いバリバ集団の人である。また、彼の妻は南部都市ウイダのドゥ・スーザ家の出だ。これはアグダとよばれ、奴隷交易期から西欧人と交渉をもった奴隷商人やブラジル帰還奴隷に源流をもつ旧家、名家である。つまり、ヤイの出自と姻戚関係では、特定の地域や単独の民族集団へ帰属しているわけではないといえる。[5] 少なくともこの点では北部マイノリティ出身のケレクの事情と相似している。また、フランスで学位をとり、長らく金融の実務を積んできたキャリアについては、ソグロの経歴と重なる。こうした人物が、既存政党の支援を受けず、無所属で立候補したのである。既存の政党の支援を受けず、無所属で立候補したという点は、九〇年のソグロ、九四年以降のケレクと状況を同じくしている。こうしたことから、交替しつつも、ベナン国民が選択する元首に、ある種の反復がよみとれるのである。

四　メディアをとおして「変化」を売り込む

二〇〇六年の選挙では政治改革を含む「変化」が争点となり、世代交代を説く者、経済政策を、地域の活性化を打ち出す者や女性の声や若者の声を代弁することで支持を集める候補者が現れた。だが、政策による候補者間の差別化は難しく、むしろ候補者のパーソナリティを生かしたイメージ戦略によって選挙を戦っていた。こうしたなか、ヤイ・ボニ陣営は次のように「変化」イメージを構築していった。とくに目に付くのは、巨大ポスター、シンボル、キャッチコピー、インターネット上のホームページなどをたくみに組み合わせ、メディアを積極的に利用した点である。

各候補者は選挙ポスターに記憶しやすいシンボルを掲げた。ヤイ・ボニのシンボルイメージはタカラガイであった。西アフリカではアラビア半島経由のタカラガイが希少財として広まっていたが、ベナンの前身ダホメ王国では一八―九世紀、これが通貨＝おカネとして用いられた。現在では交換価値のなくなったこの物質は、だが、今でも占いや祭りの場に儀礼用具として欠かせない。彼に投票すればおカネ＝富をもたらしてくれるというイメージは人々にとって非常にわかりやすいものと

写真10　富を象徴するタカラ貝をプリントしたＴシャツはヤイの選挙戦略

なった。スローガンは「変化」を前面に出し、「変われる、変わるよ、きっと変わる Ça peut changer, Ça va changer, Ça doit changer」というリフレインがこだまするようになった。

集会所や街中を走る選挙カーからはヤイ・ボニ応援ソングが繰り返し流された。ヤ・サラームやＧ・Ｇ・ラピノといった有名ラップ・ミュージシャンやＤＪが曲を提供し、サッカー国際試合の行われるスタッド・アミティエの選挙集会では実際にライヴ演奏を行なった。Ｇ・Ｇ・ラピノは次のように歌った。

yayi boni mi na ze lo　ヤイボニに投票しよう
yayi boni beme tovi bi mi ze　ベナン人が投票すべきなのはヤイボニだ
yayi boni mina xwedo　我々がついてゆくべきなのはヤイボニだ
yayi boni mina xwedo bo bene tonagnon　ヤイボニについてゆけば国が良くなるんだ

こうした耳に残るスローガン、見れば即座に意味のつかめるポスター、応援アーティストたちによる目を引くパフォーマンスは、新聞やテレビ、ラジオなどのマス・メディアによって報道され、世代や民族集団の違いを超えて周知されるようになったのである。

五　「変わってゆく Ça va changer」の五年間

はたして、変化は訪れたのだろうか。発足当初は、経済分野だけにとどまらず、選挙制度改革、インフラ整備、教育制度の充実など、課題山積であった。政府発表によると、二〇〇六年の実質経済成長率が二・九％となり、その後、世界的な経済危機を被ったが、それでも二〇一〇年には三・二％まで持ち直している。しかし、この成長率に対して国家予算の赤字も二〇〇八年にはＧＤＰの三・五％、二〇〇九年には七・三％に上昇する結果となった［Tokpanou 2012: 82-95］。こうした五年間のヤイ政権期において、人々の生活に直接にかかわり反響をえた政府の諸政策は、以下のようなものであった。

一、舗装道路、電気、水道などインフラ整備と都市化。
二、初等教育の無償化と女子児童の就学補助。
三、教員や公務員への待遇の改善。
四、小口金融（マイクロクレジット）などによる就労女性の経済的支援。

たしかにこれらの政策に恩恵をうけ、政府に一定の評価を与えた人々はいた。だが、成果に対する批判も少なくない。ジャーナリストたちには、とくに成果を疑問視する意見が多かった。たとえば小口資金融資は、女性票をみこんだあからさまなバラマキだと冷やかに評する。ベナンの人口構成では五二％が女性だとされ、選挙でも女性票は決して無視できない。ある民営放送ジャーナリストは貧困問題は構造的なものであり、政府の思い通りには容易には資金は循環しない。政府が女性たちに融資をしても、家族や子供などの目の前の生活費に使われてしまい、経済効果は期待できないという見方があった。

だが、ヤイ政権の改革は暮らしに関わる経済政策だけでなく、政治に対してもなされた。ヤイはたびたびの閣僚更迭や内閣改造を行ない、実力主義にもとづく、公正な政府への変革をアピールした。ところが、選挙を前にして政府関連の大きなスキャンダルがメディアを騒がせることになった。その第一がＩＣＣ詐欺事件である。

二〇〇六年ころからＩＣＣサーヴィスなるＮＧＯを称する団体が、講のような集団貯蓄金融業を各地で展開した。預金をすれば一年で二〇〇％に上る破格の利息を提供するために、多くの人々が加入した。ところが二〇一〇年、ＩＣＣは突然支払いを停止し、契約を一方的に不履行とする事態になった。この詐欺行為に、コトヌなど都市部をはじめとした抗議運動がわき起こり、たちまち各地に拡大した。しかも、この破たんの前までＩＣＣ幹部と政府閣僚とが贈収賄を含む密接な関係にあったことがメディアで報道された。二〇一〇年七月、ＩＣＣの経営管理は警察の監督下におかれる処分となった［Kékou 2010: 203-205］。

そしてもう一つが、ＣＥＮ－ＳＡＤ（サヘル・サハラ諸国共同体）サミット開催に関わるスキャンダルである。二〇〇八年六月一二―一八日にＣＥＮ－ＳＡＤ一〇周年サミットが経済首都コトヌで開催された。一〇か国の元首を迎える式典とその準備がなされた。だが、その後、莫大な建築工事、整備費の管理・運営のずさんさが暴露された。つまり、関連企業との共謀、公的資金横領、費用の水増し請求などである。事業は経済財務省、国土改善省が担当しており、七〇〇億ＣＦＡ近くが浪費されたという［*Le Matinal* 2010（July 16）］。

これらスキャンダルの告発に対して、政府も対応に追われた。事件に関わった人員の整理、更迭や、独立後五〇周年行事においてヤイ自らジャーナリストの質問に答えるテレビ番組が製作、放送された。この内容はＤＶＤ化され、新聞にも転載されたことで、多くの市民の目に触れるものとなった［*Le Matinal* 2010（August 05）］。だが答弁は閣僚の自己責任論に限定され、疑念を一掃するものではなく、政府への信頼は著しく損なわれた。たしかに「変わってゆく、変わりつつある Ça va changer」は皆無ではなかった。政権発足から閣僚の汚職追及や更迭は相当数に上り、その追及を人々は評価した。だが、政界の深部にねざす汚職体質は、「変わる changer」の困難さを露呈し、政治不信をいっそう強める結果を招いたのである。

六　三つ巴の二〇一一年選挙戦

こうしたヤイ政権への批判の高まりと政治不信を背景に、二〇一一年選挙を迎えることになった。現政権は政治力と圧倒的な資金力から優勢ではあったが、とくに南部を中心として反政府派の潜在数は相当な数にのぼっているとみられていた。政府の支持率低下に加えて、政権奪取をめざす野党や対立候補の動きが活発化した。

政府が選挙日程を提示したのは一月初旬、立候補がでそろったのは一月末であった。ヤイは直前まで情勢をうかがい、満を持して出馬表明し、キャンペーンが本格化した。候補者はヤイを含めて一四名だった。二〇〇六年選挙ではケレク、ソグロという二大政治家の退陣をうけて、二六名の候補があがっていた。それに比べて半数近くまで候補が減少したことからは、選挙の争点が絞られ、とくにヤイと以下に紹介する二候補の三つ巴の選挙戦に集約したことがわかる（表6参照）。つまり、変革の継続を推すヤイ派とその政策や上記事件への批判から反ヤイをとなえる連立派という構図が明瞭化したのである。ヤイの公約としては、より見通しのたつ計画的で組織化された政策の立案、執行を行うこと、民主主義システムの法的基盤を強化する憲法見直し、度重なる法改正をなくすための一貫した選挙法の整備、汚職や官僚の肥大化を食い止めることなどが挙げられた。

対立候補の筆頭は、前回と同様、南東部ウエメ県に支持層を固めるウンベジ候補である。一九四二年生まれの彼は候補者年齢制限の上限であるため、今回は背水の陣で臨み、なりふり構わぬ党派工作にでた。二〇〇六年の二次選では南部の各政党間の協働連合「鎖は断ち切れない *woléguédé*」によって票田を切り崩され、結果、大差で敗れた。その教訓から、現政権への対抗派をとりまとめ、連立党派ＵＮ「統合して国家をなす Union fait la Nation」を結成したのだ。生活の閉塞感をもつ人々を救い、ヤイ政権の専横から民主主義を守り、「一緒に ensemble」未来を築きあげる、と宣言した。共同の「統合と発展の憲章」をつくり、きたる国会議員選挙にも統一したリストで候補をたてるなどの政治的な統合が強調された。Ｎ・ソグロは長男レアディのＵＮ内における意思決定権を保証させた。アムスはＰＳＤ党首の座を辞任し、連立党派党首のポストに専念して、この選挙にかけた。ＭＡＤＥＰなど他の野党も

写真11　村落での投票所風景、市民は出身村で投票をする。

職歴、所属団体	得票数	割合 %
大統領一期満了、FCBE 支援	1,579,550	53,14
国会議員、連立 UN 統一候補 PRD 1991,96,2001,06 年候補	1,059,396	35,64
元 BOAD 総裁、ABT 連合候補	182,484	6,14
国会議員、CANAL3 社長 UPR（G13）	37,219	1,25
ケレク期元スポーツ省大臣	19,221	0,65
国会議員、ラジオプラネット社長 Réveil Patriotique（Fcbe）	16,591	0,56
元 BCEAO、無所属候補 2006 年候補	13,561	0,46
ケレク期元通産大臣、弁護士 ベナン女性弁護士協会 2001,2006 年候補	12,017	0,40
ヤイ期元法務大臣 Union Republique	11,516	0,39
ヤイ期元健康省大臣	9,469	0,32
CEB 元社長、無所属候補	9,285	0,31
国会副議長、ケレク期元文化省大臣、 Force Espoir 、2006 年候補	8,426	0,28
実業家、無所属候補	7,893	0,27
実業家、無所属候補	5,817	0,20

表6　2011年3月 大統領選挙投票結果（CENA 発表）

順位	候補者名	出身地域（生地）
1	ヤイ・ボニ Yayi BONI（ママ）	Tchaourou, ボルグ県
2	ウンベジ・アドリエン HOUNGBÉDJI, Adrien	Porto Novo（Aplaphoué）, ウエメ県
3	ビオ・チャネ・アブドライ BIO-TCHANÉ, Abdoulaye（ABT）	Djougou, ドンガ県
4	イサ・サリフ ISSA, Salifou	Malanville, アリボリ県
5	ラニド・クリスチャン・ウノック LAGNID, Christian Enock	Whonou, リットラル県
6	ヤフェデウ・ジャンヴィエ YAHOUEDEOU,François Janvier	Cov409é（Ouinfa）, ズゥ県
7	シンゾガン・ジャン・イヴ SINZOGAN, Jean Yves	Ouidah, アトランティック県
8	ベド・マリ・エリーズ GBEDO, Akuavi Marie Elise Christiana	Calavi（Ouidah）, アトランティック県
9	トパヌ・プリュダン・ヴィクトル TOKPANOU, Prudent Victor	Calavi, アトランティック県
10	チャラ・サレ・ケシル TCHALA, Saré Kessilé	Savé, ドンガ県
11	クアグゥ・ンポ・シィル KOUAGOU, M' PO Cyr	Natitingou, アタコラ県
12	ダヨリ・アントワヌ DAYORI, Antoine	Maten, アタコラ県
13	ビオク・サロモン・ジョゼフ・アヒスゥ BIOKOU, Salomon Joseph Ahissou	Porto Novo, ウエメ県
14	ダヒシホ・ジョアキム DAHISSIHO, Joachim	Abomey, ズゥ県

出所：*Le Matinal* no.3565　2011年3月21日

選挙後の影響力の保持をねらう利害が一致し、連立の形成をみたのである。

次に有力候補とされたのはアブドライ・ビオ・チャネ候補、通称ＡＢＴである。一九五二年北部ドンガ県出身。セネガルでＢＣＥＡＯ（西アフリカ中央銀行）副総裁、研究部主任を務め、さらにケレク政権期経済金融大臣であった。経済通の経歴と、どこの政党にも派閥にも所属しない新参者という特徴は、二〇〇六年大統領選挙でのヤイ候補のそれと重なりあう。彼は経歴を生かして、五年で二五万人の雇用の創出や小口金融の額を一〇万ＣＦＡへ増額すると公約する。つまり、ヤイ政権の経済政策をより発展した形で提示したのが、彼のマニフェストの特徴である。そして、積極的にメディアやパフォーマンスに訴えるキャンペーンを展開した。略称ＡＢＴは「栄えあるベナンの未来 *Avenir du Bénin Triomphant*」連合の略記と重ねて、人々の口に上りやすい。タバ・ティ・タァバ *tabatitaaba* と支持者がダンスしながら連呼する印象的なコールは、ハウサ表現で「誰をあなたは選ぶのか」を意味する。「もちろんＡＢＴその人だ」、との応えが後につづく。北部民に語りかけるこうした表現は、他方でその開放的な語感が南部民の耳にも残りやすく、閉塞感をもつ人々を刺激した。

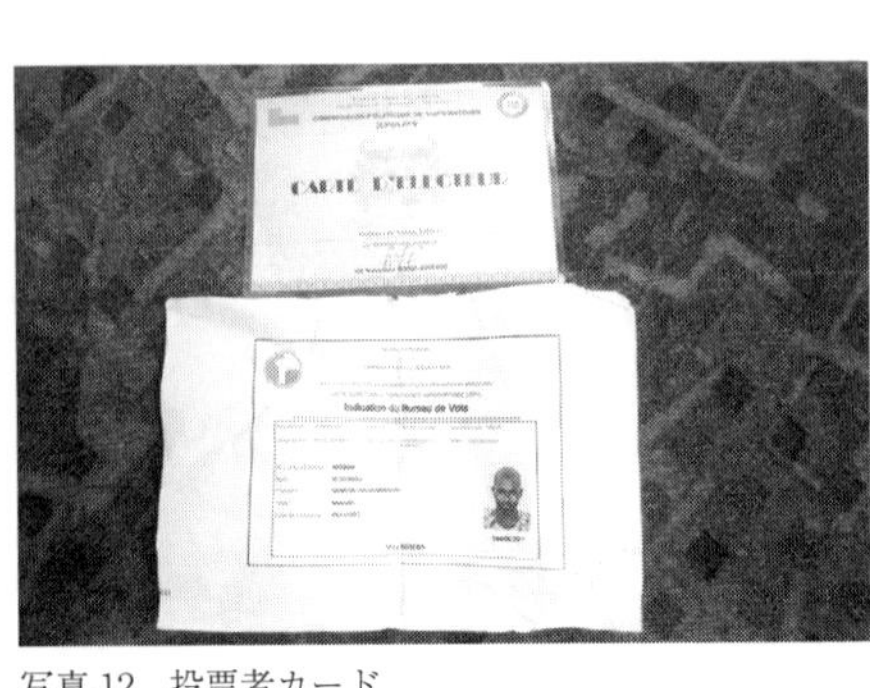
写真12　投票者カード

先述のとおり、資金力、経歴、支持層の広がりなどから鑑みても、有権者の票の多くはこの三候補に集中すると予想された。二〇〇六年の熱狂と五年間の実績からヤイ候補の優勢の見方があるが、逆に失望や批判の声も多い。その選択肢として、「一緒に」をスローガンとするウンベジや、新参の期待感を最大限にアピールし北部に働きかけるＡＢＴは、票を切り崩す可能性が高いと予想され、人々の選挙への関心を高めていった(6)。

七　ジャーナリストの語る大統領選挙

開票結果、速報さる

三月一三日の投票日当日は地域によって遅延や混雑があったが、おおむね順調に作業が進んだ。その日の夜からＣＥＮＡ（選挙管理委員会 Commission Électoral Nationale Autonome）によって開票、集計がなされた。翌一四日には早くも南部の仮集計が新聞に載り、現政権に不満をもつ市民の中ではウンベジ候補の善戦に歓声があがった。下馬評どおり、ヤイとウンベジが八割以上の票を占め、三位以下を大きく引き離す模様であった。一五日にはウンベジが二次選にむけて他の候補と連合を模索し始めたと報道され、対照的にヤイ陣営は静観し続けた。ところが、一八日夕、北部の選挙結果と合わせた仮集計が突如公表された。中・北部の集計の遅れからみて、それは拙速ともいえる発表だった。票操作の疑念が湧くなか、ヤイ五三％、ウンベジ三五％、ＡＢＴ六％、ほか少数と報告された。ＣＥＮＡはヤイ候補が単独過半数を獲得したため、これを当選とすると述べた。これをうけて歓喜にわく市民の姿はなく、二〇〇六年当時の熱狂と対照的に街は不気味なほど鎮まりかえっていた。

県別の票集計から、地域と投票の関連をみてみよう（表7参照）。全一二県のうち、ウンベジは五県

シンゾガン・ジャン	クアグゥ・ンポ	ダヨリ・アントワヌ	トパヌ・プリュダン	チャラ・サレ	ヤフェデウ	計（票数）（2764346）
						277,995
			④ 2,825			394,393
		⑤ 1,488				384,317
⑤ 832						152,761
		⑤ 704				144,246
		⑤ 1,594				175,744
					③ 7,549	251,009
				⑤ 517		185,398
						328,841
				④ 978		131,197
						156,212
	④ 2,773					182,233

で勝利し、ヤイは七県で勝利している。上位二候補による二次選のことを考慮すれば、この時点のヤイは辛勝であったといえるだろう。そして、この二人だけで全体の九割弱、それに次ぐＡＢＴをいれると九五％を占めており、他の一一候補はすべて一％にも満たない。こうした得票数のいちじるしい格差がまずは認められる。支持基盤であるウエメではウンベジが圧勝している。またソグロ率いるＲＢのリットラル、アムスＰＳＤの基盤のクフォでは、やはりウンベジが勝利しており、連立各党の票田を確実におさえている。ズゥ県はやはり連立の一角であるＭＡＤＥＰの票田であった。だが、逆に各政党はその地域だけにしか集票力を持ち得なかったとも言い換えられる。

そもそも、政略だけが優先した連立党派へ批判はなかったのだろうか。民営放送ジャーナリストは、「この連立は突如結成されたのではなかった」という。ヤイ政権期間における批判の末に生じたので、「『一緒に ensemble』というスローガンは人々に支持をえていた」

表7　2011年大統領選挙の各県別投票結果概況

県	ボニ·ヤイ	ウンベジ·アドリエン	ABT	ラニド·クリスチャン	イサ·サリフ	ベド·マリ·エリーズ
リットラル	② 112,405	① 141,298	③ 8,673		⑤ 1,128	④ 2,426
アトランティク	① 193,371	② 146,801	③ 27,503			⑤ 2,571
ウエメ	② 86,591	① 272,319	③ 4,019	④ 1,651		
プラト	② 56,834	① 74,805	④ 1,420	③ 1,518		
モノ	① 86,065	② 37,793	③ 4,815	④ 754		
クフォ	② 63,480	① 86,861	③ 3,939	④ 1,613		
ズゥ	② 83,321	① 127,069	④ 6,604		⑤ 2,508	
コリン	① 138,321	② 24,253	③ 10,666	④ 936		
ボルグ	① 255,186	③ 11,732	② 28,223	④ 1,965	⑤ 1,714	
ドンガ	① 76,705	③ 2,271	② 3,405	⑤ 692		
アリボリ	① 114,236	④ 2,261	③ 6,588	⑤ 1,403	② 15,024	
アタコラ	① 123,761	③ 6,708	② 28,263		⑤ 1,887	

出所：*Le Matinal* no.3565　2011年3月21日

という。だが彼はまた、「地方に遊説しながらも、ウンベジは北部への訴えかけに精彩を欠いていた」という。UNは結成に時間をかけているとはいえ、これからの五年間の政策を明確に提示するほどには連立内の調整ができていない。ヤイの北部票田に対して説得力不足は否めない。UNのスローガンである統合‐団結は、国全体をまとめるものとして人々に浸透するにいたらなかった。ABTは新規参入の弱い面が露呈した。地縁のつながり、ヤイ政権に不満をもつ者、ボランティアといったさまざまな支持者の組織化が十分でなく、人員の配置や運動に必要な機材の配送などでトラブルが頻発し、アピールすべき選挙区をいくつも落とした。ABT陣営もまた、地域をこえた支持をえられるまでに至らなかった。

　これに対して、ヤイの得票は中‐北部地域である、コリン、ボルグ、アタコラ、アリボリでは二位以下に一〇万―二〇万票差という結果からも、桁違いの集票力をもった。そして、南部のリットラル、クフォでも

他候補との差は僅差であり、すべての県で三位に下ることはなかった点が注目される。(7)

ろうか。

郷土からメディアへ

ベナンの政治人類学者バコ - アリファリ Bako-Arifari は、ベナン政局のアクターが都市在住のエリート層に偏っていると指摘し、それらが選挙の際にだけ郷土に投票のお願いにあがると述べる。舗装道路の整備など土地の利害が郷土の息子をとおして実現されるとともに、「息子」たちは地元の票を踏み台として国政へ進出する相互関係が浸透している。これを鑑みれば、〇六年、一一年の選挙は、いわゆる郷土の論理 logique du terroir［Bako-Arifari 1995; Banégas 2003: 242-249］の希薄化を意味しているのだろうか。

UNの地域票への限定化、北部票に焦点をあてたABTの敗北。二〇一一年の選挙をみるかぎり、郷土の論理は完全には消滅してはいないが、少なくとも大統領選挙では、それにとらわれない集票戦略が、これ以降不可欠となってくる。そしてその戦略に大きな可能性を潜在させているのが、マスメディアなどの新たな情報流通である。票田を固め、土地のつながりを越えた支持をえるためにメディアを活用する。少なくとも候補者たちはこれに意識的であった。二〇一一年に争点となった三候補それぞれがインターネットでのスローガンやマニフェストの公開をはじめとして、メディアに乗りやすい応援ソングやダンスパフォーマンスを積極的にキャンペーンに取り入れていた。

拙速なCENA報告ののち憲法裁判所が承認し、メディアは次々とそれを報じた。こうしたなかで、人々はヤイ再選を受け入れざるをえなかった。ウンベジ側は票集計の不正を指摘し、過半数という結果の信ぴょう性に非難の声をあげた。出身地区であるウエメ県ポルトノヴォでは戦車が配備され、夜間外出禁止となるなど、一時は極度に緊迫した状況となっていた。国営放送ジャーナリストはこういう。

「ベナン人は戦争が嫌いだ。これがトーゴやコートジボワールならデモや紛争が起きるだろう。現政権へ不満をもつ人は多いし、選挙にも問題がある。皆が結果に満足してるなら街中でお祭り騒ぎが起こってるはずだろう。だが、メディアも人々も事態がどうなるか慎重に見守っているのだ」

おりしも、コートジボワールの騒乱が連日伝えられ、近隣国の不安定な情勢に人々は神経を尖らせていた(8)。だが、選挙に関してはメディアはみな整然と結果を報じ、ベナンのデモクラシーを称える賛歌だけが繰り返し流れた。

八　揺れるジャーナリズム

本章では二〇〇六年、二〇一一年の大統領選挙の推移を記述しつつ、メディアの報道とジャーナリストの多様な見解とにあるズレに注視してきた。ジャーナリストたちは国営、民営を問わず政治に対してさまざまな見解をもつ。政治についての語りでは彼らの立場はとりわけ揺れ動いているように思われる。しかも、それらはしばしば矛盾したり、機関としてのメディアの対応と個々人の意見がかけ離れている場合もあった。むろん、どの組織においても内部の見解が一枚岩であることはない。個人においてもおかれた状況によって発言したり沈黙をとおすこともあるだろう(9)。

ところで、アフリカを研究対象とした、かつての人類学では、個人を人種的単一性をもつアフリカ集団イメージのなかに統合して捉えていた。かつてではなく今なおつづくこうした偏見に抗しつつ、政治学者ンベンベ Mbembe, Achille はアフリカ人の自己表現について論じている。奴隷制、植民地化、アパルトヘイトという三つの大きな歴史的事件は、アフリカ人を自己疎外させ、暴力的な収奪によって経済基盤が破壊され、困窮化によって社会的にもその存在を否定されるにいたっている。それは自らを知り、世界に帰属したいというアフリカの自己意識を生んだ。さらに、複雑で屈折した歴史的背景にくわえて、グローバルな人的、物的、文化的に流動する現代では、アフリカというアイデンティティ自体が揺らいでいる。すなわち、

「単一の言葉や範疇で示しうるアフリカ人アイデンティティなんてものはない。[…] それは一つの実体として存在してはいない。さまざまな状況に一連の実践をとおして構築されるもの」[Mbembe 2002: 272] なのである。

一貫し、固定的なアイデンティティにもとづいた自己表現などはない。ンベンベの言葉にあるように、本書でとりあげたジャーナリストの多様な語りのなかでは、政治についてのそれが、立場の揺れをあらわしていたように思われる。前章でもひいた著名ジャーナリストのカルロスは自らも含むベナンのジャーナリズムを、次のように批判する。

「メディアには確かに力があり、だから汚職が存在する。権力は権力へと向かう。政治権力はメディアをお抱えにしておきたがる。メディアはお金の力に関心がある。［…］対外的にジャーナリストといっておきながら、政治家や実業家と手を組んでいる者もいる。今日、多くのジャーナリストが仕事の精神に背いている。これが真実で現実なのだ。今日のジャーナリズムの問題だ」

ラジオ、テレビ、新聞などのメディアから人々に伝わる影響が次第に大きくなるなか、政治家や候補者たちは積極的にこれを利用しようとする。暮らしに追われるジャーナリストはこれに無関心ではいられない。特定の政治家の擁護や偏向報道が「手数料」をともなってなされることもある［Kékou 2010: 210］。こうしたカルロスの批判にとどまらず、一般の民衆もメディアに対して批判的なまなざしを向ける。街中のキオスクでは刷り上った朝刊が大きく張り出され、人々が立ち読みに群がり、熱っぽく記事を論じ合うのが朝の風物詩である。その対象は政治家だけでなく、メディアの報道姿勢にも及んでいる。ジャーナリストは民衆からの疑念のまなざしと権力側の抑圧や誘惑の緊張という双方のはざまで立場が揺れている。ベナンの今日のジャーナリストはさまざまな利害にからまり、むしろ以前よりさらなる不自由に囲まれている［cf. Nyamnjoh 2005: 37-39］。本章の記述でも、政治家のスキャンダルを告

写真 13　RFI（仏国営放送）特派員ドベ記者、つねに携帯端末を手放さない。

発する一方で、奇妙なほど沈黙に留まる場合もあった。

二〇一一年四月六日、ヤイの大統領就任式が行われるなか、ウンベジ支持者たちの抗議デモと中央警察との衝突がコトヌで生じていた。「この選挙結果はデモクラシーの後退だ。現政権は警察を二〇〇〇人雇用して反対派を抑えつけている」と彼らは声を荒げる。平和的な市民のデモ行進に警察が暴力的に対応し、ケガ人がでるなどの被害が生じたという。しかし、この事件についても、大方のメディアの報道はきわめて短く、抑制的なままだった。ジャーナリストは、「ベナン人は誰に投票するかは明かさない。人前ではある候補を賞賛していても、実際は票を入れないのさ」と、ウラオモテ気質を評する。だがこれは、ジャーナリスト自身の語りと沈黙にも当てはまる。

希望にみちた「変わってゆく Ça va changer」をスローガンにしながら、ヤイ政権は物理的権力を行使しつつ、不安定な政局をなんとか舵取りしている。五節で述べた選挙直前のスキャンダル暴露など、政権側もメディアの存在を無視することはできない。他方で、ジャーナリストは政権への批判と沈黙を慎重に使い分ける。ケレク期に存在した強権の記憶はなお根強く残っているからだ。彼らは過去の連続としての強権に確かな脅威を感じつつ、Changer のゆくえを息を殺しながら見守っているのである。

注

（1）とくに変動期の社会について、従来のローカルやミクロな記述、分析を身上としてきた人類学が、マクロな政治‐社会の領域といかに接合するかを考察することは重要である。すでに政治学では、ンベンベが、民衆と国家の関係を、一方による他方への支配や従属関係ではなく、おびただしい祭祀や行事による饗宴化（祝祭化）が反復されることで結びついている点に注目していた［Mbembe 2001］。

（2）会議には政党、労働者団体、教員、軍関係者、宗教者、歴代大統領などの広範囲の代表者から四九三名が参集した［Robinson 1994］。

（3）二〇〇六年の選挙区に関連して、ベナンの行政区分は、北部のアリボリ、アタコラ県から、ボルグ、ドンガ、コリン、ズウ、クフォ、プラトー、モノ、アトランティック、リトラル、ウエメ県という、一二の県、七七のコミューンに分かれている。行政首都はポルト・ノヴォだが、政治経済的に中心都市となっているのはベナン湾に面したコトヌである。これらと中部のパラクを含めた三都市は住民人口一〇万人以上を数える。

（4）帰属政党をもたない人物が選出される例は、二〇〇二年、マリでのトゥーレ大統領当選などもあり、特殊ではない。大差の得票での政権交代は、ベナン国民が変化を望み、その候補者を選択したことが窺われる。

（5）アグダ **agoudas** はブラジル人 **Braziliens** とも称され、ナイジェリア、ベナン、トーゴなどベニン湾岸諸国の近現代史において重要な役割を果たしたが［矢澤　二〇一九］、彼らについては終章にて再び考察する。出馬当時のヤイ・ボニについて、出自、経歴、立候補の状況を鑑みると、政党や派閥といった政治的つながりの圏外にあるばかりでなく、特定の地域や民族集団にも帰属せず、それはすなわち特定の集団の利害を代表するのではなく、むしろ地域と地域の間や集団相互の間に位置するマージナルな性質が浮かび上がってくる［Mayrargue 2006: 164］。

（6）各候補のキャンペーンが白熱する一方、選挙実施をめぐって混乱が続いた。当初、投票は二月二八日であったが三月六日に延期され、さらに三月一三日に延期された。これは選挙人名簿作成の遅れによるものだったが、選挙戦のかけひきと不正糾弾の的となった。

（7）だが、ヤイもまた、国内の人口が集中し、投票率がきわめて高いリットラルやウェメで敗れていることは、今後の大きな不安材料に違いない。

（8）二〇一一年当時、仏語圏西アフリカの大国であるコートジボワールでは前年（二〇一〇年）の一一月に実施された大統領選挙の結果をめぐって紛争状態となった。二〇〇二年から続いた内戦と和平交渉の停滞からようやく実施された選挙であったが、前大統領のロラン・バボと野党を率いていたアラサン・ワタラとの決選投票となった。選挙管理委員会はワタラの当選を発表したが、選挙の不正を主張するバボ陣営によって政治的混乱が続いた。二〇一一年四月にワタラ側国軍により、バボは身柄を拘束された［佐藤　二〇一五：二九五―二九九］。本文中の発言はこうした一連の騒乱を背景としている。

（9）民族誌批判やカルチュラル・スタディーズのインパクトを受けながら、一九九〇年代には調査における現地社会のネイティヴ・アンソロポロジスト像が議論されていた。かつての固定的な観察者（調査者）と対象社会の関係は崩れ、ネイティヴ・アンソロポロジストが人類学的認識への批判を展開する。注目されたのは、彼らネイティヴ・エリートが実際には多様であり、自らの文化を本質化してアイデンティティのよりどころとすることもあれば、植民地主義者の語りに対抗的な歴史観を出すことで自分たちの脱植民地化運動を構築しようとする場合もある、ということだった。これらはネイティヴ自身の自己表出や自己記述（self-writing）の問題でもあり、本書がテーマとしているメディアにおける表現をさぐる作業にもつながっている［Mbembe 2002; Barber 2007: 21-29］。

第三章　ジャーナリストと生活戦略

はじめに

第一、二章においてベナンのメディア状況の概観と大統領選挙を契機としたメディア報道、ジャーナリストの見解、一般の人々の反応を見てきた。単に電子メディアとテクノロジーが社会に浸透したというだけでなく、政府や政治家によるテクノロジーの取り込み、広報を重視する選挙戦略、情勢を伝える報道とそのゆらぎ、国営放送と民営放送の競合、新聞、タブロイドからラジオ、テレビ、インターネットや携帯端末という新たなメディアなど、さまざまな要素が相互に連関する状況を読み取ってきた。メディアをめぐるこうしたベナンの状況は、人、モノ、テクノロジー、情報などの多様なエイジェンシーの交差と捉えることができる［Bessire, Lucas & Daniel Fisher 2012: 2-4; ラトゥール　二〇〇八］。

人とモノ、主体と客体などを、固定化して捉えるのではなく、もろもろの存在が関係を通じて生じてくる過程に注目して記述することで、ベナンの状況がより明らかになると思われる(1)。前章までの内容では、民間への電波の開放によって多くの民放局が開局し、放送内容が多様化した。人々はラジオに聞き入り、新規な番組や政府寄りではない報道に関心を寄せる。国営放送は民放に刺激されて音楽、娯楽をとりいれた番組を再編する。政治の場でも、有権者の耳に残る音楽やキャッチフレーズをとりいれ、複数のメディアで呼びかける選挙戦略へと転換した。後の章で検討するが、政治、経済に関心を高める人々はさらにメディアへの主体的な参加を試みる。

先行研究では、アフリカ社会は民主化をすすめる変動期にあり、その起点となるのがメディアであるとの認識を共有している。「デモクラシー」は、人々の対話を可能とするメディアが鍵となるという。だが、「デモクラシー」は、教養としてあったのではなく、人、メディア、情報をめぐる連鎖のなかで、くりかえし問い直されてきている。本章ではベナンのメディア状況を構成するアクターの一つとしてジャーナリストたちをとりあげ(2)、次章ではオーディエンスをとりあげる。彼らは具体的に暮らしのなかでどのようにメディアと関わっているのだろうか(3)。先行研究は個々の人々の暮らしについては必ずしも重視してはこなかった。民主化を背景として、彼らはどのように自らの暮らしを切り拓いてきたのだろうか。人とその暮らしは、メディアを介してどのように結びつき、継承されて行くのか。彼らの生活史の語りを分析する。

一　国営放送のジャーナリスト〈事例1〉

ゴメス GOMEZ 氏は国営ラジオ放送 Radio Nationale の記者兼アナウンサーを務めている。陸軍で兵士を勤める妻をもつ。彼は一九七一年に南西部の旧王都であるウイダ（アトランティック県）で生ま

写真 14　ORTB 局、ゴメス氏

れた。小学校時代に右足を患って手術を受けたことがある。当時、オバが学校長をしていたこともあり、実家で読み書きを習ったが、やがて父のいるコトヌに移り住んだ。ベナン大学法学部を卒業後、一九九五年に第三課程修士の奨学金をえてコートジボワールへ留学した。そこで法律とコミュニケーションの勉強を続ける。だが一九九七年当時、専門に関係する就職口はなかった。そこでベナンでORTBの研修を希望し、その後二〇〇〇年度から記者として勤務するようになった。彼はこの職に精通するために苦労をしたという。研修機関も現在ほど整備されてはいなかったし、ジャーナリズムを本来、専攻してはこなかったからだ。やがて、彼の研磨と資質は周囲に認められるようになった。

記者としての彼は、現地への取材業務のほか、局にもどってから各記者の記事をもとに放送原稿をまとめ、夕・晩の定時ニュースを放送するのが日常的な勤務サイクルとなっている。日々懸命に業務をこなす彼は、放送人としてベナンの表現の自由を評価する。

「われわれは以前から民主化のなかにある。とくに進んでいるところは表現の自由だ。良いことだと思う。ラジオでは話したいように放送できる。テレビもだ。誰もが自分の言いたいこと、言うべきことを話す。誰かにこれこれのことを話せといわれることもない」

外国で学び、そこでの民主化事情にも通じている彼は、とくに言論の自由をベナンの民主化の良い点として評価している。伝えたいこと、伝えるべきことを検閲や他者からの圧力なしで放送できることが重要なのだ。しかし、この自由を貫くにはジャーナリスト自身の問題もある。彼はこう続ける。

「ジャーナリズムは肌の色で決まる仕事ではない。だが、環境が職業に影響したり、それが仕事のやり方に影響したりもする。もしも不自由のない家に生まれたら、よりモラルを守るだろう。だがもし仕事にこびるようになったら、[…] 金儲けのためにやるジャーナリストになってしまう。たとえば、ある人物に情報を加減してくれと金を渡されたら、情報を削除するかもしれない。なぜならそれを書くのは（読者のためでなく）その人物を喜ばせるためだからだ」

彼はこの仕事の平等性を強調したあとで、職業倫理について説いている。彼らの給与は月に二万五〇〇〇―七万五〇〇〇CFA（一CFA＝〇・二二円、一章注4を参照）くらいまでとかなりの開きがあるものの、都市部で生活するには厳しい額だ［Gratz 2014: 30 ; Perret 2005］。このため、若手を中心に取材現場での汚職が絶えない。しばしば取材は対象となる人物が情報をリークしたり宣伝するために、自らメディアを招いて行われる。囲み「取材」というよりも囲み「広報」となっているのが現実である。その際、取材の「手数料（per diem 日当、cadeau お礼、gombo ゴンボなど）」として手渡される金銭と交換に、彼らに都合の良い記事が作られる。こうした業務上の倫理をめぐって、とくに批判の的となるポストに報道担当官がある。これは政府要人たちとプレスの折衝役となり、依頼者である要人たちの声明を発表し、報道されている内容を要人たちに説明する役職である。いわば情報の入口と出口を受け持つため、政治家のイメージを操作しやすい。中立であるべき報道が、報酬をもらって特定の人物に偏った情報を発信している、と批判される。そして、ゴメス自身、労働省大臣に依頼されて二〇〇三年から三年間、新聞報道の報道担当官を兼務していた。だが、あくまでも大臣側からの強い要望によってこの職を担当したと彼はいう。

いずれにせよ、彼は一見着実なキャリアを積んでいるように思われる。だが、国営放送といえども経営上からきわめて限定的な人員でまかなうために、複数のパートを兼務しなくてはならない。失業率の高いベナンではパーマネントな職に就くことは幸運なことではあるが、業務内容と給与とを比較すると決して恵まれているわけではない。

二　民営放送のジャーナリスト〈事例2〉

民営放送に携わる人物を紹介しよう。カルロスCARLOS氏は、ベナンでもっとも信頼されているジャーナリスト、コメンテイターである。一九四四年、行政首都のポルト・ノヴォに生まれた。父がポルト・ノヴォの公務員で彼らの家族がそこに住んでいた。祖父はカルロス、祖母はブリト、父がカルロス、母はドソウザ、もとの一族の実家は（海岸部旧都の）ウイダだと彼はいう。これらの名前はベナンでは帰還奴隷民の末裔が称する。さきのゴメスとともに、こうした旧家の出自については後に論述しよう（本章六節、終章参照）。

彼は小さいときに父から歴史の話を聞かされていた。興味をもった彼は勉学を重ね、やがて歴史教師をめざす。学生新聞部の編集長をしていた一九六〇年代初め、ユーゴスラヴィア政府からジャーナリズムを学ぶ奨学金の給付生候補となった。だが、彼はまず歴史の勉学を続け、一九七〇年から歴史学教師、やがて国立博物館の館長を務めるようになる。並行して新聞、雑誌へ多くの記事を寄稿していたが、一九七二年の政変から人民革命党の政治体制に承服できず、一九七五年に出国し、セネガル、コートジボワール、フランスなど二〇年間、海外において新聞、雑誌編集や文化時評などの言論活動を続けた。

写真15　カップFM社主、カルロス氏のオフィスは多数の賞状や贈呈品で飾られている。

彼がベナンに帰国したのは一九九六年、民主化転換を担った政権が倒れ、新政権が民主化継続を始めるときだった。彼はすぐにアフリカ積極的思考センター（Centre Africaine de la Pensée Positive）を立ち上げ、シンポジウム、セミナー、集会などを催し、啓蒙活動に努めた。これを略称でカップCAPPとよび、政治的、経済的に苦境がつづくアフリカ人を啓蒙し、エンパワーしてゆく場をめざしている。カップはとくに文化芸術活動の支援に力をいれている。音楽、ダンスグループのイベントや新人発掘のためのオーディションを主催して、後援するスポンサーとアーティストの橋渡しを行っている。

一九九七年、政府が放送周波数の開放政策を始めると、続々と民営ラジオ局が誕生した。カルロスはいち早く許認可を通過させ、一九九八年一〇月から自らの出資でカップCAPP ＦＭ（96.6MHz）を開局した。カップＦＭには特定の個人・団体のスポンサーはいない。運営は放送内での有料の連絡事項や広告、宣伝費などで賄っている。彼がデモクラシーの一つとよぶ報道、言論の自由を守るため、政府からの援助金は受け取っていない。局の経営をまったくの自力でまかなう一方で、政府との癒着を免れ、放送内容について自律性を保つことができるのである。彼は次のように言う。

写真16　スタジオ内の貼紙。「業務中は多くの聞き手たちに面している、心積もりせよ」

「デモクラシーは軽々しく判断してはいけない。きちんと判断されなくては。報道の自由は完全ではないが存在している。理想的ではないが前向きではある。［…］デモクラシーは選挙がしっかりしてなくてはならないが、まだ多くの不正があるし、良心を売り渡すこともしばしばだ。（ベナンの）デモクラシーは諸制度の編成をまず見直す必要がある」

彼はメディアの経済的自立を説いたのち、自局をはじめとして報道の自由が根付きつつあることを評価している。だがこの自由を定着させるためには、メディアも民衆も含んだ社会―政治システムの改善が必要だという。民衆と同じくジャーナリストも日々の経済事情から誤った行動をとってしまうこともあると彼は指摘する。「良心を売り渡す」とは、目先のバラマキに左右されて票を投じてしまったり、「手数料」をとって特定の人物に有利な情報を偏向報道することだ。先述の報道担当官などは、国会議員や各省庁の大臣つきとして公費で雇われるため、待遇もよい。だが、問題なことに、報道規則で禁じられているにも関わらず、現職のジャーナリスト、とくに国営放送の多くのジャーナリストがこの役職を兼務している［Adjovi 2003: 167］。カルロスはこうしたことを念頭に、批判の刃をメディア自身に向けている。

しかしながら、彼はジャーナリズムに絶望してはいない。メディアは他者に向けて情報を発し、人々が交流して出会う場を提供することができる。多くの人が社会に参与する媒介となる。デモクラシーにつながるこうした活動への思いを彼は「共有」をキーワードに語るのである。

「私はジャーナリズムの世界に入ったことを後悔していない。私は情報を他の人と共有したいのだ。さまざまな人と出会い、さまざまな場所にゆく。共有する論理こそ危険のない道なのだ」

三　民営放送の女性ジャーナリスト〈事例3〉

ベナンのジャーナリズム業界では女性は少数派である。女性の職業のうち多数を占める髪結いや仕立て屋、雑貨商、飲食店に比べて、ジャーナリストは人目をひく職種ではある。一部の女性には憧れの職種といってもよい。もっとも、近年では新聞、ラジオからテレビ業界への女性の進出がめざましい。多くは大学を卒業し、国営放送での研修を経て、地方局で経験を積むという経歴を辿っている。

ゴルフGolfe FMとゴルフTVを兼務するオリビア（仮名）は今ベナンでもっとも眼にする機会の多い女性ジャーナリストの一人だろう。一九七五年、ウエメ県生まれの彼女は、建設技師の父、教師の母をもち、（ベナン）大学では英語学を専攻した。そして英、仏語のほか、四種（民族集団）の言語に通じている。一九九七年に大学内ラジオ局で放送業務の研修を受け、翌年からORTBの実地研修を中部都市パラクの地方局で受けている。さらに行政首都ポルトノヴォの民営FM局で働いたのち、二〇〇二年からゴルフ社に転じ、現在に到っている。彼女はこの経歴において、すべて自力で職を探して道を切り開いてきたことを強調する。

「私はもともとが人に会って話を聞いたり、話を伝えたりすることが好き。［…］でも自分でラジオを聴き、どんな職やどんな人材が必要かを調べた。何か職があれば、まずそこに行って、試験をうけ、うまくいけば呼ばれるし、そうでないときは呼ばれない。［…］この仕事は夢の仕事という人もいるが、ひとたび中に入ると現実に直面する。とくに女性は男性よりも自分を打ち出し、能力をしめしてゆく必要がある。私はこの仕事に打ち込んで、世界のあらゆる人の役にたちたい」

彼女は他者と接し、その力になれる仕事として、ジャーナリズムの道を選んだ。そして、キャンパスラジオの経験、語学力、演劇サークルでの経験などをアピールして試験に合格し、地方局からステップアップをしてきた。男性が圧倒的多数の社会のなかで女性として、ジャーナリストとしてあることへの思いを熱っぽく語る一方で、生活と仕事の厳しさ、業界内の競争について付言することも忘れない。彼女は次のように続ける。

「アナウンサーの仕事は本当に出費が多い。けれども局はそれを負担してはくれない。とても家計を支えられるほどの十分な給与ではない。だから私は様々なことをしている。英語をやっていたので、通訳の仕事を探しているし、役者として舞台の仕事もしている。携帯電話の広告もしている。［……この業界では］それぞれ多くの視聴者を得ようとするので、競争は避けられない。経済的なことから他社のジャーナリストを引き抜く局もある。ウチからも多くの人が去り、別なところに異動していった。こんなことはよくあること。もちろん女性記者の間でも競争はあるのが現実よ」

一九九七年の周波数開放以降、急増したメディア機関は相互に競争が激化している。どの局も番組内容やプログラムの充実をはかろうとしている。だから、ラジオ局は番組表を新聞に掲載しない。定時のニュースは各局同様だが、音楽、クイズその他の娯楽やオリジナル番組は、局の特徴を出すために時間帯や内容は明らかにされず、改編も頻繁に行われる。とくにラジオは、一度ＯＮにしたらそのままＢＧＭとして聞き続けてくれる、常連のリスナーが欲しい。このため、各局は魅力的な番組づくりを目指してスタッフの充実をはかり、優秀な人材をめぐる引き抜きもよく行われているという。だが、ジャーナリストの暮らしの面では、決して良い条件ではなく、給与は十分とはいえない。彼女のようにＴＶアナ兼務の場合、衣装やメイクに気を使うが、多くは自腹だ。彼女は自分の特技や経歴を活かしてさまざまな仕事を探している。通訳や広告、ＣＭの役者など、業務と両立する仕事が中心だ。このような競争の激化はいわゆるリベラル経済政策が引き起こしたものといえる。一九九七年からの放送周波開放は表現の可能性を広げ、放送事業をめぐる経済界にも刺激を与えた。だが、未整備な市場への相次ぐ参入は、競争の過熱化を招いてもいる。

こうしたことから、メディアの現状を彼女は次のように話す。

「今ではたくさんのラジオや新聞が現れている。これはデモクラシーのポジティヴなこと。すべての人が自分の考えを述べることができるのだから。ずっと多くの機会をもたらしてくれる。だが売れなくてはならない。しばしば売れるために横滑りしてしまう。仕方がないことかもしれない。オムレツをつくるには卵を割らなくてはいけないわ」

彼女は表現の自由や、言論の場が広がったことをデモクラシーの良い面だと評価する。だが、それゆえに多くの視聴者を獲得する＝売れるための競争も激化している。メディア間の競争は、たとえば、政府や視聴者にすりより、批判的な姿勢を忘れるなどして、「横滑り」する危険もある。ジャーナリズムの功罪両面を受け入れつつ、現状を肯定的に捉えようとする彼女の姿勢がその言葉に表れている。

四　南西部ローカルラジオのジャーナリスト〈事例４〉

ラジオ局は比較的低予算で運営が可能であるために、さまざまな地域に浸透している。だが、それでもアフリカのローカル局は労働環境や経営状況が厳しいなかで放送を続けている。もっとも、スタッフが少人数編成であるがゆえに、ジャーナリスト側のパーソナリティや志向性が番組内容にダイレクトに反映されることも少なくない。メディアは単に時事的なニュースや暮らしに必要な情報を伝達するツールなだけではない。その地域に根ざす伝統や知的遺産の掘り起こしに貢献することもある。南西部モノ県のローカルメディアの事例をみてみよう。

ベナン南西部モノ県の町、ロコサにあるラジオ・モノ（La Voix de Lokossa, 106.7MHz）のジャーナリスト兼アナウンサーであるパトリス氏（仮名）は番組制作のチーフとして働いている。一九七二年にこの地域のZ村生まれ、二人の妻、六人の子供（男）がいる。彼はジャーナリズムの勉強や研修を受けていたわけではない。首都コトヌで高校を卒業したあと、故郷でラジオ開局に際しての求人の情報を得て興味をもち、この世界に入った。学生生活のあと、故郷に戻って始めたのが中古のＦＭラジオ機器を使った私設放送局だった。これは親族から近隣の住民、地域の人々の間で評判になり、やがてそれがローカルラジオ開局に向けて人材を探していた人物の耳に入った。彼は二〇〇三年に入社試験を受け、ローカル言語であるアジャ語の原稿作成とアナウンスのできる人材として、ラジオ・モノの開局に加わった。(4)

開局後数年は暗中模索であったが、彼は次第に仕事を把握し、番組内容の編成も行うようになった。彼の父は農夫であるとともに伝統宗教ブードゥ（ヴォドゥン）の司祭（ヴォドゥノ）であった[5]。それゆえ、彼は卜占やことわざ、儀礼歌などに幼少時から親しんでいた。村落地域に広く浸透するこれらの知識を自分たち独自の文化と捉え、それを保存する意義をつねづね意識していた。そして、近代化によって家族親族がかつてのような絆を失い、伝統的知識が忘れられてきている現状に危機感を抱くようになった。

写真17　ロコサにあるラジオ・モノ局

写真18　パトリス氏がかつて実家で私設ラジオ放送をしたラジオ

やがて彼は地域の伝統や知的遺産の大切さを放送を通して呼びかけてゆく。それは伝統宗教ブードゥに関わるヴォドゥノや伝統医（卜占師＝ボコノ）たちが持つ知識だった。しかし、ヴォドゥンは地域に根強く浸透している一方で、ネガティヴな偏見や固定観念を持たれている。こうした誤解を、自分の番組を通して是正し再評価しようと彼は考えた。それが結実したのが「ヌミセン *numisen* ＝語り伝えること」である。この番組では、冒頭の次のような言葉が意図を説明している。

パトリス：「今回のヌミセンでは卜占ファに関してお話しします。そしてヴォドゥンの説明もお届けします。どうやったら私達はこの習慣を伝えていけるでしょう。より良い方法をとるために、私達の村、家、家族に教えてゆくためには、まずはこれらの事柄について話すことです［*mi xome kodo mio hun nu min*］。そのためにここで、この時間にヌミセン *numisen* を放送いたします。この番組をお送りするのは私、パトリスとFさんです。今日はポリ *kpoli* のうちでもレテサ *letessa* について［*o abe ole jiha nyin*］話しましょう。

写真19　ヌミセンでは伝統医を招き、在来知の大切さや保存、継承をよびかけている。

F：まず、レテサが示しているのは自らを作ったものは自らを殺さない［*ele zande a se*］という教えです。

毎週月曜一七時から放送されるこの番組では、卜占ファについて専門家が土地の言語アジャ語でわかりやすく解説する。人々の日常生活にはこの卜占が広く浸透している。番組はその他にも伝統医療や薬草の知識、暮らしの知恵や道徳なども広く伝えてゆくことを目的としている。まさにこれらは近年の暮らしのなかで失われつつある土着の知識 savoir local なのだ。

ヌミセンは二〇〇四年から現在にいたるまで放送されている。パトリスは番組とデモクラシーの関連を直接言及してはいない。だが、番組ではリスナーからの質問に対して、積極的に応答し、好評をえている。ラジオ放送を通して情報を広く共有し、それがリスナーに新たな発見や活力を与えている。パトリスは放送業務を通じて、自らの文化に意識的となり、それを地域の皆が利用できるようになることを模索している。人々との情報や経験の共有をもとめて、放送への参加を呼びかけるメディア実践は、他のジャーナリストたちのそれと重なるところが大きいといえよう。

五　デモクラシーと個人の生

以上、四名のジャーナリストについて記述してきた。では、各人の事例について、そのメディアとの関わり方を比較しながら整理してみたい。

まず、彼らはみな、現代ベナンの放送業界を代表する人物だ。なかでもパイオニアであるカルロスは別格だ。彼の半生はメディアをめぐるベナン近現代史と重なっている。一九七〇年代には奨学金の給付をうけてヨーロッパに留学し、八〇年代にはジャーナリズムの知識と経験を深めるため、フランス、セネガル、コートジボワールを転々としている。彼の実家の家系は教養のある知識階層を輩出しているが、彼は国を超えて活動してきた。カップＦＭがとくにアートを志す若者たちを支援しようと、たびたびイベントやオーディションを開催しているのも、彼のこうした経験が背景にある。カルロスにとって、アフリカでもっとも深刻なのは、固有の文化の衰退なのだ。

他の三人も含め、メディア草創期の困難を打開してきた苦労は並大抵ではない。もともと大学にはジャーナリズム関係の専攻もなく、卒業しても就職口がみつからない。そのため、給費留学の機会を探し、専門領域を変えたり、さまざまな人脈をたどる。研修機関も満足に整わぬなか、独学に努めたり地方局を転々として知識や技能を身につけ、就職機会を懸命に広げてきた。このような求職活動にみられる個々人の戦略は、その生活の場をとりまく社会の動態とも連動している。その重要な契機が民主化であった。

彼らにとって、一九九〇年からの民主化転換と政権交代は転機となっている。もともとメディアを介したコミュニケーションに関心をもっていたが、放送周波開放と民営局の開局ラッシュは、彼らに大きなチャンスを与えた。カルロスが帰国を決意したのは民主化—自由化政策への転換であり、ゴメスが留学先での専攻（コミュニケーション）をアピールして、ORTBの研修に参加したのも同時期だった。オリビアはキャンパスラジオの経験をつみながら、ORTBをはじめとする放送局へのアプライを続けていた。パトリスも地元のローカルラジオ開局時には、彼自身がすでに試みていた、地元の私設ラジオの経験が大きな糧となっている。

彼らは自由な言論・表現活動が出来ることをデモクラシーの利点と捉えて、メディアをとおして語り伝える業務を続けている。現状に一定の留保を付しながら、ゴメスもカルロスもこうした権利が保障されていることは評価している。だが、まわりの環境によって金銭や誘惑に惑わされる危険も指摘する。報道担当官のポストにあるゴメス自身が、そうした誘惑と隣り合わせである。何をどう報道するかはジャーナリストに委ねられている。政治家や実業家はメディアの力を知っており、往々にしてそれを利用しようとする。言論の自由は無秩序やネポティズムと背中合わせである。それゆえ、他者との情報の共有を重視するカルロスも、それが特定の利害関係者との結託となることに警戒を促すのである。

現代のリベラル・デモクラシーでは、個人を自律的エージェントとみなし、自由で平等な市民権をもつとされている。そして、家族親族のつながりやコミュニティの間の相互依存は重視されない。ニャムンジョ Nyamnjoh はこのように前提を述べた上で、「人のつながりが密接で多層的であり、かつ民族や親族などの文化的アイデンティティが競合しているようなアフリカの現状は、それと齟齬が生じてしまう」と指摘する。ジャーナリストとメディアは自律的どころか、むしろさまざまな集団の利害に絡んでおり、それらからのプレッシャーに板ばさみになっているという。メディアは客観的で偏重のないことが求められるが、現実はそうではない［Nyamnjoh 2005: 37-39］。そして、民主化によって語り伝える行為の自由を保障されたにも関わらず、そうした相互依存関係によって、むしろ新たな不自由さや抑圧のなかに封じ込められてゆく現状を指摘している。本章の事例では、制度としての放送波の開放や自由化による個人の仕事事情の変化について述べた、オリビアの話が想起されよう。

オリビアは民主化によって言論の場が広がったことを称賛するが、メディア間の競争の過熱化からくる弊害も指摘する。市場への参加が開放されるならば、競争も公正で自由となろう。民営放送局は他局よりも魅力的なジャーナリストをそろえ、リスナーの興味をひく刺激や娯楽性の強い番組を編成しようとする。他方、ジャーナリスト（やその志望者）たちも、より条件の良い職場を求めて異動を繰り返す。そして、生活環境や現場の状況の厳しさから、「手数料」をうけとったり、パトロンとなる大臣を探す方を優先してしまう。民主化がこうしたかたちで個人の生を左右している。今日のジャーナリズムはリベラル・デモクラシーに支えられながら、その負の側面も広がりつつある。

六　仕事をえる

上記のジャーナリストは草創期にポストを切り開き、現在は国営放送勤務や民営局の社長職など確固とした地位にある人々だ。だが皆がすべて彼らのようではない。個人によって異なるであろうが、ジャーナリストたちはどのような環境に置かれているのだろうか。そこで、他のジャーナリストの状況を先の四名と照らし合わせてみよう。

ゴメスらと同様、各局で働く二八名のジャーナリストへの聞き取りから、その内容を抜粋したのが表8である。それぞれの年齢、親族、社会関係などの概観からは次のことが読み取れる。一九九七年の放送周波開放ののちに開局したラジオ局では、三〇代までの比較的若い層が主軸となっている。大多数は男性職員であり女性の記者はまれで各局五人に満たない。全体では一割程度と思われる。また、表ではゴメス、カルロスだけでなく、外国での留学、滞在経験をもつ者が三名いる（AD、MX、SC）。アナウンス担当の場合には仏英をはじめとしたヨーロッパ言語に通じており、ローカル言語も複数操る。言語能力の高さは本人の意識と生育環境が欠かせない。親族のなかにメディア機関従事者を持つ者は三名だけ（MC、RP、MS）と少ないが、就職について親族の理解や積極的なサポートを得られている。

また、養成機関は未整備で、短期間の研修だけで現場の経験を積ませるケースが少なくない。研修がなかったり、不十分との回答が六件ある（MC、KT、DM、JN、MN、DW）。条件面の聞き取りでは、月にほぼ四―七万CFA程度の収入との回答が多かった。ベナンの最低給与規定は月額二万七五〇〇CFAであり、都市化がすすむコトヌでの部屋賃貸料が最低でも月額一万五〇〇〇―一万八〇〇〇CFAであった［cf. Adjovi 2003: 165］。ジャーナリストの給与はハードな業務内容に比してあまりに不十分であり、生活もままならない。それゆえ彼らはなんらかの副収入を探さなくてはならず、収賄や汚職、偏向報道などが問題化している。

写真20　ジャーナリストを目指す研修生を受け入れてミーティングをする。

事例1で述べた報道担当官などは、国営局記者との兼務の場合、報酬は民営局に比べて八―九分の一と低く抑えられているとゴメスはいう。この種の微妙な話題は、事実確認が難しい。だが、運良く報道官ポストを得たある新聞記者によれば、本給に加えて移動や出張への特別手当がつく破格の条件だという。報道官職の人選は各大臣の裁量に任されているため、縁戚や人脈などといった業務能力以外の要素によってポストが決まる場合も多い。いきおい、ジャーナリストは自分を登用してくれる大臣、いわばパトロンの獲得を優先課題としてしまう。

さらに表8から就職機会の経歴を読み取るならば、次の諸点に気がつくだろう。第一に、彼らが育った環境が就業に強く相関し

学歴・研修	経歴・内容
ベナン大法学部卒	父の補佐で事務、経営職。94 年法学部大卒後執行官事務所にて研修、1997 年局創設から参加、法律関係転職志望。
事前の研修経験はない。	アルバイトを探しにORTBに来て以来、業務を任される。
ベナン大卒	2000 年入社。以前は新聞社。ラジオベナンをよく視聴、中学時より憧れ。給与待遇には失望。長時間、不規則労働であることが厳しい。仕事への使命感あり。
大学法学部卒	2006 年から。見習、協力者という立場。取材とアナウンス担当。今後の進路を模索中。
BAC、電子工学技術者	写真技術、視聴覚機器の研修。兄から写真を教わる。オジが局長。技術者と記者とは取材を通じて交流、両立すべし。
大学文学部卒、研修あり	兄は反対だが自分の意思で。セネガル短期留学。1990 年代からの radio univers2 年研修。Radio Planete1 年見習。2007 年現職。13 種言語話者。英仏語放送担当。
ベナン大言語学修士、研修なし	2002 年卒後ジャーナリズムの研修機関なく不安。パラクにて新聞社勤務。社主の投資なく 2003 年退社。Azeke 年末開局。以来現職。
ベナン大卒	1999 年先輩や教員による大学ラジオで放送研修、。イトコがゴルフ FM に勤務し活躍し現在仏滞在。薫陶をうける。2000 − 02 年ゴルフで研修、プラネットにて見習、2003 年パラクでの開局以来現職。
2003 年ベナン大在学時 LC2（TV）見習、2005 年入社	中学時ラジオ視聴。民衆に近い感じ。大学時学生新聞編集経験、2003 年在学時 LC2（TV）研修見習、2005 年から現職。すぐに現場に送られた。仕事上のストレス過剰で一生続けられない。ジャーナリズムは決して自由ではない。給与は不十分。時間がない。常に競争が激しい。
ベナン大 2 年時、ジャーナリスト研修短期のみ受講	外部セミナーの ORTB や LC2 職員談話で興味持つ。4 年次には他局の職場で研修。放送業勤務へ。さらに専門的な研修希望。広告枠担当。

表８　国営、民営放送ジャーナリストの経歴の対照

名(仮)	局名／局の区分／担当職	生年	性別	民族集団	親・兄弟	結婚
MC	CAPP FM／商業 マネジメント職	1970	男	グン (アグダ)	CALROS 息子	既婚
KT	ORTB／国営ラジオ 記者、音響技師	1964	男	ウェメヌ	父大型車運転手 長兄	妻教師 女児２ 男児１
CS	Golfe FM／商業 チーフ、アナウンサー、記者	1962	男	フォン	父・母学歴なし 兄弟も別職	妻１ 男児１
FS	Radio TOKPA／商業 アナウンサー	1984	女	ヨルバ (イスラーム)	父／財務担当 母／商人	未婚
RP	Radio Planete／商業 記者、音響技師	1966	男	マヒ (中部)	父母教師	既婚
AD	GolfeFM／商業 多言語番組アナウンサー	1979	男	ナゴ	父地方公務員 ３兄弟	既婚
DM	Radio Azeke（パラク）／コミュニティラジオ／記者、時評、番組編成	1976	男	デンディ (パラク生)	父母学歴なし	未婚
MS	Radio Fraternite／商業 アナウンス・技術・番組製作	1976	男	ミナ (フォン)	父ミナ物理教師 母フォン公務員	未婚
JN	CANAL3／民営商業テレビ アナウンス、記者	1981	女	フォン (キリスト教)	父憲兵、母助産師 兄商人 妹 NGO 職員	既婚 男児１
MN	Radio Maranatha／福音ラジオ、アナウンス	1979	女	アジャ (キリスト教)	父農、母商・畜産業、３兄２妹、教師学生	未婚

化学生物学専攻。ベナン大在学中、2004 年、新聞社 1 研修受講。2005 年ゴルフ入社。3 年ラジオ放送勤務後、研修を経てテレビ放送へ。	子供の頃から父がニュース番組を視聴していたため、女性記者 Anick Balley のようになりたいと志望。思いつきではない。週 1 日の休みは事情によってツブれることもあり。記者は金持ちになる仕事でなく、家庭も犠牲となる。今後はコミュニケーション修士を取得希望。一生は続けられず、転職を検討。業界での競争あり。髪型や服装でより良くということは関心がない。
ベナン大卒法学専攻、ダカール大ジャーナリズム専攻へ 3 年間留学、修士号取得、1999 年 ORTB 入社	仕事は困難。常に学び続ける意欲必要。ジャーナリズムにいることは公共のものでもあり、情報を得られることは利点。労働条件は良くはない。とくに民間局では悪く、定期的な給与が支払われない場合もある。仕事と家庭の両立は困難。妻に任せてしまっている。別な仕事に転職希望。
BAC（大学入学資格）後英語学習。コトヌのコミュニケーション会社にて吹き替え、声優、CM 業を経て 2008 年から現職	記者の研修なし。2004 年から外国映画やドラマの吹き替え、CM 制作の仕事。2 か月間の試験期間をへて社長の目にとまり、ラジオのアナとして採用。本物の記者たちの仕事ぶりをよく観察。
コミュニケーションとマーケティング、ジャーナリズム専攻。2003 − 04 年、カナダとセネガルで研修。2009 年現職。	セネガル研修ではラジオ局勤務、ベナンのゴルフでは 3 か月間研修のあと転職希望するも慰留。この仕事には女性が少ない。メディアの力は大きく、女性も国家の発展に寄与する手段となる。

（本文中に関連する者を紙幅の都合上抜粋）

ていることだ。彼らは男女を問わず小中学校に通い、大学に進学するという学歴を経てきている。家族は教師、軍人、公務員などの給与職に就いている。女性はとくに親や家族成員に教師がいる場合が多く、その教育環境から複数言語の運用力が備わっている例が少なくない。こうした出自に関しては、次章におけるオーディエンスのそれとは対照的である。それほどの制度化にはいたってはいないが、教育機会の再生産の一端が、ここに読み取れる。(6) 第二はこれと補完的だが、教育環境は因果要素の一つにすぎず、就業に際してはアルバイト、親族、知り合い、学校関連などさまざまな人間関係をたどる傾向が強いことだ。専門や成績よりもコネクションが（社会）資本として重要な働きをする。むしろ、これに恵まれないとしばしば劣悪な条件におかれる。第三に、彼らにとっ

BE	GolfeFM、TV／商業／記者	1984	女	フォン（コトヌ生）	父兵士母商	既婚
MX	ORTB／国営／記者・アナウンス	1971	男	マヒ（サバル生）	父教師 母主婦	既婚
DW	Golfe／商業／記者・アナウンス	1985	女	フォン（コトヌ生）	父建築電気 母主婦	4年パートナー
SC	Golfe／商業／記者・アナウンス	1980	女	フォン	N.A	N.A

てメディア機関は経歴途上の職にすぎず、条件の良い他局へ再就職か他業種への転職予備軍が相当数いることだ。対照表では五人が転職について言及している（MC、FS、JN、BE、MX）。就業人口の九〇%以上がインフォーマルセクターの職につく（二〇〇六年度統計）ほど不安定で流動的な労働市場において、ジャーナリストたちもその例にもれない。

これらの資料を総合すると、事例二から五のようなジャーナリストがいわばコアを形成し、その周囲の大多数はむしろ日々の生活に汲々としているのが現実と思われる。民主化後二〇年が経過した放送業界では、周波数開放期前後から業界に参入してORTBや民営のトップ局に勤める第一～第二世代に対して、中堅や現場取材担当にあたるいわば第三世代以降は、不安定な状況からきわめて流動性が高い。ラジオからTV局などの異なるメディアや、弁護士、起業家など異なる業種への転職も視野に入れている。彼らは業務への意識は高いが、労働条件の厳しさや、競争の過熱という現実に悩まされている。

ブルデューはメディアの調査・研究のなかで、ジャーナリストが「最も多く、不安、不満、反抗、あるいはシニカルなあきらめが存在している職業」だと述べる［ブルデュー 二〇〇〇：六五］。この職はさまざまな職種のなかでも仕事への意識や責任感が強く、それゆえに不安定な現実への失望感や乖離にさいなまれる。ペレ Perret はこれを参照しつつ、アフリカンメディア業界のジャーナリストの多くが、その立場の不安定に苦悩していると述べている。

「［ジャーナリストは］政治の場にしばしば出入りするが、それで独自な地位がそなわるわけではない。彼らは周辺的な観察者、つまり寄生虫でしかないのだ。［ある世論調査によれば］ジャーナリストたちの誠実さや厳密さ、責任感は、人々にずっと疑いをもたれている」［Perret 2005: 229］

権力に抗する番犬として、デモクラシーの担い手となるべきジャーナリストが、経済的不安を抱え、民衆からも信頼される立場にないとペレはいう。報道担当官への批判のように、利害関係者とのつながりや偏向報道に民衆も批判的だからだ。民主化と経済の自由化にともなう労働市場の拡大でメディア機関への若者の求人は確かに広がった。だが、自分の専門は活かせられず現場のなかで学びなおし、業務に習熟する必要がある。にもかかわらず、業務に対する不安から、彼らはごく短期の展望にもとづいても躊躇せず職場を移り変わる。事例４のオリビアが、「多くの記者が去り、別のところに異動していった」と述べていたようにである。資本としての人脈、学歴、運を総動員しつつ、給与や業務と折り合いをつける戦略を、そこに読み取ることができる。

本章ではメディア機関で働くジャーナリストたちの語りと生活史をたどることで、民主化という社会変動と個人との連関を浮き上がらせてきた。大きな変動期にあるゆえに、彼らは人脈や運をたぐり、たえず試行錯誤を重ねている。また、だからこそ、さまざまな個人や集団の利害関係にまきこまれざるをえない。取材や執筆、編集、放送といった業務どころか、メディアに職をえることも、すでにこうした関係の産物であった。ニャムンジョの指摘する新たな不自由とはこのことをさしている。企業や個人間の競争の過熱から、異動や転職も、むしろしなくてはならない事柄のような圧力が、自由化や規制緩和のなかで強まっている。自らの暮らし、仕事、取材先、オーディエンスといった相反する必要を満たす困難が、デモクラシーを生きる彼らの語りから明らかとなった。そして、こうしたジャーナリストたちの暮らしや仕事における生活戦略、言い換えれば今日を生き明日に臨む技法へのさらなる関心が生じてくる。次章では一般のオーディエンスたちのメディアへの関わりを検討したうえで、あわせて変動期における人々の生きる技法について検討をすすめよう。

注

（1）以下（とくに五、六節や終章など）では、社会学用語として定着したいくつかの用語を用いる［ブルデュー一九九〇（一九七九）、Bourdieu 1977: 6-9］。あらゆる日常的、慣習的な行為をさして「実践」とよぶ。また、生活する環境を通じて個人に蓄積され、さまざまな社会的行動の場において価値づけられる有形無形のものを「資本」とよぶ。

（2）デモクラシーが広く民衆の参与を意味するのならば、それぞれの生活のなかでの参与のあり方をさぐることは意味があろう。本章ではメディアを介した参与をさぐる。ジャーナリストに焦点をあてる理由は、第一にメディアを職業としていることに対して彼らが自覚的であること。第二に彼らもまた、民主化を支える生活者であるということである。また、ここでは後述する出自の議論との関係からゴメスとカルロスの実名を記し、他は仮名とする。だが、多くのジャーナリストたちが、地域をこえて名が知られ、我々と交流することを望んでいる。

（3）人類学的研究としてメディアとジャーナリズムについて考察するには、[Hanners 2002]、[Bird 2010] などが参考になる。このうち、メディア研究の実績を積んできた米国の人類学者バード Bird, S. Elizabeth は各社会のジャーナリズムについての人類学を呼びかけて次のように言う。

「ニュース、ジャーナリズムへの人類学的観点とは、ニュースの性質を文化的意味が作られる形式、その創造、内容、分散などとして探究することである。［……この観点は具体的には］たとえば人々がメディアについてどのように語っているか、メディアをめぐってどんな活動が組織されてるか、メディアイメージをどう使って行動にある記述を与えるのだろうか。［…］これらは本質的に人類学的研究である」[Bird 2010: 2-14]（括弧内筆者補足）

メディアの表象やその受容は個々の社会の文脈に埋め込まれている。彼の主張のとおり、カルチュラル・スタディーズやコミュニケーション論などの先行するメディア研究に、個別社会の人類学的研究を対照させることは意義のあることと考える [cf. Hannerz 2002: 67-71]。

（4）ラジオ・モノ―ロコサの声局は周波数 106.7MHz で、日に一九時間、モノ県ロコサの放送局から放送しているコミュニティ・ラジオ。この地域の住民およそ一〇万六六〇〇人ほどに向けて発信している。文中の開局時の説明のとおり、二〇〇三年四月から開始され、スタッフは二五名（非常勤含む）である。放送内容は地域の情報、国内外のニュースの発信からクイズ、音楽リクエストなどの娯楽番組など、地域の情報流通や連帯、教養などを高めることを目指している。地域の暮らしや公衆衛生、農業、商取引の知識、家族問題などをめぐって、ゲストを招いたり、オーディエンス参加番組をしたりなども含まれている。ヌミセンはこうした趣旨に合い、人気の高い番組となっている。

（5）　ヴォドゥンはモノ県の農家ではごく日常的に実践されている［田中　二〇〇九、cf. Amouzouvi 2014: 175-179］。詳細は六章で再論する。ベナンの人々は冠婚葬祭、商売や進学、その他さまざまな機会にファを占ってもらう。卜占師はまた伝統医療の施術や民間薬調合もする伝統医でもあり、ボコノ *bokono* と呼ばれている。のちの談話のなかのポリ *kpoli* とは卜占が示す人の運命、レテサ *letesa* はある卜占札の分類をさす。

（6）　周知のとおり本来は学童への公平で平等な知識、技能の伝達、修練の制度である学校教育は、文化資本に着目する教育社会学では、学校的基準によってランクづけし、その階級構造の再生産への学校の寄与を自ら隠ぺいするものと捉えられる［ブルデュー　一九九〇（一九七九）：chap.2, 6］。このシステムが安定し、定着した日本のような社会では、階級の再生産に加えて、教育機会や就職機会、経済的な格差を広げていることが問題化している。医師、弁護士などの高度専門職や管理職、金融、教育、メディア業界などの就業者が、高学歴をもつ先行世代の子供たちで占められる。本書のベナン社会においても、メディア業界の事例では、家族親族の環境がジャーナリストの就業機会と関係している。伝統都市の旧家に生まれたカルロスは歴史に関心を広げ、ラジオ局の社主として文化・芸能集団を振興している。また一方で、学歴や研修の経験がなくとも、ラジオ局の創設や業務によって、地域の知名度を上げたり、成功をおさめる場合もある。広告や演劇、音楽プロデュースを手がけたり、イベントや政党活動のアドヴァイザーなど、起業家 entrepreneur として［Gratz 2014: 30; Roschenthaler & Schulz 2016: 7-10; 近藤　二〇〇二］、階級移動する可能性があることもみすごせない。出自と階級の再生産については、終章で再論する。

第四章　参加するオーディエンス

はじめに

前章において、具体的に人々が暮らしのなかでどのようにメディアと関わっているのか、そしてメディアを介して彼らがどのように結びついてゆくのかを探るために、まずジャーナリストをとりあげて考察した。もちろん、メディア機関で働き、情報発信する側（ジャーナリスト）だけでなく、オーディエンスにおいても、メディアとの関わりは、社会によって異なってくる[(1)] [カラン・朴 二〇〇三、Rothenbuhler & Coman 2005]。メディアが発する何が情報と受け止められ、何がニュースと捉えられるかも、受け手をとりまく社会、文化、歴史的状況によってつくられるものだ、ともいえる[(2)] [Bird 2010; Hannerz 2002: 67-70]。

とりわけ、民主化からようやく放送周波の自由化が施行され、近年では携帯端末の普及や利用が著しい、変動期社会のアフリカでは、人、メディア、テクノロジー、情報などの相互の交差に着目して理解することが重要と思われる。欧米先進国にそなわったこれこれの設備や条件がないために、アフリカ社会ではこれこれのことが問題となるといった見方は回避される。

前章でのジャーナリストに続いて、本章ではメディア経験の場に関わるオーディエンスをとりあげよう。彼らはたんなる情報の受け皿や消費者ではない。前章の事例におとらず、オーディエンスも個性的であり、多種多様である。以下では、これらの交差が我々におけるメディア・コミュニケーションとは異なる状況として現れてくることが示される。[3] まず、オーディエンスに重点をおいたメディア論の系譜を整理する。多彩なコンテンツのうち、いわゆる視聴者参加番組に注目し、そこに参加する人々にベナンの特徴を読み取ってゆく。人々の生活史のなかに、メディアに関わる契機や経験を見出してゆく。

一　アフリカ・メディアとオーディエンス

先行する欧米でのコミュニケーション論やカルチュラル・スタディーズ（Cultural Studies、以下ＣＳ）では、マスメディアの情報がどのように受け手に浸透するかについて、弾丸理論や限定効果モデルなどが論じられた［カラン・グレヴィッチ　一九九五：四―六、Askew & Wilk 2002: 4-9］。だが、ＣＳではその後、スチュワート・ホール Hall, Stuart のエンコーディング／デコーディング論を機にオーディエンス重視の研究へ転回し、メディア自体の分析から、メディアと情報がオーディエンスによってどのように（デコードされ）捉えられてゆくかが焦点となった［Askew & Wilk 2002: 5; Rothenbuhler & Coman 2005: 17-18］。この視角は、特定の放送番組、たとえばニュースやドラマについての受け手の読みをエスノグラフィックに記述し、解読するものであった。情報をどう捉え、解釈するかも受け手の能動性の一端といえる。

オーディエンスは単に情報を受けとめるだけではない。それを主体的に選別し、有用な、あるいは気に入ったものだけを集めたりもする。たとえば特定の番組や人物にのめりこむファンやマニアの活動も能動性の一つといえる。ルイス論集［Lewis 1992］は、ファンがメディアを介した社会生活の産物であると捉える。スターに魅了されたり依存したりすることも、オーディエンスに固有のアクティヴィティだといえる。[4] 熱狂的となったファンについてはしばしば逸脱的なカテゴリーに含められていたが、そうではなく、近代の日常生活に浸透した社会的事象として捉え返そうとした。[5] スターやセレブに憧れ、その魅力にとりつかれた人々のあいだで話題を共有し、共感するコミュニティ＝ファンダムを作るといった現象は、能動性の表出ともいえる。

受け手の読みの主体性に端を発したアクティヴ・オーディエンス論は、通文化比較によってさまざまな能動性を見出すことになる。CSと距離をとりつつ政治経済アプローチをとるカランと朴の論集［カラン・朴 二〇〇三］は、非西欧社会におけるメディアの事例研究として、韓国、中国、台湾などから、オーディエンスのアクティヴィティを採りあげている。各国の社会情勢によって、メディアに流れる情報と民衆の捉え方は一様ではない。すなわち、抑圧的な国家のメディア規制に対して、その網をかいくぐり、言語を特異に読み替えたり、秘教的なコードを用いてメッセージを取り交わすオーディエンスの事例が、これらの社会では認められるのである。個人の情報選択や解釈から始まり、ファン同士のつながりや交流という趣味や性向の問題にとどまらず、体制への抵抗や抗国家性を含意する多様な試みにまでオーディエンス論は広がりをもつ。

では、アフリカではオーディエンス論に展望はあるだろうか。その固有の人とメディア関係のなかで、どのようなオーディエンス論が可能だろうか[6]。アフリカではマスメディアのインフラ整備を俟たずして、モバイルメディアが人々の間で急速に普及する状況にある。画像やテキストメッセージなどの多彩な表現で人々は連絡を交わしている。マスメディアも民間に開放され、音楽や娯楽番組が増えている。かつての社会主義体制期にはマスメディアは国営のみであり、放送と通信は当局によって管理統制されていた。人々の通信手段はきわめて制限されたものだった。でありながら、さまざまなインフォーマルな情報媒体や伝達様式が人々の間に流布していたことも事実である。すなわち、噂や伝え聞きなどによる街頭ラジオ radio trotoire やチラシ、張り紙や落書きなどといった多様な表現手段を通して、権力側や体制を民衆の側が愚弄し、意味づけをずらす試みがなされていた［Mbembe 2001: 129-133］。個人支配や一党制、権威主義的な政治体制が続いてきたアフリカ諸社会では、駄洒落や歌、噂話、ダンスなど、言語や映像には限定されない表現形式で、支配―被支配の関係をゆさぶる事例が蓄積されていた。メディア・コミュニケーション論では、公と私、送り手と受け手などの区分が前提にあるが［カラン・グレヴィッチ　一九九五：四―六、Tudesq 2002］、その境界を揺るがす営みが、むしろ民主化以前から存在していたのである。

バーバー Barber, Karin はナイジェリアのポピュラー文化の研究をもとに、アフリカにおけるオーディエンスや公衆について論じた[7]［Barber 1997; 2007］。彼女はそれらを単に情報の受け手とは捉えず、むしろ演じ手や舞台とともに作られてきた歴史的産物として捉え返す。役者は既成の演目を単に演ずるだけでなく、それが向けられる聴衆を特定の場を占める集合形態として構築する。また、オーディエンス（聴衆）が耳を傾けることで、はじめて演目や演じ手が構築される。それらを見、聴きするのは日常の暮らしのなかであるために、受容する経験は多様である。そして、聴衆にもさまざまな人々がいるために一括りには捉えられない。話の受けとめ方や場の集い方などの経験のなかに、聴衆の能動性や創造性を読み取る必要があるという［Barber 1997: 353-356］。

このような情報の発信者と受容者の互いに作り作られる関係や、暮らしのなかでの人―メディア間の経験において公共 public を問うことはきわめて重要である［cf. Cefaï & Pasquier 2003; Cody 2011］。アフリカでは発信者―受容者という単純化され、固定化した図式では捉えられない。発信者―受容者が身近であり、聞き手が放送に意見を寄せ、一台のテレビやラジオを複数人で取り巻いて共に視聴し、キオスクの立ち読み新聞には人だかりが出来、その横ですぐに議論が沸き起こる、そうしたメディア事情がアフリカの現実であるからだ。

とりわけ、西欧的な文字や出版技術を重視するのではなく、語り、喋ることで人々の間に他者にも関わる問題が認識され、広まってゆくことに、バーバーは注目した。「アフリカはその口頭伝承の生命力、広がりや多彩さゆえに、「声の大陸」とされてきた」からである［Barber 2007: 30］。ザンビアの村落では、ラジオが生活の場の中心にあり、人々のつながりを生んでいる[8]。電力供給の届いていない地域では、多くの人はバッテリー利用を工夫して節約する。ラジオは自動車の中古バッテリーでも作動するため、その周辺には自然と人が集まり、子供たちが番組の決まり文句や流行歌を真似して楽しむ状況となっている。ラジオは人の間を貸し借りされ、ときに数百キロ離れた親戚の家に渡ることもある。個人で放送を聴くだけでなく、集団で共有され、聴く人々がラジオ（で流れる話し方）のように語ることが暮らしの一部となっている［Spitulnik 2002: 343-346］。

このように、アフリカにおけるメディアと人の関わりを理解するには、民衆側の運用の仕方、反応、相互交流を視野に入れることが重要になってくる。ゆえに、情報が行き交うメディア空間の公共性を考える必要がある。個人の視聴がラジオを囲む皆の語らいや憩いの時間、話し合いの場と地続きであるのが、アフリカ・メディアの特徴だからだ。変動期アフリカで、人はメディアを介してどのように公共性を獲得し、社会と結びつくのか。本書のベナンでは、個人の具体像から、メディア空間の成り立ちを辿ることが有効と思われる。そのために、以下では典型的オーディエンスの人物像がうかがわれる生活史を提示し、分析する。談話のなかで多く言及される国の発展や民主化に、人々はどのように関わっているのだろうか。

また、日常的なメディア実践に公共なるものが生ずる仕組みの解明に、米パブリック・ジャーナリズムとの対照が有効と思われる。これを念頭に、本章は民営放送の視聴者参加番組に焦点をあて、参加者の活動からベナンのオーディエンス像を浮かび上がらせる。一社会の事例を追うこの作業から、公共なるものを生成と持続、変化という観点から検討することができるだろう。固定的、普遍的ではなく変化する公共圏の検討を、事例研究から深めることは学的意義がある。本章ではオーディエンスに焦点をあて、その生活史の分析から、メディアを介した人々の社会参与の実態を明らかにする。

二　民主化と参加型番組

すでに記したように、民主化はメディア業界にとって、多彩な民営局開局という大きな転換点となった。同時にそれは厳しいメディア間競争の幕開けともなった。後発の民営局は個性的なジャーナリストや多彩な番組内容、聞き手の参加を促す企画構成によって市場を開拓した。民営局の、従来はなかった、政治や経済の現状に対する辛口のコメントに人々は自由の息吹を感じた。さらに、人々の声を番組にとりいれる参加型番組が、局とリスナーあるいはリスナーの間の対話を可能にした。その内容は、一問一答のクイズ、好みの曲目のリクエストから、情勢に関してのアンケート、日常生活での不満や考えなど、さまざまであった。そして、二〇〇〇年ころを境に急速に普及した携帯端末が番組参加をきわめて容易にした。以上が、本章の背景である[9]。

対話やトークが主体の番組は一般に、トーク・ラジオ、コール・イン・ラジオ talk radio、call in radio と呼ばれ、欧米では一九四〇―一九五〇年代から始まる。ホストによるゲストへのインタヴューや、リスナーも参加しての座談会などを主な内容とする。番組ではスポーツ、暮らしの事柄、教育などさまざまなトピックが設定され、トークが交わされる。とくにアクチュアルな話題や政治に関する討論は白熱するため、人々の思考や行動へ与える影響は小さくない［Bosch 2011: 76; Mwesige 2009: 241］。番組の演出によっては、争点が過度に誇張されたり娯楽色が強められる弊害も指摘された。だが、このことも含めて、アフリカのラジオ番組の人々への影響やデモクラシーにはたす機能は、これまでもしばしば言及されてきた(10)［Hyden, Leslie & Ogundimu 2002; Tudesq 2002］。

アフリカの多くの国々では、植民地期支配や社会主義期など長期にわたっての暴力的な抑圧や粛清政策の経験が社会背景にある。当局による弾圧や拘束の記憶は、今日まで人々の間に「政治」に対する猜疑心や警戒心として持続している。考えを公けにすることや話したいことを話す機会への慎重さは人々のあいだで根強い。それゆえ、意見をオープンに述べ合い、放送を通じて不特定多数に発信することがデモクラシーの実践と捉えられる。近年では携帯端末が普及し、参加番組がいっそう身近になった。ラジオ・テレビを受信する複合機種が流通し、彼らは今いる場所に関わらず、手軽に番組にコンタクトができる。番組には携帯からのテキストメッセージも多くよせられるという［Mudhai 2011: 262-263］。以上をふまえて、ベナンの事例をみてみたい。

三　番組で「不満」を叫ぶ

ベナンでは一九九七年以降の民営ラジオ局が参加型番組を導入し、多くのファン層を獲得している。こうした民営の参加型番組の一つをとりあげて、その特徴を読み取ってみたい。ゴルフFMで毎朝六：三〇から三〇分間放送の「朝の不満 Grogne Matinal」は、開局以来続いている看板番組である。リスナーが日々の暮らしで感じる不満を電話で話すという視聴者参加型の生放送だ。朝の支度をいそぐ人々の眠気覚ましとして今や定着している。番組名物のテーマソングは、次のように歌う。

「（…）困ってることを打ち明けろ。不満に思うことを叫べ。（…）表現の自由があるんだ。汚職。癒着。えこひいき。（…）黙ってることないさ。話す権利があるんだ。恨みっこなし、嘘つきもなし。ベナンのデモクラシーが進歩するのに協力しようじゃないか。（…）」

ベナンのミュージシャン、トオン（TOHON, Stanislas）がテンポの良いラップ調で「デモクラシー」を呼びかけるこの曲で、番組の趣旨はすでに明らかだ。世の中の虚偽や不正は必ず誰かが気づいていて、そして誰もが不満に思っている。それをまず話して公けにすることが、デモクラシーを進める身近な方法だというのだ。もちろんリスナーの電話がすべてデモクラシーについて語るわけではない。だが人々がメディアをとおして社会をどのように捉え、どう関わろうとしているのかが、それら生の声から伝わってくる。

不満は日々の生活で困っていることなどの身近なものから、テレビ、ラジオを通じて知った政治や経済の動向などまで、トピックに制限はない。ただ、個人的な連絡ごとやメッセージではなく、ラジオをとおして公けにすべき事柄であるようだ。ある一週間にリスナーがかけてきた電話の内容から、概観をよみとってみよう（表９参照）。参加者は男性が多く、女性は各回に一、二件にとどまっている。ある女性リスナーが他の女性たちにエールを送り、発言をよびかける電話の例があった（八月八日）。内容で第一に多いのは、電気、水道などのライフライン、道路などのインフラに対しての不満という暮らしに関するものであった。ついで給与、物価などの経済問題の指摘がつづく。これは不正や汚職への不満といった行政の批判とも不可分の内容であった。現政権への賛辞や批判である四件を含め

表 9　Grogne Matinal への電話における話題内容（2006 年 8 月聴取）

日付	話者の性別	話題・提言の内容
8 月 7 日	男性	SBEE 水道電力局の不整備。子供たちが排水溝で遊び、疾病の心配あり。親は子供の教育をせよ。
	女性	①国歌を民族（集団）語で歌えるように。2 番を仏語にせよ。②携帯会社の通信網が狭い。通信網を明示してから契約させよ。
	男性	民主主義政治は（西欧）諸外国の模倣。ベナンの（民主的）政治には各党派間をむすぶ仲介者の役割が重要。Tevoejire 氏の政治的手腕に期待する。
	男性	① 8 月 1 日の独立祭にて警備中兵士との会話から、諸外国との関係からも軍備、安全保障機構の充実が必要。 ②市内の整備事業において側溝や穴などが放置されっ放し。安全対策を。
	男性	①市内工事の側溝掘り作業は柵をすべきだが、柵の盗難や撤去もあり。市長はモラル向上を呼びかけよ。②新大統領ヤイ・ボニへのエール
	男性	①新大統領へのエール。今までの政策を一新せよ。② TV5（仏放送局）試聴を無料化せよ。
8 月 8 日	男性	労働局周辺の夜間の風紀の乱れが目に余る。娼婦が多すぎるので取り締まりをせよ。
	女性既婚	①放送への女性の参加が少ないのでエール。②女性の就労問題の改善をせよ。
	男性	ガンビエ観光に外国客も来る。観光名所の環境整備を。（介入アリ）
	男性	①道路整備が不十分。② SBEE 水道電力局の電力供給が不十分。変圧器設置し、アボメ・カラヴィへの電力供給充実化をせよ。
	女性	会社試験での数値登録不備批判（事実関係確認のため、介入）
	男性	新政府政策批判（？）
	男性	国営企業と役場との連携（癒着ではなく）を改善せよ。
8 月 9 日	男性	住んでいる地域の道路整備が良くない。改善せよ。
	男性	サケテ小村落あり。ローカル市場の場を整備せよ。地域の発展にもつながる。
	女性年輩	中部都市サヴェから 85km の村落より。水利施設が故障。農業、生活用水のためポンプを至急設置して欲しい。
	男性若年（？）	①物流、運輸事業でトラック事故が多い。②市民の交通の足に 500CFA 払うのは良くない。政府は対策を。
	男性	SBEE へ。地域の電気の整備をせよ。30 人の契約者がいるのに夜は真っ暗。
	男性	法の下での（人権）平等の実現をせよ。
	男性	①墓地に遺体を埋めるスペース不足。墓地の整備をせよ。②民間機関と公機関の癒着批判（個人名特定のため、中断、介入アリ）
	男性	警察風紀取締りの情報が犯罪者に漏洩している。対策を。

日付	性別	内容
8月9日	女性年輩	カラヴィ市長へ。SBEEの怠慢を糾弾せよ。停電ばかりで長いこと真っ暗だ。
8月10日	男性	若者たちを地域で支え、育成しよう。地域の発展につながる。
	男性	国家の重要な財源である港湾事業を改善せよ。中古品貿易業務で手続きが煩雑すぎ、時間がかかる。
	女性	地域の情報や企業の事業展開の情報を市民に開示せよ。
	男性	①国営産業政策批判。②メディアは市民の支配者ではなく、市民生活を守る擁護者たれ。
	女性	（中央の提言にも関わらず）地方政府はバカロレア教師への手当てを支給していない。
	男性	生活中心経済、ミクロ経済（小口金融）を改善する環境をつくれ。
	男性	税金が高すぎる。減税政策を。
	男性	カラヴィ地域の安全が保証されていない。治安の改善をせよ。
	女性	ポルトノヴォにて2件の自動車事故を目撃。側溝などが破損している。交通安全と環境の整備をせよ。
8月11日	男性	選挙資金が不正に使われている。前大統領の領袖は5000万CFAを外国に、また別な大臣は3000万を自分の地域に。司法が正当に裁くべき。
	男性	カラヴィの周辺。地方選挙区での選挙が正常に行われるように。環境整備がうまくなされていない。
	男性	ベナンの芸術家の不満。（以前と異なって）現政府から十分な保護育成がなされていない。政府の指針を明確にせよ。
	男性	港湾周囲の交通が整備されていない。トラックが不法に駐車している。積載車は仕事が終わったら区域にいつまでも留まらないよう取り締まれ。
	男性	労働組合の責任者と財務大臣に。①組合も政府に協力せよ。②開発政策の欠陥を記録に残し、各区域ごとの進行状況を明確にせよ。
	女性	小口金融について。経済的に女性は苦しい。そうした女性に3万CFAの融資をすすめる所もあるが、ぜひもっと強化してほしい。
	男性	小中学校教育について、変更した点を元にもどし、とくに南部、北部の国語を重視しアルファベット化をすすめることが優先されるべき。
	男性	運送業者に、現在と将来の安心を与えよ。車両代に1万5000CFAを請求されるが、故障したときには払えない。神はベナン人のなかにはいないのか。
	男性	GolfeFMへの賛辞。局のある地域の側溝を雨季の前に整備した。地域責任者は知らなかったが、住民は整備しようとしていたので感謝する。

全50件中内容分類（複数該当アリ）①暮らし・環境13　②経済問題15　③政治問題9　③啓蒙・教育6　⑤治安・セキュリティ5　⑥その他3
記者の介入アリ3件

て、政治に関して九件言及していることから、総じてリスナーの政治への関心は高い。たしかに不満は多様であるが、一週間のあいだで水道電気会社（ＳＢＥＥ）へのそれが四件あり、道路整備について五件というように話者の関心は共通している。一日の放送では内容の重複はないが、毎日の放送を聞いていれば共通する関心が見つかる。つまり、不満が多彩であるほどに、多くのリスナーが、日ごろ気にかけていた問題について他の誰かが電話する声を耳にすることになる。人々は放送される怒りの声に、しばしばうなづき、共感しているのである。

参加するリスナーは困った問題の解決を願ってはいる。だからといって局に仲裁や調停を頼んでいるのではない。その多くは自分が黙っていられない不満を皆に聞いてもらおうとしてかけてくる。矛盾や不正への不満は自分だけにとどまらず、ラジオの向こう側の誰かもまた、同じく抱いているに違いない。電話は憎悪による一方的な中傷ではなく、むしろ他のリスナーの共感を求めての発言だともいえる。先の表からわかることは、不満が多様であるがゆえに、どれかが別なリスナーと共有する不満である確率が高いということだった。だから、放送への参加とは、他者との関心の共有をはぐくむ実践だともいえるだろう。また、不満が正当なもので、話者が真剣に話すにも関わらず、その熱っぽさゆえに、聞き手に笑いを誘うこともある。その意味でこれらの不満は決して後味の悪いものではない。個性的なリスナーからの電話は大いに人を惹きつける魅力がある。人々は不満の語りに、ときに相槌をうち、あるいは吹きだしながら、「デモクラシーに協力」しているのである。

この番組はリスナー同士の討論形式ではないが、常連のリスナーの電話も多く、受け手＝オーディエンスがまさに番組を構成する主体となっている事例といえよう。民営放送局ゴルフＦＭは、局とリスナーの対話を広げ、リスナーの参加を促すことで、さらに多くのリスナーを得た。このように、メディアを支える個々の人々の実践の連なりが、ベナンではデモクラシーを形作るのである。

具体的に番組のやりとりをみてみよう。Grogne の担当アナウンサー（ジャーナリスト）は二、三人の人の交替で務めているが、次々とかかってくる電話を、以下のように手際よく取り次いでゆく。

事例1　二〇〇六年八月八日、女性リスナーの不満（放送の書き起こしテクスト）

アナウンサー（以下、「アナ」）「もしもし、マダム」

リスナー「もしもし、私が話したいのは……」

アナ「すみません、マダム、まずお名前を頂けますか」

リスナー「ああ、マダムGよ」

アナ「ではどうぞ」

リスナー「私が話したいのは、［某］会社でこのまえ実施されたテストのことよ。まず体力テストから始まった。（入社）志望者が自分の結果を伝えて監督官が認めたのよ。彼らはそれを書類に書き込んで、テストはすべて終了した。でも、これは良く確かめるべきよ。誤った数字を志望者に割り当ててしまっていた。彼らは自分に有利になるような数字を調査官に伝えてしまった。私たちがわかったのは……」

アナ「失礼ですが、マダム」

リスナー「はい」

アナ「今のお話しは重大なことのようです。何かあなたがみつけた証拠はありますか」
リスナー「これは確かなことよ」
アナ「私たちにあなたの証拠をみせてもらって良いですか」
リスナー「わかったわ、約束しましょう」
アナ「後ほど、局までもってきていただけますか。それがあればより良く話し合えると思います。では、次のリスナーに行きましょう〔…〕」

この番組はリスナーが主役である。アナウンサーは無理に話をさえぎったり議論したりせず、出来るだけ聞き役に徹し、不満を発散するままに任せる。だが、この事例では相互のやりとりがあった。このように話者はまず名前を述べるよう求められる。そして一回の放送中には電話は各人一度限りで、何度も続けてかけてはいけない。アナウンサーは次々とかかってくる人々の不満を、淡々とさばき、テキパキと次のリスナーへ切り替えてゆく。この事例では、某社での業務の杜撰さが告発されている。受験者全てが公平にテストされなくてはならないところを、監督官の怠慢から手続きに混乱が生じたという。だが、単なる思い込みや誤解にもとづく批判は避けなくてはならない。話者には発言の根拠やきちんとした証拠が求められている。放送での話者の名乗りや事実関係の確認は、また、話者の身の安全を守ることにもなる。告発の相手とのトラブルが生ずる可能性があるからだ。生放送の緊張があるとはいえ、事例の話者の真剣な口調から、早朝のこの番組はなかなか熱気を帯びているのがわかる。また、次のような内容のときもあった。

事例2　二〇一一年八月二四日、男性リスナーの不満（書き起こしテクスト）

アナウンサー（以下、アナ）「お次の方です。二二一―三〇―六八―四五におかけの方です。もしもし、こんにちは。どなたで……」

リスナー「（慌てた様子で）もしもし、フェリシエン……（仮名）といいます。私の心配事です。この国ではいくつかの家族がＮＧＯと称するものとかに詐欺の被害にあっている。神の使いとか神の真の言葉の伝道者だとかいう神秘主義の人々に幻惑される。それらは福音派でもある。その手口とはどんなものか。家族のなかで標的となるものに取り入って、家族のなかに入り込むと、その家族長の儀礼に出席する。福音派の形式に魅惑され、数週間後にはこの詐欺師に献金させられる。やがて夫婦の間も折り合いが悪くなる。そして子どもの番になる。皆が追い出される。子どもは親元から離される。幾人かは同じようになり、別なようにもなる。神をかたる輩が家族を壊してしまうのはこのような手口なのだ」

アナ「（話の途中で）もしもし、もしもし、フェリシエン、あなたの話していることは事実ですか」

リスナー「私が知るかぎり、これがすべての家族で起こったやり口なのです」

アナ「本当に、神秘主義が皆同じやりかたなのですか。あなたは特殊なケースを述べているのではないですか。一般化できますか」

リスナー「どうか聴いて下さい。何日かすればこの反応が伝わってきますよ。女性たちを失ってしまった家族がいくつもある。まさに今朝も私は内務省の責任者の人に、あるＮＧＯと福音派集団をよく検査するように頼んだところだ。いくつもの家族が壊れていくのを見過ごしてはいけない。家族がまずしっかりして、国が立ち直るのだ。過去に起こったことを忘れてはならない。教育省の人にも（事実を）わかってもらいたい。家族は国そのものだ。国が成り立つのはまず家族がしっかりしてからだ。どうかこの心配事をとりあげてほしい。とても大切なことだ。家族のなかを乱す者がいるんですよ」

アナ「お電話有難う。二一―三〇―六八―四八におかけの次の方です。あなたの番です。どなたですか」

先述のとおり、一人に割り当てる時間は限られており、多くても内容は数件にとどめられている。内容の制限はないが、道路工事の不始末や税制度の矛盾についての指摘など、他者にも関わる公的な事柄であるようだ。この事例にもその傾向をみてとることができる。回線の混雑からようやく順番があたったために、話者は慌てて話し始めている。参加者はまず自分の名前を述べている。この名乗りは話者の発言のソースを明示するとともに、誤解にもとづくトラブルから話者の安全を確保するためでもある。

つづく不満内容では、国内にはびこるＮＧＯを装った神秘主義教団が家庭に入り込み、献金を出させ、女性や子供などの家族成員を分断しているという。ここでアナウンサーが介入し、事実確認を行っている。個人的な感情からの中傷をさけるために、偏向がなく広くあてはまる事柄なのかと問うている。原則は参加者の発言に検閲をしたり、圧力をかけることはない。だからこそ、回線が混みあうほどの多くの電話がかかってくるといえる。常連でも新規でも、人に分け隔てなく発言をうけつけている。こうした自由、平等さはそのまま参加者の人数に反映している。さきのアナウンサーのやりとりから、内容が実体験をもとにしつつも、プライベートな感情の吐露や事実に基づかない個人攻撃ではない、国の発展やデモクラシーに寄与する事柄が話題として求められていることがわかる。それゆえ、この事例の話者は「個々の家族がしっかりしてこそ、それが支える国がしっかりと成り立つ」と主張している。こうしたロジックは、単に神秘主義を嫌悪し、中傷しているのではなく、個を超えた「公共」を意識しての発言といえるだろう。

個人にとどまらない事柄とはいかなることか。この番組では一回の放送中でさまざまな「不満」が叫ばれるために、毎日聞いていれば聴き手は自分が知っている話題や気にかけていたことを誰かが話すのを耳にするだろう。不満が多岐にわたるほど、それだけ気がかりな問題を共有する聴き手が出てくる。やがて、聴き手の多くが日ごろ気にかけていた問題に他者が言及する機会を持つだろう。気づいていても自分では言えなかった事柄や歯切れの良い告発にカタルシスを感ずるに違いない。こうした話題の共有や共感が、この番組を聴き続けさらには参加しようとする要因にもなっている。後述するとおり、参加者の発言に他の聴取者が反応することもしばしばある（第四節）。賛同や批判、声援がよせられることが、電話参加へのインセンティヴを高めているのである。

四　「不満」を渡りあるく

ところで、参加型番組は上述したGrogneだけではない。人々の興味をひき、多くの聞き手を得ようとして、各局は競い合って同様な形式の番組を放送している。先のアンケートで名が挙がった放送局のなかでは、アトランティックＦＭならJ'aime pas ça（それ、気に入らない）、カップＦＭならBruit dans la cité（街の音）ラジオ・プラネットはOpinion（ご意見）といった具合である。すべて生放送であり、電話がかかってきた順に編集することなく電波にのせている。以下の表はGrogneとOpinionのある一日の放送内容をまとめたものである（表10参照）。こうしてみると両者には電話内容においてほとんど違いはない。社会や政府への不満、日々の暮らしで体験した困った事柄などだ。両番組とも、それぞれ参加者は名前を名乗り、自分が関心のあるところを自由に意見している。

ところが、ここで気がつくことがある。それは二つの表中で、ＡとA'、ＢとB'は共通した話者と内容だということだ。二つは別々な局の番組であり、時間帯ではGrogneのあと一時間後にOpinionが始まる。回線の混雑ぶりからすると、それぞれかなりの数の常連参加者がいるようだ。しかも彼らはあらゆる番組で常連となっている。先の事例のように、話者はしばしば時間に追われて、名乗りが不明瞭なまま語り出すこともあるが、別々な番組で同じ話者が同じ内容を語る場面もあった。つまり、彼らは各局を横断して発言を繰り返しているのである。さながら「不満」の宣伝であるかのようだ。すると、彼らへの疑問が湧いてくる。過剰ともいえる参加にはどのような意図があるのだろうか。

表 10　Grogne Matinal と Opinion における話題内容（2011 年 8 月聴取）

日付	話者の性別	話題・提言の内容
Grogne Matinal 朝の不満 8 月 24 日	男性	（…某）地区の土地のある区画が 2000 年から登記されていた。ある人が同じ区画を 2008 年に購入した。2011 年にようやく自分の名義にした。地区区画の整備をすすめよ。
	男性	①労働省大臣に述べたい。先日の（…公的機関）の発言で、組織内に問題はなく、車のトラブルとだけ述べた。だが 2004 年 1 月の退職者になんらの手当てもない。責任者はすみやかに対応してほしい。（出費のかかる）子供達の新学期が近い。 ②ポルトノヴォに向かう交差点のわきに危険な箇所がある。丸太を運ぶためにのけておいた土盛がそのまま。事故が起こるのは望ましくない。 ③同じく土砂が（…某）区画にもある。2006 年 10 月から放置されたまま。前市長のときから。担当の会社に何が問題なのかを問いただせ。
	男性	①ベナンでの出版、知的活動の発展を願う。政治的意志を欠いてはならない。保護し促進する法的な整備を進めよ。 ②各県での生態系の保護について考えよ。ウエメ県ポルトノヴォに放棄された建物、周囲の環境への影響からも速やかに農業省が介入し、再建が待たれる。
	男性	①ベナンの検問は多くが（人員の）無駄になっている。60 以上も配備されている。資金を出してきちんと働ける人にすることは出来ないのか。 ②教育省長官に専門資格の調整をはかってほしい。村落部の多くでは教員が得られない。
	男性	（…ゾグゥの某）区画では、多くの賃貸の家屋がいまだ建設中。別の家主の通行に妨げとなっている。3 年前から勧告が出ているが効果ない。
	男性 A	ベナンの抱える困難について、デモ、ストライキ、政治汚職、不可解な失踪事件など。慎重な検討を。
	女性	①家族内での妖術とその（風評）被害。娘が収監され、その母も捕らえられている。私の住むカラヴィ地区で起きている。娘は何ヶ月も審査を要求している。大統領、どうか明るみに出して下さい。 ②法務大臣に、省内での人事を公明正大にせよ。

Grogne Matinal 朝の不満 8 月 24 日	男性	大統領選後の日程スケジュールについて
	男性	①税関申告の業務をしている。ブルキナファソに運ぶ中古車の輸出入で、政府が申告に課す額の 25000CFA を払ったのに、なぜ 7000CFA さらに払わなくてはならないのか。さらに 20 台あまりの車、24 台の四駆を運んだら、さらに 25000CFA の請求とは何たることか。経済省大臣は事情を調べて整えてくれ。 ②輸入中古車を運び込む広場の責任者になぜ閉鎖してしまったのか問いたい。それぞれの広場には会計所が設置されなくてはならない。だがそこから 8km も離れたところに別な広場を開いた。書類手続きで不備がみつかるたびにその離れた広場から往復しなくてはならない。
	男性	①税関官吏殿へ、輸入中古車取引の手続き、規制について。2006 年の規制による 50000CFA の保証金が国庫に振り込まれた。だが今日まで払い戻しがまったくない。輸入仲介業者から、どうか規制の見直しをお願いする。 ②輸入仲介業者たちによびかけ。国家元首の意向にそわない税官吏（の専横）を回避しよう。
	女性	①先日、常設市場で 21 時ころ、置き去りになった子供がいて、ある女性が見つけて警察に連れていったが、(夜遅いこともあり）対応してもらえなかった。 ②私の住む地区でのこと。早朝 3 時だった。ある女性が産気づいて診療所に来た。だがそこでは対応してもらえず、女性は門のところで出産した。この対応は良くない。
	男性 B	見た目は奉仕的な詐欺集団に家族が被害に合う場合がある。今ではある種の NGO のような、神からの使者と自称する者がいる。福音派のような神秘主義たち。その手口として、家族の長の儀礼などに入り込む。その妻などが狙われる。他の家族と隔離される。子供も同じだ。家族の崩壊につながる。実際に家族から相談を受けている。やがては他の家族が被害に会うかもしれない。用心せよ。(介入アリ)
	男性	①給与は個人個人に手ずから渡されるべき。積み立て、払い戻しも不明瞭が多い。 ②財務大臣に。口座の払い戻しの管理が杜撰。国家元首はあらゆる出来事の把握に注意深くあるべき。税官吏の不備は国庫にもつながる。国が心配だ。

Opinion ご意見 8月25日	男性B'	①神秘主義の奉仕集団はベナン国内にいる。何度も現れてきて、人々を受け入れ、何の契約もない。成員は毎月末に供出金を払い、それはなんの社会保障公庫にも届かない。電話で確かめて。 ②わが地域ジュグゥは30万もの住民、数千の教員、公務員などが75km離れたところに役場窓口が一箇所だけ。窓口を増やすことを願う。
	男性	①プラネットplanete局の編集部に賛辞。電話参加者でも根拠のない話者への対策にあらゆる手をうっている。 ②先日の学生と警官との衝突の際に犠牲となった方とその家族にお悔やみを申し上げる。
	男性A'	①政治的なデモ行進について、地方都市では抑制されている。地方を支える公務員の活動について。 ②中古車を扱う運転手に課される支払いについて再検討をお願いしたい。 ③謎の失踪したウルベン大臣の事件について捜査をお願いする。それぞれの証言を抹消するのでなく、つきあわせて検討せよ。
	男性	①ウイダの教会事情について。新教の教会が建てられようとしている。昔からのカトリック教会も補修・保存してゆかなくてはならない。 ②ウイダは歴史的な街だ。大事にするべき。我ら住民は前大統領のケレクやソグロもしばしば迎えた。だが状況（の苦しさ）は何も変わっていない。
	男性	D氏の書類事件について。1年以上も隠されていた。開示を求めたい。
	男性	①8月15日の祭日にもお祝いできない忘れ去られた人々がいる。サプヴィ村落は厳しい貧困状態にある。現大統領も車で遊説に来て、この地区皆の集票だけされてそのままだ。分権化担当大臣、内務大臣、環境大臣よ、どんな状況かぜひ視察に訪れてください。 ②ロコサで選出された市長、9トンの作物の収入のうち4トンを自己収入として使ってしまっている。市長よ、あなたは民衆とは結びついていないのか。
	男性	①ウイダからトリへ行く道の工事が止まったまま。大統領はH地域でこの道はすぐ竣工するといっていたが、放置されたまま。トリとアラダの方の工事を始めてしまっている。工事が完了していないのに別なところを始めてしまっている。納得できない。 ②UN（野党連合）が何か言わないと誰も言う者がいない。多くの人がさまざまなことを語るべきだ。

Opinion ご意見 8 月 25 日	男性	①ゲレベ地区の Gb 工事現場が放置されたまま。そこは電力の工事現場のはず。なぜ電気技師は現場を放棄してしまったのか。専門家の検証をぜひお願いしたい。 ② SOBEMAP（港湾管理局）の責任者に問いたい。その立場を利用し、G 大臣に何か渡したとの疑惑について明らかにせよ。 ③トフェ地区の整備開発が進んでいるとラジオでも伝えられた。地区の首長により深く確かめることをお願いしたい。この地区の整備はまだなされていない。
	男性	SBEE（水道電気局）社長と責任者へ。地方電力供給計画が滞っている。クフォ県、アジャホメ村落は放置され、住民は腹を立てている。実地検分せよ。
	男性	①学生デモと警察の衝突について。死傷者が出たことを残念に思う。キャンパスでの（無秩序な）デモはもういらない。少なくとも、組織化され、整理されるべき。 ②トウモロコシ情勢について。価格や流通についてよりよく管理し、流通を安定化させよ。
	女性	①先日、アラダ旅団に謁見させてもらった。祖先の（対植民地政府レジスタンス）時代からの装備だが、残念な状態だ。状況の改善を求めたい。 ②治安に関わる警察の装備についても、あまり強力なものではない。われら（リスナー）の会の意見を聞き入れてほしい。

なぜ、このようなことが始まったのだろうか。誰がどのような経緯で関わったのか。ベナンの事例研究では、こうした個々人へ焦点をあてることで、マス・コミュニケーションのはじまりの一端が明らかになるように思われた。そこで、彼らの生活史についての聞き取りを、後に検討してみたい。

Grogne に比べて Opinion は各人の発言時間がかなり緩やかで、長めの発言も許容されている。話者は必ず名前を名乗り、根拠のない中傷は禁止されている。だが、Opinion では、批判の対象が、ときに市長や現場責任者などの個人を名指しで特定するものがあった。アナウンサーが介入をしようとするが、話者は話しきってしまい、電話を切るケースなどもある。それほどの無理を通してはいないが、生放送という条件から、話者は話を完結させることを優先させているようだ。だが、こうした話者の語りを、過剰な中傷に走り過ぎない程度に局は留めたい。話者とアナウンサーとのせめぎあいさえうかがわれる放送もあった。Opinion は Grogne と比べると時間的な切迫感はなく、話者は自由な演説のように喋りきるケースが多い。時間帯や雰囲気が局ごとに微妙に異なっているが、話者はみな同様に回線がつながるまで電話をかけ続けている。このように、番組は自由参加を原則としており、一部の常連だけに閉ざされた場ではない。ベナンの参加型番組は熱気をはらみつつ、今や人々の暮らしに根を下ろしているのである。

五　電話をかけて参加する

視聴者参加番組には頻繁に電話をかける常連のオーディエンス（リスナー）がいる。自分が抱えた不満だけではなく、巷でくすぶる数々の不満をまくしたてる彼らの声は、毎日の番組で実によく耳にする。彼らは自らをフォン語で意見する人＝ヌフントレ *nuhountolé*、もしくは仏語でおなじみの聴衆 **auditeur fidèle** と呼称する。こうした人々を探し当て、聞き取りを重ねた内容が、以下に示した表である[11]（表11参照）。ゴルフＦＭ、カップＦＭの参加型番組のオーディエンスを起点とする人脈をたどったところ、多くの人が他局の番組にも参加していることが判明した。各局の参加者は相互に重なっているため、この抜粋表からオーディエンス像のおおよその傾向を把握することはできよう。

表から読み取れる一般的特徴とは、こうなるだろうか。ベナン南部の放送局のリスナーであるため、民族集団はフォン、ヨルバ、グンなどが多い。南部の主要言語はフォン語であり、住民はほとん

よく聴く局・番組、参加頻度	参加のきっかけ・話の内容
CAPP、Ocean、Atlantique、ORTB、Tokpa、Maranatha　など。Tokpa　家族の問題について話す番組、平均で日に3回。	12年前から聴き始め、携帯電話をもった2003年から電話。電話するときは質問をする。ジャーナリストがゲストに質問するが、ときに不明瞭な隠れてしまう事柄があって、それを質問する。最近の話では、子供達は新学期をどう始めたらよいのか。教師は子供達にどう教え始めるのか。
ほぼ全局。朝はGolfeで始まり、次いでTokpa、CAPP。	GolfeFMが始まった当初から、電話をし始めていた(1997～)。ローカル言語の放送が好き。フォン語のGrogneや仏語、ヨルバ語のそれ。自分の名が放送を通して知れることで多くの顧客がくる。広告のようなものだ。
CAPPが最も好き、国際的なことが知れる。あるテーマで討論する番組、便利なこと。誰かが困ったことに陥っているとき、助言する。夫婦や家族の話し。	10年聴いている。電話し始めたのは8年ほど前。私は仕立て屋だが、一人で仕事を覚えたわけではない。知らないことがあると持ち寄って、皆で助言する。「何か問題があれば、それは皆の問題だ。答えを見つけるのだ」
とくにCAPPとGolfe。 カルロスの時評番組、ダワウェやヘマジェの参加番組、プレス批評。 GolfeではGrogne Matinal。	1998年からGrogneを聴いている。聴き始めたときから、内容が気に入って、すぐに電話をかけはじめた。人として、他の人が苦しむのを見過ごせない。以前は何も手助けできなかった。だが、実際に手を下さなくともジャーナリストに伝えることで早くことが進む。
CAPPは10時～ダワウェ、さらに15～16時、Grogneのフォン語版、街の音。月曜16～17時、仏語のオズモは良い番組。CAPP FMは週1回聴く。Grogneに時々電話。	1999年ころから参加し始めた。「街の音」には5年前（2006年）から参加している。明らかにすべき多くのことがあるので電話するようになった。放送を聴いても全てのことに通じることはできない。地域の人々の間で起きている問題を知るには十分ではない。
CAPP、聴かないと気分が悪い。他にPlanete ORTB、火曜深夜ORTBの国について話す番組の「我が国のこと、あなたの国のことを来て話そう」週8回電話。	参加は1998年ころORTBの番組、その後民間ラジオに電話。深夜番組に電話したのは3年前から。参加にあたって回線がつながらない人もいるし、話ベタなのもいる。回線がつながるまで根気よくしなくてはならない。電話がつながって参加できるのは幸せなこと、誇らしいことでもある。なかにはラジオで私の声を聞けたので電話したという人もいる。だから参加する。

表11　意見する人々の人物像（抜粋）

名前	職業・社会活動（クラブ）	生年	性別	民族集団、言語	結婚、親族
2. AT	料理人	1964	男	フォン（ズゥ県生） 仏語、フォン語	妻1 子供3
3. 刺繍屋のAKA	刺繍職人	1969	男	ヨルバ、ポルトノヴォ近辺村生　フォン語、ヨルバ語、仏語	妻3 子供5
4. GB	仕立て屋 CAPPでの会をたちあげようとしている。人数は前回集まりのときは60人ほど。	1976	男	ポルトノヴォ生、グン語、フォン語、仏語	妻1 子供4
5. KJ	仕立て屋 AFAS前書記長。2003年からもう10年。3-6ヶ月に一回会合。今350人くらい。	1977	男	ウエメ フォン語、仏語	妻1 子供1
10. OR	定職なし ロシア語を学んだ BAC+2	1980s	男	ナゴ ズゥ県サヴェ ヨルバ語、フォン語、仏語	妻1 子供1
13. BR	仕立て屋 クラブに入っていない	1976	男	ナゴ（アボメ生） ヨルバ語、フォン語、仏語	未婚

Tokpa から始めて Golfe、Ocean FM、Planete。教育についてのラジオが好き。8 時～ 10 時、アドゥコヌが担当のフォン語の番組。教育についての番組。週に少なくとも 2 回電話。番組のテーマが混乱しているとき、筋道をひくために電話する。	1999 年の開局以来聴く。仕事を退職してからすぐにここでの仕事をして 12 ～ 13 年。家にいては落ち着かないのでここに来ている。男の子の三つ子が生まれたとき、子供のことや仕事のことについてメディアのインタヴューを受けた。それからいろいろと援助がくるようになった。アメリカからも。ラジオがもとになった。「こうした人のつながりは大切だ」
どこでもラジオを聞いている。携帯電話でラジオを聴くことができる。Tokpa、Golfe、Planete など。電話の回数は場合によるが、参加の電話をかけるのに日に 5000 から 1 万 CFA チャージをする。	デモクラシーという視点から聞く番組を選ぶ。市民が放送に自由に電話をかける。そこが好きなところだ。番組に電話をすることはまずは名誉なことで楽しいこと。電話をすると、定期的に援助してくれる篤志家もいる。電機技師の仕事だが、人の紹介でコトヌでの多くの家建設の仕事に呼んでもらえた。「(ラジオからの) 声は多くの人々を変える」
とくに ORTB、Golfe、Ocean、Planet 局など。Allada の「無原罪のお宿り」。Ocean の「自由通信」では、与えられた主題で自分の考えを表明できる。参加番組が好き。 日に 5 回ほど、週におよそ 2 ～ 30 回。	Grogne を聞き出したのはもう 12 年 (2000 年～)。電話をかけだしたのも同じ。私は神学生で牧師になりたかった。だから無原罪の御宿りはよく聴いている。信仰からだ。毎朝 4 時に目を覚まして聴く。良き振る舞いについての基本的な考えが身につく。電話で意見を述べるのは、一つの政治活動だ。「電話するのは国に手助けするためだ」
6 時 30 分からの Grogne、8 時から Planete の Opinion、9 時から Tado FM、10 時から Tokpa。Tado FM で一日中聴く。毎日およそ 6 ～ 7 回電話。	電話は 10 年前から。Grogne のなかでもせいぜい女性は 2 ～ 3 名の参加くらい。ベナンの人口の 52% が女性だが、それが参加するようになれば、良くなるだろう。我が国ベナンの発展が私の関心。Grogne なら最低 5000CFA のチャージ。同時に回線を捉まえるために電話をかけ続ける。はじめは少しずつかけだして、これが習慣になった。
Tokpa、Tado、Golfe、Ocean、Planete、Weke。電話代はそれほどでもない。参加はせいぜい 90 秒。出費は 150 ～ 300CFA。携帯は 2 台所有。MTN と Moov (会社)。	ラジオを聴くのは情報を得るため。電話参加するのは国の運営に参加するため。2003 年から電話。国の運営にアクセスできないとき、Grogne をとおして参加する。朝、ラジオに参加すると、13 時には、電話があり、あなたが述べた問題は解消されたと言われることもある。これは楽しみであるし、とても意欲がわく。

18. HT	国営油脂製品会社退職 元事務局長 Tokpa 友の会創設、議長	1942	男	フォン（アボメ生） フォン語、ミナ語、仏語、	妻 1 子供 5（うち、三つ子）
19. AE	電機技師 社会政策についての NGO メンバー	1978	男	フォン（ウエメ生） ミナ語、仏語	妻 1 子供 4、兄が亡くなり、その子供 5 人も養う。
22. LA	輸入品税関申告 Golfe 友の会　AFAS は出来て 12-3 年。創始時から入っていて、会員は 200 人以上。	1975	男	フォン（ズゥ県生） フォン語、グン語、ミナ語、仏語	妻 1 子供 2
25. SA	美容院 発展のための女性団体の議長。政府から認可。AFAS 成員。1998 年から 9-12 人。	1974	女	フォン（コトヌ生） フォン語、デンディ語、ミナ語、仏語	既婚
31. EP	法律事務所勤務。 友の会には入っていない。皆が意見する人 nuhountole であるべき	1981	女	ウエメ県生、ミナ語、フォン語、グン語、仏語、英語	夫会社秘書 子供 2

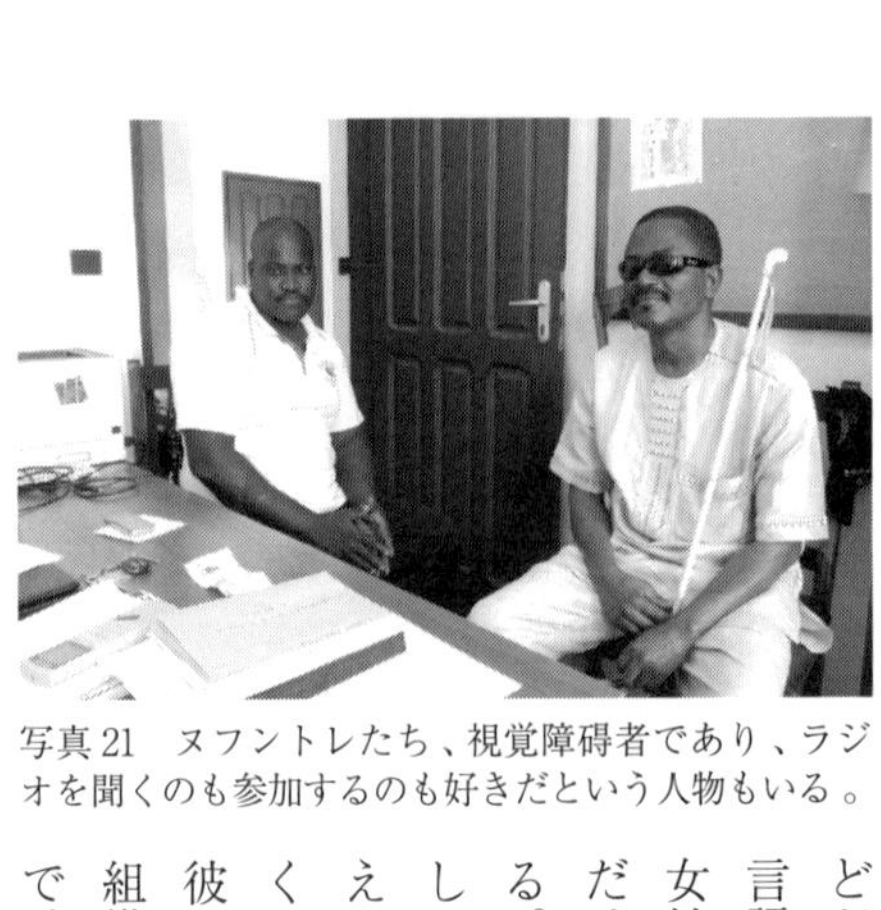

写真21　ヌフントレたち、視覚障碍者であり、ラジオを聞くのも参加するのも好きだという人物もいる。

どが理解する。[12] 番組には仏語とフォン語のほか、複数の民族集団言語を使用して参加している。また、大半の参加者は男性であり、女性は少数派にとどまっている。そして、彼らは一つの参加番組だけではなく、同じ日に複数の番組を聞き継いで電話をかけている。それらは一日の放送であれば、ほぼ同じメッセージの繰り返しである。彼らは（毎日ではなく）時間のある時にかけていると控えめに語るが、むしろメッセージのあるときに、可能なかぎり多くの参加番組に電話をかけているようだ。そして、興味深いのは、彼らの間にネットワークがあり、局や番組ごとのコミュニティを組織していることである[13]（表の略称ではGB、HT、LA、SA）。個々で番組に働きかけているだけではなく、オーディエンス同士の対話やネットワークを、それは可能にしている。以上がまずは読み取れる。

彼らはみな、自らのラジオでの発言の意義を熱く語る。[14] たとえばGB氏は、「何か問題があれば、それは私ら皆の問題だ *e nyin do ploblеme de wa mi we bi si ta we*」という。個人が関わる問題を集団に向けて開くという性向があらわれている。たしかに個人が抱える悩みはその人固有のことであるかもしれない。だが、親、兄弟姉妹、母系親族、地域の同じリニジ（アコ）や、同郷の親類縁者など、さまざまな血縁や地縁のつながりにある彼らは、個人の問題を容易に切り捨てない。いいかえれば、個人が困っている悩みごとを集団の協力によって乗り越えていこうとするのである［cf. 田中　二〇〇九］。

ラジオ番組で人々が不満を叫ぶのは、不正や汚職をなくすためだという。だが、より直接的には、発言への他のリスナーの反応が大きなインセンティヴとなっていると多くの話者は述べる。ＢＲ氏は自分の声を聴いて電話するようになったという別な人の発言が励みになっている。ＥＰ氏は朝ラジオで発言すると昼過ぎに反応があったという経験から電話をしている。ＡＥ氏によれば、自分の意見を出すと、他の人々がラジオでこの主題にどんなことがあるのかを知ってくれるという。情報を共有し、おなじ不満や悩みを抱える人が知り合うことで現状は変わってゆく。誤った工事の現場責任者はラジオの不満が自分のことだと気づくだろうし、さまざまな方面から改善の圧力がかかるかもしれない。だから彼は次のようにも言う。「発言は多くの人々（の考え）を変える *kplo n nye non nan mi edi o tovi bi*」

メディアをとおして発言することは、一般に、対面的発話よりも広範囲で多くの人の結びつきをもたらす。その発言がときにジャーナリストやメディア自体を動かしたり、政治家にまで伝わる場合もある。大統領も番組をよく聴いているとの発言があったと人々はいう。自分の声が有力者など、意外な人に伝わる可能性があることは、参加を促す大きな力となるだろう。単に伝わるだけでなく、たとえば、先述のＥＰ氏は暮らしの上で困った事柄を訴えたところ、実際にそれが改善されたという経験を語っている。ラジオの発言を聞いた別な聴衆から支持を得たり、局を経由して実際に電話連絡を受ける場合もある（ＢＲ、ＨＴ、ＡＥ、ＥＰ）。人との語りあいやつながりを重視する社会では、多くの知人をえることが重要な財となる。たとえば、表中のＡＫＡ氏は電話参加が本職の刺繍業の宣伝になっていると明言する。ラジオで話を聞いたという人から、実際に彼の工房へ注文が多く寄せられるからだ。だから、放送で彼がする「刺繍屋のＡＫＡ」という名乗りは、彼の知名度アップにつながっている。たしかに聴く方には呼びやすく、記憶に残る。このように、常連の中には、自己表現に工夫を凝らす人々もいる。たとえば、ＡＴ氏は情報を伝えるために電話する人が多いなかで、自分は質問の電話をかけるという。的確な質問をすることが、他のリスナーと差別化して自分をよく印象づけるからだ。これらは、ある種の売名欲とも絡み合ってはいないだろうか。言論の民主化、自由化に貢献する一方で、人々は参加すること自体に楽しみを見出しているのである。

だが他方で、電話回線をつかまえることは容易ではないと、誰もが共通して指摘する。何度もかけ直し、かけ続けるのは、ひたすらに時間がかかる。出番待ちは相当に通話料金がかさむ。にも関わらず彼らが電話をかけるのはどのような事情だろうか。通話代には困らない有閑所得層なのだろうか[15]。彼らの多くはメディアに興味をもつ若年から中年層だ。また、職種に注目すると、自前の工房や店舗をもつ床屋、髪結い、仕立て屋などの職人や商人が多い。技師や輸入品業務なども時間や場所において比較的自由度が高いといえる。それに対して、彼らの中に公務員や企業組織のなかで働く者はほとんどいない。ベナンの都市住民には、インフォーマル部門にくくられるような零細業や職探し中の人々が圧倒的に多い。いわば、経済的に不安定な状況にある。とはいえ、彼らは歯に衣着せぬ不満を叫び、権威的な地位にある者の告発をしても支障がないともいえる。こうした人々のメディアとの関わりをより詳しく探るため、次節では彼らの生活史をたどってみたい。

六　意見する人々

意見する人 *nuhountolé* の電話参加は、それが少数でないことともあわせると、相当な過熱ぶりに違いない。局や番組の枠をまたいで繰り返しメッセージを発し、限られた時間によどみなく不満を伝えきる。電話代の高騰を嘆きながらも執拗に電話をかけ続けている。筆者が実見したなかでは、(運悪く?) 放送開始から終了時までつながらず、かけ直しが一二四回に及んだ場合もあった。こうした過熱ぶりは、奇異にさえ思われる。「逸脱」と分類しがちなこうした活動は [Lewis 1992: 2-4]、彼らの生活史の文脈におくことで、理解可能なところはないだろうか。おなじみのオーディエンスの例を以下で三例提示し、比較検討してみる。

Ｈ氏事例

Ｈ氏はラジオ・トッパ Radio Tokpa の熱心なリスナーで、七〇歳である (一九四二年生)。国営油脂会社の事務局長を務め、今はリタイアしている。南部アボメ出身で子供達は五人、そのうち二人とその夫婦とともにコトヌに住んでいる。放送の民営化以降、ゴルフＦＭも聞いているが、市場や経済、地域の情報により密着したラジオ・トッパを好んで聴くという。彼は番組に電話をかけるだけでなく、市場が広がる商業地区の真ん中にあるこのラジオ局をしばしば訪れて意見するなど、積極的に関与している。局で働く者で彼の顔を知らぬ者はいない。彼はラジオ・トッパを支えるリスナーの会を組織して、その議長を務めているのである。

彼は三〇代のころ（一九七〇年代）ホテルレストランの給仕をしていた。ある援助団体の給費生の公募に通って、パリで研修したあと、すぐに男の子の三つ子をさずかった。当時、あるジャーナリストに子供や仕事のことについてインタヴューを受け、それがメディアで報道された。それからいろいろな人や機関から、子育てを気遣うメッセージや援助がくるようになった。それゆえ、彼は人のつながりの有難さを強調する。

写真22　H氏、友の会会長を務める。

「放送に協力して得られるものとは知り合いや人のつながりだ。（…）一九七五年のこの出来事がきっかけで援助を受けたことは忘れられない。子供が大きくなり、ミルクがいらなくなっても薬屋や篤志のある人から援助がきた」「これが人のつながりだ、大切なものだ *n de do tadji o we gnin xuxu ho n gbe to*」。

そして、まさにそのときのジャーナリスト、ギィ・カッポ Guy Kakpo がラジオ・トッパを開局した。それゆえ、H氏は開局の一九九九年以来熱心に聴き、二〇〇二年に仕事をリタイアしてから、リスナーの会のまとめ役をしている。そして、開局時、まだ番組を記録・保存していなかったとき、彼は放送に電話してくるリスナーの意見をまとめて、紙に書き留めていた。毎日、ディレクターにリスナーがそれぞれ話したことをまとめて伝えた。彼は国が、ラジオが発展するように、そうしていたという。彼自身電話参加するのは、「番組のテーマの筋道がうまく出来てないとき、余分な脱線が多いとき、その話の線路をひくために電話する」という。

やがて彼は電話するリスナーの話の事実確認をしたり、局への悩み事相談の応対をするようになった。局から依頼されたわけでも、給料をもらったわけでもない。彼は若い頃、牧師を志望しており、カトリック信者として社会福祉活動は積極的になる。そして、五人の子供を育ててきた年長者として、家族のことや教育のトピックに関心がある。相談の内容には幼い子供が叩かれたり、長期にわたって虐待を受ける例もあった。子供の非行はその家族関係に問題がある場合が少なくない。学校に行けない、住む家まで追われてストリートで暮らす子供たちは多い。こうした案件では、相談する人の家族、親族関係に介入することにもなる。たとえば次のような経験を語る。

「虐待を受けている子がいて、家から外に出してもらえない。奴隷の扱いを受けていた。私がベスパ（バイク）で（助けに）行こうとしたとき、ラジオのディレクターは制止した。だが私はそれを振りきって、怪我して血を流していた子供をどうにか連れ出し、藪の中にかくまった。アグラからゾボまで（その親族たちに）追いかけられたよ。ある家のなかに入ると（追手である）彼らは私を見失ったようだった。私はその子をサレジオ修道院のところに渡した。だが、その後でも、こうするべきでなかったと言われた。（…）誰かに突然にリンチを受けるかもしれないし、確かにそうだ。普通は弱者保護班ＢＰＭがこういったケースにあたっていて、警察とともに協力しあっている」

エピソードが豊富な彼の活動からは、局と視聴者の会がもめごとの調停役や民事裁判の補佐のような役目を果たしていることがわかる。視聴者から頼まれて、刑務所に収監されている者の示談に彼が関わったりもする。ラジオ・トッパは政治問題は関与しないのが原則だが、相談は家族の不和や若者の非行、犯罪の相談にまで及ぶ。事実確認をし、問題に立ち入ることになる彼は、しかし、面倒にも巻き込まれる。虐待や暴力を防ぐためとはいえ、家族内の問題に立ち入るのは、上記の経験のようにリスクを抱えている。H氏は弱者保護班との連携のほか、警察や裁判所関係の人に多くの知り合いがいる。彼は「私自身の安全保護のため」でもあるという。

勤め人の職をリタイヤした彼にとって、ラジオとの関わりは日々の糧となっているようだ。それは三〇代のころ、三つ子を授かった縁にまでさかのぼる。ジャーナリストや放送業の仕事までは踏み込まない彼は、若い頃はホテル業や国営会社の公募に通過し、事務局長を務めるなど、もともとの事務処理能力は高い。そこで彼は、開局当初は放置されていた放送内容の記録をしはじめた。誰に頼まれたものでもなかったが、記録をとり日誌を整理するといった業務は、彼に適した関わりかただった。ラジオ・トッパ聴取者の会長となるのも、ラジオへの情熱や年長であることとともに、彼の事務処理の堅実さが要因の一つだろう。熱心な聴取者のなかには、別に仕事を持ちながら、彼のように積極的にメディアを支えようとする人が少なくない。

G氏事例

G氏はラジオではファカフク *fakafoukou* の呼び名で通っている。彼は不正なことはすぐに厳しく告発する。その呼び名は、象の（性の）営みは「素早い *foukou*」という意味に重ねて、親しみをこめて呼ばれている。一九六四年、伝統都市アボメから五〇―六〇キロほどのヨルバ人の村で生まれた。父母とともにムスリムである。フォン語、ミナ語、仏語を自在に話す。中等教育をへて一九八四―一九八五年にアボメで九か月の兵役についた。彼は兄弟が五人いるが、貿易業務の勉強をしに、一九八八年に村からコトヌに出てきた。ラジオへの関心は若い頃からあり、国外のニュースを知りたくて、民主化前から短波放送で仏国営放送RFIやアフリカ No.1 をよく聴いていた。一九八七年ころ、アフリカ No.1 の放送で参加者相手のクイズに応募し、たまたま五万CFAあたったこともあり、さらにラジオに惹きつけられるようになった。

写真23　G氏、発言内容をノートに記してから何度も番組に電話する。

大学で法学を専攻したが一年ほどでストライキや民主化要求のデモが激化（一九九〇年）したため中退し、ナイジェリアで食品関連の仕事をした[16]。転換期の騒乱ののち、ベナンにもどり、レバノン人経営の商店で働きだした。放送波の自由化で一九九八年にゴルフFMが始まり、参加型番組がそこに取り入れられると、すすんで電話をするようになった。当時、アナウンサーの方から任意にテーマをとりあげて、放送で聴き手に意見を求めてきたという。

彼もそれに応じて電話で意見を話したのがきっかけだ。ラジオを聞き、いま起きていることを知る人が増え、不正なことがあれば声をあげることは大切だという。ラジオ参加ははじめは少数の人に留まっていたが、一九九九—二〇〇〇年を境に次第に増えていった。それはジャーナリストが不適切な発言をしたとの理由で、ゴルフＦＭの放送が一定期間、停止させられたことが転機になったという。

「（あれは……）ベナンが放送波の自由化の途上期にあって、（当局によって）表現の自由への脅しを受けたのではないかと当時は言われていたよ。（…）この（放送の）一時停止があったために、むしろ多くの聴き手が放送に関心をもつようになった。物事を告発するために電話参加するのだ。告発で処罰はされない（はっきりした事実に基づいていれば）」（括弧内筆者補足）

一九九〇年、ベナンは国民会議をへて民主化し、その後、一九九六年の普通選挙でも平和裏に政権交代が行われている。人々の民主化への思いと自負の念は強い。ラジオ局の放送停止処分は、当局側の説明の真偽はどうあれ、自由を制限する圧力（の疑念）は、かえってこの新参のメディアへの注目度を高めることになったという。彼もこうした事件には懸念を抱き、より多くの人がラジオに関心をもつように、我流の普及活動を展開する。ゴルフＦＭの放送再開後、彼は人に会うたびに、この民営局を話題にした。「ゴルフというＦＭ局があるのを知っているか」、「聴いたことがあるか」と尋ねた。そして、次のように呼びかけた。

「今夜、二一時に聴いてみてくれ、105.7（MHz）だというのだ。そして、彼の名前や妻の名前、子供の名前などを尋ねる。ラジオに電話して、友達の誰それさん、こんにちはと呼びかけるのさ。その人が聴いていたり、別な人が聴いててそれを教えたりする。すると、彼はラジオを聴くようになるのさ」

放送で自分の名前を呼びかけられるのは、その当人にとっては楽しいことだ。以前は聴いていなくとも、やがてラジオの呼びかけを心待ちにする聴き手になるだろう。このような調子で熱心に聴く人、電話をする人が徐々に増えていったという。

彼の電話参加は、上記のとおりラジオの側からの呼びかけに応じたのがきっかけであるだろう。だが、彼は出身村からコトヌに出てきて父母兄弟が身の回りにいなかったとも語る。参加番組で知り合った聴取者たちは、当時は彼のように村から出てきた若い人が多かった。局を通じて互いに連絡先はわかった。初期の参加者はすぐに連絡を交わすようになり、「我々は兄弟のようになった」と彼はいう。そしてラジオを聴いて意見する、他の人々も呼び込み、「さらに仲間を増やそうと考えた」ことから、先のような広報作戦にいたる。民衆の目線からの発言によって権力者の行いへの批判役を果たすという大義名分は、呼びかけを正当化する。

だがこうした批判や告発はもめごとを起こす危険もある。結婚した妻はG氏の身を案じ、彼が電話をするのをとがめもしたという。港での取引業務を任されていたレバノン人の商店では、二〇〇五年に突然退社を勧告される。ラジオへの電話が原因で、経営者に圧力がかかったというのが、退社した

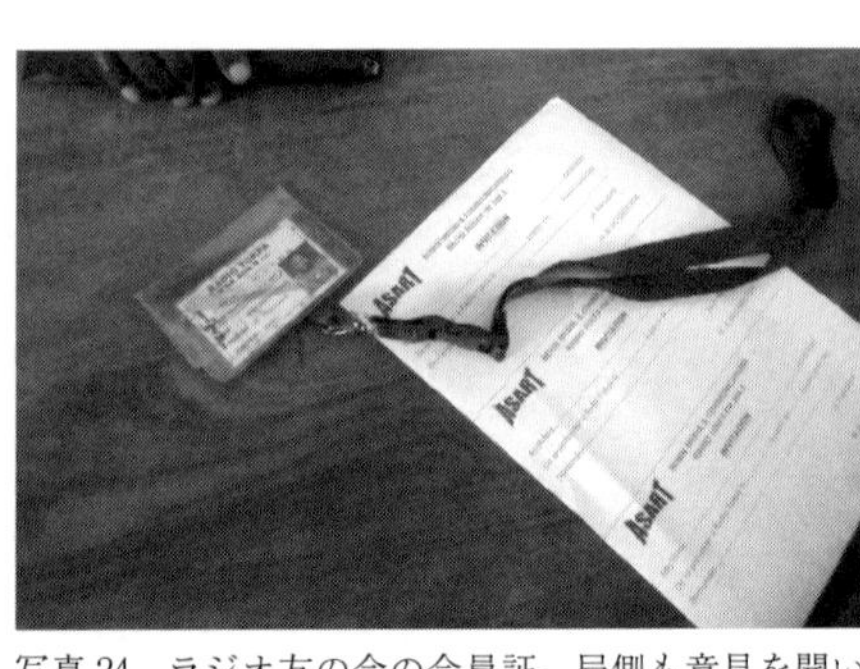
写真24　ラジオ友の会の会員証。局側も意見を聞いたり、活動を支えている。

あとで打明けられた事情である。だが、彼は個人で事務所を立ち上げ、税関手続きの仲介業務などで、現在はどうにか順調のようだ。

こうしたリスクの軽減のためにも、彼はネットワークを作ろうとする。新聞とＦＭ局、ＴＶ局に展開するガゼットグループ視聴者友の会（ＡＦＡＳ）を立ち上げ、視聴者同士の交流や扶助を促す場を設けて、そのまとめ役となっている。持続的運営に困難はあるが、登録者は六一四人にのぼる。運営問題とは分担金などの経済的な事情である。Ｈ氏事例でのラジオ・トッパの会など、ファン・コミュニティはあまた結成されている。だが、ガゼットゴルフは最初の本格的民放であり、視聴者の規模も大きい。視聴者個々人が電話で局とつながるだけでなく、いわばヨコのつながりができた意義はとりわけ大きい。彼らは互いに電話できる関係をとりもっている。

Ａｂ女史事例

Ａｂ氏は三八歳、美容師をしている。役所勤めの夫がいるが、子供はまだいない。ラジオもテレビも好きだが、仕事場ではラジオをかけている。あらゆる局を聴き、朝から複数の局の番組をハシゴするという。そして、ラジオ・プラネット Planète、タド Tado、トッパ Tokpa など参加型番組に積極的に電話をする。一〇年以上まえ、ゴルフＦＭを聴き聴き始めて、その時から電話をしている。日によって異なるが、（複数の局や番組を聴くから―筆者補足）昼過ぎまでに三〜四回、一日に六〜七回ほどかけるときもある。電話の前に原稿を用意してからかける。また、電話のチャージも、たとえば「不満」ならば五〇〇〇ＣＦＡは入れておく。つながったときのきまりで、発言の順番まで電話をきらないで待っていないといけない。だからチャージのための代金はとてもかかる。だが「不満」にはゴルフを聴きはじめたころから電話をかけている。チャージ代も自分で払っている。

毎回五〇〇〇ＣＦＡは相当な負担だ。おおよそだが、小学校教師の月給が七〜八万ＣＦＡくらいなのだから。ともあれ、彼女は「発展のための女性の団体」という市民団体の議長をしている。日々の暮らしや家のこと、商売のことなどで困っている女性たちをサポートする団体だ。コトヌの各地区に住む女性たちが入っている。政府に申請して認可されている。何か困ったことがあったときに彼女に連絡が届き、事実確認がなされたうえで対策がとられる。たとえば **Grogne** に電話することもその一つだ。その例として道路環境の話をしてくれた。

「私の住んでいる地区のトグドに通じた道はひどくなっていて、完全に壊れていた。だから妊娠中の女性がその道を通るときには大変だった。何人もの人から相談をうけた。そこで不満を（放送で）語ったが、すぐには対応してくれなかった。やがて、大統領が人を遣わして私たちの陳情を聞いてくれた。役場の人々も少し動いてくれた。道路を舗装して、トグドから学校までを固めてくれた。これはごく最近、二〇一〇年の一二月末から二〇一一年にかけてのことだ」

草の根の市民団体の声がメディアを通して流れることで、状況に変化をもたらした例といえよう。この事例だけでなく、政治家や国家元首もこの種の番組に耳を傾けていると人々はいう。不満はつねに真剣なものだが、反応が得られることは視聴者にとって大きなインセンティヴであるに違いない。彼女は女性団体の活動やラジオへの参加を国の状況を良くするため、発展させるためにしているという。とくに女性の参加を促して、次のようにいう。

「国の発展が私の関心にあるが、まだすべての女性に開かれてはいない。ベナンは五二％が女性だといわれているが、それが参加するようになれば、良くなるだろう。Grogne のなかでもせいぜい二～三名のよく参加する女の人がいるくらいだ。全ての人というわけではない。私は、だから番組に参加するのだ」

彼女は今、問題となっている事柄について政治家に呼びかける。ラジオの参加者は男性の割合が多い。Grogne Matinal でも毎回一〇人ほどの話者のうち、女性は二～三人にとどまる。話題が政治や汚職、企業の不正追求などが多いことも確かである。だが、家族や子供の教育、住環境のことなど、女性の声が望まれる場合もあろう。Ａｂ氏は五二％という、周知の人口比率を引用しつつ、みずからさまざまな案件についての女性の声を上げようとしている。

M氏事例

上記の事例を上回るほどの積極的な参加者であるM氏は、ほぼ毎日Grogneに電話をかける。話すべき不満の種は尽きない。彼は世界中を憂いているだとか、彼が（電話を）かけない日は一日が平和であったなどといわれるほどだ。彼は「本当のことを暴くべき不正なことがいっぱいある」ので、八年前から電話をしている。

M氏は一九七七年生まれ、南西部ロコサの近くのヴェドコで生まれた。フォン語、ミナ語、仏語を話す。彼の父はバス運転手、母は市場で雑貨商をしていた。妻一人、三人の子供の父である。彼は中等教育のみで高等教育は受けていない。彼の兄が港で中古車輪入業に携わっており、彼は学業よりもビジネスに興味があったため、港での仕事をしばらくしていた。二〇代から中型、大型機械を売買する代行業を転々とした。工事作業用の大型ブルドーザーのリース、販売をする会社に勤めている。平行して今は自ら二部屋の事務所をコトヌで開いている。二〇〇四年―二〇〇五年から中古のパソコンを仕入れてネットカフェを営業する。こうした仕事をしつつ、彼は不満の種をみつけ、調査をして確かめ、放送用にそれをまとめる。

写真25　M氏事務所内の不満の帳面は膨大な冊数に及んでいる。

先述のとおり、放送への参加者の発言には時間制限があるため、M氏は電話の前に内容を入念に下書きする。そのような下書き原

表 12　意見する人の Grogne Matinal への電話内容（2012 年）

日付	内容
0705	・バレーボールチャンピオン杯、2005 年度から行われたが、現在まで報奨金が支払われず
0709	・文化省大臣に向けて、再びバレーボールの件
0711	・（…某地区の）ベナン郵便局の局長の配属は規則にのっとっていない。 ・チャンピオン杯の件 ・港湾の屋台を職員が撤去している。婦人たち 100 人以上もが働いている。大統領への救助を乞う。
0713	・ベナンサッカー連盟について。二つのチームの一方が勝ったが、単なる勝利でなく、サッカー界全体の発展を願う多くのベナン人サポーターがいることを忘れてはならない。 ・陸上輸送局へ、欠員ポストがあるのだから、早急に人員補充してほしい。 ・夏休暇が近いが、若い女の子がアルバイトでなく、性的な付き合いでお金を得ることをしている。
0716	・トフォ村に健康センターを建設中だが、勤務する助産士や看護士がいないことを、大臣に陳情したい。 ・警察官 1300 人が賞与を受け取っていない。
0718	・（…民間某）社で大量の職員解雇があった。再雇用をお願いする。 ・（…国営某）社で 27 人以上が解雇された。彼らを再雇用してほしい。インドパキスタン人経営の［…某］社でも解雇が問題だ。
0719	・A 郡知事と E 大臣へ頼む。人々の解雇が続いている。10 年後に自分の取り分がとれる社会保障の整備を。 ・（…某所）建設工事でブルドーザーが家を（かなり乱暴に）壊している
0720	・A（…仮名）氏の裁判の書類の件。よく審議してもらい、差し押さえを早くすべき。 ・OCBN（ベナン鉄道）社長対応を要請したい。線路の敷設について、社は報告書を出すべきで、労働組合の議論を混乱させるべきでない ・（…国営某）社の責任者への提言。27 人の解雇者についての報告書を忘れずに提示せよ。
0725	・通産省の責任者は市民を尊重せず、家庭でのガスが供給されない。メーターを設置せよ。 ・国の経済状況が悪化している。不景気でどこに行っても金がない。大統領、IMF への働きかけを強化せよ。 ・A 氏事件の報告書を公けに開示せよ
0727	・電力水道局長へ。あらゆる努力をしてエネルギー使用料を安くしてほしい。電気代の請求は高すぎる。 ・アミティエ競技場に関して、照明をいれても、入場料は法外の額だ。SBEE（電力局）も配慮してほしい。 ・ゴドメ地区の警察署に移動手段を設置せよ。泥棒を警官がバイクタクシーで追うはめになっている。

	・カラヴィ地区で建設用地の問題が起きている。D測量士に、行って書類を整備してほしい。
0730	・先日、大統領はテレビで弁明をしたが、ICCサーヴィスの書類の疑惑については話さなかったのは遺憾。 ・HAAC（視聴覚通信官庁）はある人の昇進を決定したが、内部の女性がお金を受け取っていた。HAACは公正でない。 ・テレビ協会に余剰資金の払い戻しを検討することを要請したい。 ・13区の区長に、洪水被害の修復に果たした貢献に賛辞を送りたい。 ・商取引をめぐる談合が政界にまで及んでいる。責任者は続けて務めてはならない。
0802	・経済政策は外国の経済政策と関係をもつ。外交との関係から国内の経済も考えよ。
0803	・13区区長へ、坂の勾配の道路工事を早く完了させてほしい。 ・線路（資材）の窃盗についての報告書をまとめよ。大臣はそれに目を通してほしい。
0808	・大統領が発した宣言で国が緊張している。ヒラリー・クリントン氏が立ち寄った際にさまざまなことを混同させず、まず経済政策の保護を訴えよ。
0810	・大統領に、クリントン氏の来訪を慎重に有益なものにして、外交の面から商活動を正常のものとせよ。 ・ICC（情報金融サービス会社）の詐欺事件に関して、被害者への払い戻しがなぜ遅れているのか問い正したい。 ・家庭用の（プロパン）ガスが使用できない。社会的な心配事となっている。
0813	・治安問題。ジャコ浜でおきてる荒廃と騒乱について。文化省大臣、内務大臣、観光省大臣、分権化大臣へ。視察せよ。コトヌの8区の街路も人々に荒らされている。
0817	・学生（若者）による警察官への殴打殺人事件について。まず遺族へお悔やみする。犯人は厳罰されるべき。 ・携帯会社ベナンテレコムが資金を浪費している。

稿が彼の勤める事務所の棚をあふれんばかりに埋め尽くしている。だが、こうした準備にも関わらず、いつ電話がつながるかは時と場合による。そこで、番組の電話回線のどれかにつながるように、複数の携帯電話を駆使する。彼は毎日四種の異なる会社の携帯電話に、総じて一万CFAのプリペイドカードのチャージをするという。

実際にどのような内容をかけているのだろうか。二〇一二年七月―八月に電話した内容は以下の表のとおりだ（表12参照）。七月中に一一日間、二九件の不満を準備し、電話している。役所や国営機関への批判、陳情が多いが、賞賛、応援もある。公的機関だけでなく、民間企業への批判もあった。これらは南部都市コトヌ周辺の出来事が中心であるが、一個人が住み生活する地域のなかで知りうる事柄というにはあまりに過剰である。これについて彼は説明する。

「人から代わりに話をしてくれと依頼される。そのときは一つのラジオ局だけでなく、すべての局で、そうする。ゴルフＦＭだけでなく、プラネット、タド、アゼケ、フラテルニテなど、フォン語と仏語で話せるラジオ局すべてさ」

「すべての局で」というのは、同じ内容の不満をさまざまな参加番組に電話して話すことであり、広報活動と呼ぶほうがふさわしい。確かに、彼の語りを頼って不満の内容を託す人が多くいるようだ。そして、その際の電話のチャージ代は依頼者の任意の支払いによると言い、こう続けるのだ。

「もしもある人が言ってもらいたい問題があると私に頼んだら、払えるだけの分をもらう。ラジオで話す前に四台の携帯にクレジットをいれておくからね。とにかく電話をかけ、回線がふさがってたら、別な電話機でかける。簡単ではないよ。回線がつながっても、またさらに待たなくてはならない。(…)十分にカネがない人が来るときもあるよ。だが、私は告発が好きだからね。私が告発した案件のうち九割方はうまくいっているよ」

このように彼が発言するとき、電話参加がもつ意味は一変してくるだろう。仕事の合間でのGrogneの下書き、不満内容の事実確認、発言への批判や応援する他のリスナーへの対応、これらはすべて単なる趣味ではないことになるからだ。

「電話をかけ出して月に三万CFAから四万CFAをえた。そこで毎朝かけるようになった。彼こそが私に五〇〇〇CFA、カードを買うのにくれた最初の人だ。それからは五万CFA、一〇万CFA、五〇万CFAまでにもなった。今では私には十分な顧客関係がある」

写真26　M氏、固定と携帯の複数の電話でアクセスする。

彼は電話の依頼者を「顧客」として捉えている。つまり、彼にとっては重要なビジネスなのである。彼がこうしたことを始めたのは、二〇〇二年か二〇〇三年ころ、先に始めていた人物が彼の発言を気に入って導いてくれたのがきっかけだった。ところが、権威者を糾弾するこの営みは、危険と背中合わせだとも彼は言う。

「私は自分の名前を名乗り、名指しで相手を批判する。二〇〇七年のことだ。（……ある）政治家に呼びだされて面と向って脅されたこともあった。誰が言ったか（情報をリークしたか）言わなければ、ここから出さないと言われ、二時間半ものあいだ（彼の事務所に）とどめられたよ。汗びっしょりで怖い思いをした。書類を盗んだかどで私を刑務所に入れるとまで言われてね。（…）だが決して情報をくれた人の名は言わなかった」（括弧内筆者補足）

武勇伝のごとく、こう語る彼にとって、「デモクラシーに協力する」Grogneへの参加は、リスクを背負ったビジネスになっている。彼は電話の依頼で得たカドー（贈り物）を詳細にノートに記しており、その総計はこれがハイ・リターンな仕事であることを示している。

七　考察

以上のとおり、本章では特徴的な参加者の不満の背景を生活史のなかに求めてきた。ヌフントレは自らの関心＝不満をラジオを聴いている他の人々に語りかけていたのである。では、彼らがメディアと作り上げる協働から何が見出せるだろうか。おのおのの事例の異同をまとめてみたい。彼らの共通点は明瞭である。

第一にラジオと関わる固有のきっかけを生活史のなかで持っていることだ。H氏は三つ子を授かった際に記者からの取材を受け、その報道がきっかけで多くの見知らぬ人からの支援の数々を受けた。G氏は短波ラジオで放送をよく耳にしていたが、ある日の曲あてクイズに電話をし、賞金をえた経験が、さらにラジオに関心を深めるきっかけになっている。M氏は参加番組での発言が別な視聴者の耳にとまり、声をかけられたことが参加の常連への途づけとなった。

第二に参加する関心の分野がそれぞれにはっきりとしている点である。H氏は家族や教育の問題に発言や介入をする。ベナンでも多くの子供が家族の不和や経済事情から家を追われ、ストリートで暮らしている。H氏は若い頃、聖職を志していたことからも福祉や教育に関心が強い。G氏はラジオを通した人々の意識喚起をねらいとしている。道路や電気、水道などのインフラを主とする社会環境の改善のために多くの人が声を出すべきと考える。Ａｂ氏は「発展のための女性団体」の議長を務めていることもあり、女性の視点からの暮らしや社会への不満を番組に届けている。電話参加者は男性がほとんどで女性は少ない。彼女は女性の積極的な参加を促している。M氏は汚職や癒着などの社会的不正を告発することをしてきた。だが、彼の場合、ラジオでの発言が示威活動やビジネスとも連動している。

第三に国家当局や権威からのさまざまな圧力の影が見出せる。各事例のなかでは、Ａｂ氏はそれほど暴力的な圧力の経験はないが、番組を通して伝えたい行政側に、もともと女性の陳情がとってもらえないという現状の不公平さがあるようだ。だが、G氏はラジオでの活動がもとで実際に失職を経験している。レバノン人の雇い主は彼の活動は知らなかったが、G氏は退職を勧告される。当時、不可解な追徴課税に関する書面が会社に届き、雇い主とその周囲の人々は対応に苦慮していた。彼らは移民ゆえに当局とのいざこざは避けたい。解雇は会社の存続を優先し、G氏への外部からの圧力に屈したという事情があった。雇い主がそのように後になって吐露したという。M氏の場合、発言の出所について、さる政治家に呼び出され、その領袖に囲まれながら二時間以上も詰問される修羅場を体験している。Ｈ氏の虐待児童救出の経験についても、彼の行過ぎた介入に対して、トラブルを避けたいラジオ局側の対応が見え隠れする。このように、彼らの活動はさまざまな脅威との駆け引きのなかで続けられている。

こうした事情からも、彼らはラジオ参加者の輪を広げようと、友の会や交流組織を作っている。Ｈ氏はラジオ・トッパの視聴者や参加者だけでなく、家族や教育問題をかかえた人々の悩み事相談を受け付けるまでにいたり、Ｇ氏は草創期の聴取者、参加者を勧誘する戦略を自ら工夫して展開した。Ｇ氏は出身村からコトヌに出てきて、父母兄弟が身近にいなかったとも語っていた。Grogne に当時電話をしていた参加者は彼のように村落から都市に出てきた者も多く、ラジオを通したつながりが「兄弟のようなものだった」という。新たな放送局が立ち上がるなか、それをもりたてようと盛んに情報交換を行うオーディエンスの姿が浮かんでくる。Ａｂ氏は女性団体をとりまとめ、一ラジオ番組にかぎらず女性の声を発信しようとしている。他のヌフントレと同じく、いくつもの参加型番組に電話して、団体に寄せられた不満や相談などを届けている。そして、Ｍ氏は社会批判という営みへの魅力と、先駆者からの勧めもあり、彼の「ビジネス」を続けてゆくようになる。さらに、近年彼は生活の場から商品や企業、流通事情への苦情や相談をとりまとめる民間ＮＧＯとして、消費者生活団体の議長という立場に就いている（二〇一一年〜）。消費者代表として、マスメディアへの出演も活発に行っているようだ。

彼らのネットワーク作りは今後への展望と結びついている。Ｈ氏、Ｇ氏はあくまでもラジオを基点に社会に発言する働きかけを続けてゆこうとしている。Ｈ氏は自身での電話参加は困難になりながらも、視聴者の会をとおして他の人々の支えとなろうとしている。G氏は自分の事業を展開しつつ、ジャーナリストとも権力者とも異なった、市民の視点から発言を続けてゆこうとする。メディアを盛りたてはするが、自分がジャーナリストや政治家になるつもりはない。それに対して、M氏は積極的に市民団体で活動し、消費生活センターの議長を務めていることからも、発言が社会的影響力をもち、より実効性を伴うためにはある種の地位や権力が必要と考えている。それゆえ、今後の活動の方向性として地方議会や政界への進出についても、彼は言及する。参加型番組での情報発信で知名度を高め、地方政界への足がかりをえた人物も存在するからだ。メディアへの出演は今後の転身への踏み台ともなる。市民の日常生活の悩みや売買される商品についての苦情などの受け皿となる、市民団体や消費者団体の代表も、彼にとってはキャリアである。人々の声をまとめあげ、行政や企業と交渉する彼は、稼ぎにならないといいつつも、熱心に代表職をこなしている。

さて、以上のような能動的オーディエンス active audience についてのベナンの様子を、たとえばインドの新聞事情と対照するのも興味深い。文字文化が根付くインドのヒンディー話者地域では、一九八〇年代半ばから村落や郊外地域の報道機関が増大し、一九九〇年代初めからＴＶが広まってくることで、地方紙がさらに小都市や村落まで市場を広げ、その地域に必要なニュースの提供を模索するようになった [Rajagopal 2009: 14-18]。新聞社は地域の人々にそこでのニュースを送るように促し、新聞社の訪問カードを授与してステータスをもてるようにしたという。ローカル・ニュースの網を張る人々＝ストリンガー stringers が地域ニュースを集めるほどにその地域の人々は紙面にひきつけられた。紙面とニュースの内容は地域の公共空間としての性質を帯びてくる。だが、問題となったのは、ストリンガーやそのニュースが彼の属するカーストに影響され、縁故により、ある既存の権力集団からの報告になってしまうということだった［Ninan 2009: 276f］。

インドの事情では地方へと販売網を広げる新聞社がその土地の情報提供者をたくみに活用、リクルートしている。ローカルなニュースとともに、新聞に広告を出したいという地方なりのニーズがあり、ネットワークがより小都市へと広まっていったのが二〇〇〇年代であった。ニュースの質や信頼性を問う、報道倫理の見直しが、むしろそれ以降起こってきている。これはベナンにおけるオーディエンス個人が主体の事情とはかなり異なっている。しかし、地域に密着したニュースが報じられるほどに、多くの民衆がそれを読み、民主化が進んだという。新聞紙面はパブリックな空間だと捉えられたのである。

これはベナンにおけるオーディエンス個人が主体の事情とはかなり異なっている。しかし、ベナンの意見する人々も、経緯は個性的であったが、不満の内容は自分と他の人にも関わるものだった。アフリカにおけるパブリックも、私的な事柄を超えて他者にも関わる問題について、発言や応答を交わす人々の開かれた場をさしている［Barber 2007: 139-141; Haas 2007: 4-6］。インド中北部の事例では、ストリンガーの個性や活力はたしかに伺われるが、地方に購読層を広げようとする新聞社の指針に応じた活動であるし、地元情報とともに広告依頼者を見つける営業を兼ねていた［Ninan 2009: 264］。ベナンにおける主体的、積極的なヌフントレの活動は、これと対照的である。ヌフントレの各人の考えは異なるが、ラジオという一メディアを起点としながら、民事事件に関わる相談窓口や消費者センターにまで広がるさまざまな活動は、社会参加への彼ら自身の模索の結果である。本章の事例は、オーディエンスが放送を通じて社会へ参加するだけでなく、さらに、ある案件に能動的に働きかけ、より実効性を求めてゆく実践であると捉えることができよう。それは情報の受け手としてのオーディエンス像でも、またより能動的なオーディエンス像すらも超えて、起業家的な、いわば創造的オーディエンスとも呼べる人々である。

八　アフリカのパブリック・ジャーナリズム

欧米では新聞、ラジオ、TV、インターネットにおけるおびただしいメディアが展開しており、それをめぐって多様な意見が交わされる。だが、現実には市場競争ゆえの、表現の過剰な商業化や媒体の寡占化が問題となっている。それゆえ、メディアにとって公共性とは何かが問い直されて久しい［カラン　一九九五、林　二〇〇二：一二八］。米国では一九九〇年代から、パブリック・ジャーナリズムという試み―運動が行なわれている。当時顕著となってきたのは、マスメディアの多くが系列企業化し、多様で個性的な内容による競争ではなく、刺激的で興味を惹きやすい、いわば売り手＝発信側の経営論理にそった内容に集中していたことだ。米国のジャーナリストたちは高学歴、高収入家庭という似通った出身の人々であり、アッパーミドル階級を形成するパワーエリートとなる。ゆえにその視点も庶民の生活感覚とはかけ離れたものとなりがちである。経営の寡占化、内容の画一化、階層化する人材による放送が、一般視聴者と断絶していることが問題となってきた。さらに、そうした業界の事情とも重なりつつ、娯楽化された選挙キャンペーンやメディアから流れる政治家の言葉にオーディエンスである市民は懐疑的でニヒリスティックとなる。米国政治文化において、自主的な参加によって政治を作っていこうという意欲や市民社会のつながりの弱体化（＝社会的資本の低下）が目立つようになった［林　二〇〇二：三三一—三四〇、Haas 2007: 9-12］。

そこで、ジャーナリズムを人々の側の意見や公共性を組み込んだものに再生しようという試みがなされてきた。人々をメディア業務のパートナーと捉え、再び能動的市民にしつつ、その関心に応じようとするさまざまな試みをパブリック・ジャーナリズムの名で実践しようとする［Englund 2011: 147］。具体的には、メディア従事者と市民との対話フォーラム開催、新形式の世論調査の実施、選挙キャンペーン報道の改善、市民からの地域情報の発信などがなされた(17)。その活動は多くが地理的に限定された地域社会中心だが、市民を能動的にし地域のつながりを再生するという課題に貢献してきたという［林　二〇〇二：三四〇—三四四］。こうした論調をふまえて本論の事例に照らすならば、オーディエンスが社会的関心からメディアに参加し、「公共」をめぐって発言する営みをパブリック・ジャーナリズムの枠で捉えることが出来るだろう。

パブリック・ジャーナリズムは一九八〇年代の米国を始まりとするのが通説である。当時の米国での社会資本の低下、喪失の危機感に対する地域社会の再生、共通善の復権などが社会背景となっている［Haas 2007: 9-11、林　二〇〇二：三三〇—三四二］。それは、業界や経営側だけに閉じるのではなく、オーディエンス、研究者、現場スタッフの三者が交流し、パブリックに供するジャーナリズムの在り方を再構築する試みを総称している。これをふまえながらも、南アフリカのジャーナリズム研究者オクウィッチ Ocwich, Denis は、欧米に限定されないアフリカにおけるパブリック・ジャーナリズムを展望している［Ocwich 2010］。既述のとおり、米国のそれは地域コミュニティを重視した運動であるが、オクウィッチによるとアフリカのジャーナリズムは以前から地域コミュニティとの関わりが深いという。すでに一九六〇年代、南部アフリカのコミュニティラジオでは、地域住民が放送の情報源となり、地元出身の経営者、記者、編集が局を運営した。ラジオがホスト役となって、地域の問題の討論会などを開いていたという［Ocwich 2010: 245-246］。

南アフリカのトークラジオにおいても、オーディエンスがパブリックに語る場、語り合える場としてラジオは位置づけられる。南アフリカのメディア研究者ボッシュ Bosch, Tanja は、次のように状況を報告し見解を述べている。

「［…］アフリカの伝統的文化では、私的、個人的な事柄を公けに提示したり、話し合ったりすることが咎められたりしない。南アフリカの商業トークラジオでは、真剣な政治のトークショーが、不真面目で他愛ないトークと隣り合わせに並存する。リスナーはしばしば公的関心の問題を討論するために電話してくるが、それから、個人的主観を引き出すことで議論を続けてしまう。こうしたことが起こるのは、リスナーが明らかに私的な問題を公的領域にずらして、健康だとか財政だとかの問題に助言を得ようとするときだ。リスナーがスタジオの専門家やホスト役や物言わずとも共感してくれるオーディエンスに、複雑な認証プロセスを経由して、自分であることの確証を得ようとしているのが、ここから伺われる」［Bosch 2011: 69］

南アフリカは携帯端末の所有率は一〇〇％（個人で複数台所有も入れて）であり、リスナーのテクストメッセージが番組で読み上げられるなど、あらゆる時間、あらゆる場所からの参加が日常となっている。そしてリスナーの発言は公的な問題関心でなされても、性の悩みや貧困などプライベートな話題とも、ときに横滑りしたり、置き換えられたりしつつ自在にやりとりされているという。私的領域と公的領域の境界を溶解し、パラレルな対話のアリーナをつくるのが、アフリカにおけるラジオの状況なのだ［Bosch 2011: 80］。オクウィッチはパブリック・ジャーナリズムを米国だけを基準とするのではなく、アフリカをはじめ各国の状況のなかに見出そうとする。米国モデルのパブリックの概念は、J・デューイの思想に遡る政治主体としての市民像や理性的討議、メディアによる啓蒙を想定しており、アフリカの事例や本論のベナンの現状からは違和感をおぼえてしまう。本章の事例では、民主化が進展し、言論の自由が唱えられても、M氏のようにあいかわらず政治家からの圧力を体験する場合やG氏のように失職することも起こるからだ。彼らはこうした不安定や不確実性と背中合わせで活動している。しかし、さまざまな脅威やリスクを身近に感ずる状況は米国モデルからは読み取れない。

本章の「朝の不満 Grogne Matinal」のように、ラジオは聞き手の参加がベナンのデモクラシーを進展させると呼びかける。不満という形式ではあれ人々の発言の場をつくり、その関心のあることを語らせるという意味ではパブリック・ジャーナリズムの範疇に入るだろう。留意すべきなのは、情報が伝えられるだけでなく、人々のあいだで交流があり、意見が寄せられること、それを持続的に促す仕組みがアフリカのメディアに期待されることだ(18)［Englund 2011: 147-148; Haas 2007: 127］。すなわち、人々とジャーナリズムのつながりを復活させる欧米的状況と異なり、ジャーナリズムの有り方じたいが聴取者＝民衆をまきこんで試行錯誤されている。いわば、ジャーナリズムへの参加を通してパブリックなるものが絶えず再構築されているのが、ベナンのメディア状況なのである。

注

（1）メディアはいわゆるテレビ、ラジオ、新聞などのマスメディアをさし、後述するジャーナリズムはマスメディアを介して一般の人々に情報を伝える、報道などの言説空間をさすこととする［林　二〇〇二：二六―二七］。この定義のように、通常、職業としてのジャーナリズムが前提にあり、民衆主体のコミュニケーションは、そのオルタナティブないし対抗的位置づけがされている。そして、前章のジャーナリストの事例について、本章ではオーディエンスとなる民衆に焦点をあてる。本書ではラジオを主な対象とするために、リスナーの語を用いている。メディア研究の学説をふまえた理論的考察をする際にオーディエンスの語を用いるが、具体的な人物像としてはラジオのリスナーを想定している。本章では欧米的なジャーナリズムやオーディエンスについての前提と異なるベナンの事例を検討する。

（2）民主化以降のアフリカン・メディア研究において、ブーゴは一九五〇―一九六〇年代当時からの新たなメディアであるラジオ、テレビの政治への影響を論じたが［Bourgault　1995］、新たなテクノロジーの普及という視点だけでなく、対話的なグリオの伝統のような、アフリカ的口頭伝承の持続性を、彼女が指摘したのは重要である。序章でも言及したハイデンらによるアフリカ民主化とメディアの相関を主題とした論集は、政治、経済、技術、文化という四区分の明晰なマトリクスを提示したが、それゆえに個々のオーディエンスの行為や相互交流などは十分に検討してはいなかった［Hyden, Leslie & Ogundimu 2002］。仏語圏アフリカはテュデスクがＦＭラジオの研究を重視したが、政治学やコミュニケーション論に依拠するために、社会的文脈を重視した質的、意味論的研究は手薄である［Tudesq 1999; 2002］。

（3）冒頭のとおり、メディアの表象やその受容は個々の社会の文脈に埋め込まれている。その多様性を社会的文脈から明らかにするには、都市部とローカル部、言語、世代、社会階層、ジェンダーなどの複数の切り口からのアプローチが必要だろう。さらにそれらの差異が社会全体の歴史変動の中でどのように継承され、変化してゆくかを追って行くことは、メディアをめぐる人類学の課題であり、それをモノmaterialityとしてのメディアも念頭にいれつつ、人—メディア—社会関係として考える。

　近年のモバイルメディアによるラジオ聴取と参加など、通信と放送は独特な社会環境をつくる。災害や事故、感染症などローカルな出来事がグローバルな政治経済と不可分となった今日、それらを媒介するメディアは人の社会生活をどのように構築してゆくのか、本章をとおして考えたい。

(4)　熱狂的なファンやその集団であるファン・コミュニティとは、ある対象に夢中になる点で、他の一般人と区別される。だが、その特異性、排他性や、ときに暴力性を帯びる特徴などから、社会学的には逸脱や病理とみなされてきた。ルイスは、ファンとはむしろスターやセレブというメディアを介したシステム自体が作り上げていると捉え返す［Lewis 1992］。

(5)　これはメディアの普及によって、時間と場所の直接的な感覚が変化したことと読み取ることもできる。ファンの熱狂や異常性は、多くメディアの視聴による対象との過剰な一体化をさして述べられる。メディアを通してだけ「会った」人々を自分の友人や同僚と同じように「知っている」ように思われてくる。スターやセレブへの追っかけやパパラッチなどがこの典型である。また、ダイアナ妃の自動車事故から国葬までの人々の反応の推移を事例とした論者もいる。過剰な宗教的熱情や集合的痙攣状態とも形容されたこの出来事は、メディアが増幅する情動の一体感を良く示している［シルバーストーン　二〇〇三：一六〇—一六六］。

(6)　欧米のオーディエンス研究は、メディアテクストのデコード化や解釈などの意味生産プロセスに焦点をあてた。それに対して本論は、メディアを介して人がどのようなつながりを生み出しているかを主題とする。オーディエンスはどのような生活を営み、メディア実践をとおしてどのような公共性が現われてくるのか。これはフィリピンのラジオ聴取者の調査をもとにした、川田牧人による、「人々の日常生活におけるラジオというメディア経験をひとつづきのものとして」捉える視点とも重なる［川田　二〇〇五］。本章はこれを念頭において、オーディエンスの生活史や番組参加の事例を用いた議論を展開する。

(7)　ハーバーマスのpublic（sphere）が活字出版文化を起点とすることに対し、バーバーBarberはオーディエンスとなるパブリックpublicを非識字層にも拡張して捉えようとする［Barber 1997］。饒舌な語りや挨拶、付き合いを重ねるアフリカの日常を鑑みると、オーディエンス同士の交流がどのようであるかが関心となってくる。

(8)　スピトゥルニックは、一九九〇年代初頭ザンビアでのフィールドワークをもとにラジオが人々の生活の場でどのように用いられ、どのように人々のつながりを生み出しているのかに焦点を当てた。彼女はメディアのモノ性に注目し、モノとともにある人の生きられた経験 lived experience としてメディアの民族誌的研究を行なった［Spitulnik 2002; Tacchi 2002］。

（9）ラジオは俗にオールドメディアと称されるが、ニューメディアであるモバイルフォンの普及にともなって今日さらなる展開を見せている。安定した通電インフラやテレビ、パソコンがなくともラジオと携帯電話やスマートフォン、SNSが連結して言論の交換や情報発信が盛んに行なわれる、テクノロジーをめぐる現象はリープフロギング Leapfrogging 蛙飛びと称されている。「オールド」なラジオは携帯端末と連結し、頻繁に移動、往来を繰り返す彼らの生活のなかで、メジャーなメディアとしていっそう身近になっている。アフリカン・メディア研究者のムダイ Mudhai は、インターネットや携帯電話などの新情報技術の集約化によって、ラジオ文化が再燃しているという。

「ロンドンでは、ジンバブエ難民ラジオがメールやポッドキャストのサーヴィスを行っている。（…）ガーナのラジオ局は、番組コンテンツをウェブページにストリーム配信しており（…）。新興エリートたちはネット経由でニュースを得るのを好む。（…）厳しいアフリカ的現実に対して、社会性や交渉、相互結合、相互依存、共在、創造性や饗宴などのアフリカ的価値観がむすびつき、こうした集約を容易にしてきた。［…］若い聞き手の世代を取り入れるために、ラジオ放送は新たなネットワークメディアをさらなる情報環境として抱き込もうとしている」［Mudhai 2011: 262-265］

本章のベナンの事例の背景には、携帯端末の手軽さが番組への電話参加を容易にしたことがある。ベナンの双方向的番組は多くの視聴者に支持されており、クイズに応える音楽リクエスト番組一回四五分の放送中、番組への電話は三一四〇件にも上る。

（10）すでに言及したように、ラジオ、テレビの民主化との連関は、一九九〇年代以降の多くの研究書で論じられている。仏語圏アフリカをカバーするテュデスク Tudesq は、ラジオが民衆の啓蒙やコミュニケーション道具といった情報伝達のほかに、気晴らしや娯楽のために用いられることに留意する。民主化においてラジオがもつ困難をふまえて、こう述べる。

「多様であることは異なったものを受けいれることを前提とし、ラジオの多元化は、国家のなかでしばしば民族的特徴をもつ政治的、宗教的敵対を煽り立てるものではなかった。（…）表現や批判の自由は、民主化の進歩にとって不可欠である。（…）ラジオ放送の多元化は、それぞれのラジオが意見の多元化を許容するのならば、アフリカの生活改善に寄与しうるだろう。だが、もしも調整能力がなくなってしまえば、同時に敵対関係を激化させもするだろう」[Tudesq 2002: 287-288]

（11）まとまった聞き取りのできた三四例のうち、論述に関わる一一事例を抜粋した。二〇一〇—二〇一三年の各八—九月期の聞き取りによる。

（12）フォンは一七世紀ダホメ王国期に遡る南部主要民族集団で、現在でも三割強を占める。アジャやグン、ヨルバなど隣接集団でも南部居住であればフォン語を理解する。

（13）オーディエンス同士の交流やコミュニティについては、既述した[Lewis 1992]、[Jenkins 2006]などでも扱われている。[今関 二〇〇二]はまさに日本のラジオ番組を題材に、そのファン・コミュニティについて詳細に論じている。集いと呼ばれるコミュニティのイベントの内容はラーメン屋での食事であったりもするが、参加が容易な場において見知らぬ者同士の対話が可能となる点を、現代日本のコミュニケーションの特徴としている。本章のベナンの事例では、地域の問題をめぐっての会合や葬式講など、情報交換や経済的なつながりが名目としてあがっている。[飯田・原 二〇〇五]、[小池 二〇〇三]、[林 二〇〇二]などの先行研究は、オーディエンスの交流について蓄積が薄く、今後の重要な課題であると考える。

（14）意見する人 *nuhoumolé* たちは、みな発言の意義について熱く強調することが多かった。以下はその発言を挿入する。ラジオの呼びかけでお互いが問題を共有できるのだという。

（15）携帯電話は店舗、定期市、路上商などの多くの場所で販売され、値段も一万CFA以下から二万五〇〇〇CFAで新品が購入できる。電話代は使用状況によってかなり変わるが、通常は月額一万五〇〇〇—二万CFAを超えない。後述する語りのなかで、常連参加者が毎回五〇〇〇CFA以上チャージするという負担がこれで推し量れるだろう。

（16）ベナンに限らず、途上国の大学では教員側のストライキなどにより学事歴が乱れることがある。二〇一〇年にも、労使交渉により授業が中断し、その補講で六か月間単位取得認定、卒業が遅延することがあった。就職活動時期などが整備されているわけでもなく、雇用状況も不安定なため、人々はつねに職をさがし、縁故をたぐる状況にある。中間層や中間層予備軍（学生）であっても不安定さは変わらないのが現実である。

（17）こうしたオーディエンスの側からのメディアへの働きかけはきわめて重要と思われる。受け手である聴衆が自ら集めた情報をメディアを通して発信する側になっている。いわば市民発のジャーナリズムともいえる［林二〇〇二］。後述するオクウィッチは欧米のパブリック・ジャーナリズムとも共通する、アフリカのそれの特徴を、⑴視聴者を能動的参加者とする、⑵問題解決を目指す、⑶メディアを地域の問題を話すフォーラムとする、⑷一般人に重要な問題や出来事を優先する、などとしている［Ocwich 2010: 242］。

(18)　先述のとおり、デモクラシーを進展させるためには、人々の参加が重要な要素となる。本章で見てきたさまざまな活動は、メディアによるジャーナリズムの萌芽をオーディエンスとなる一般の人々の手で支えていこうとする試みであったといえる。

第五章　希望を生きる——政治転換期のメディアをとおした持続と変化

はじめに

本章では、ベナンのメディアをめぐる政治状況の特徴をより明確にするために、隣国トーゴの事例と比較をしてみよう。前章までの記述で、ラジオに関わるジャーナリストとオーディエンスがともに、他者との情報の共有をメディア経験の利点に挙げていた。放送を業務とするジャーナリストだけでなく、参加するオーディエンスも自分だけにとどまらない公共性をもつ情報を語ろうとするのだった。では、両国において、公共なるものをめぐる人々の語りにどのような違いがあるだろうか。公共性に関わる政治的表現の研究について、アフリカ政治学では興味深い視点の変更や拡張がみられる。どのようなものだったのか。

一九八〇年代以降「民主化」や「市民社会」論を展開したアフリカ社会の政治学では、政治アクターや選挙制度、政党、軍に焦点をあてた従来の分析だけでなく、トピックの多様化が生じていた。「政治と〇〇」における〇〇に相応するトピックが、たとえば、伝統宗教、福音派キリスト教、音楽、文学、サッカー、ドラッグ、ジェンダー、若者、身体あるいはメディアやジャーナリズムなどに広がったのである。これは、いわば政治学における人類学的視角の導入であった。いくつか例を挙げよう。

トーゴ人のトゥラボ〔Toulabor 1993〕は、民衆における権力の表象を政治権力の正当化と重ねて分析した。[1] 人々の語りに流通する愚弄表現や駄洒落、噂話によって、権力がどう嘲られ笑い飛ばされているか。面と向かってはいえない人々の表現を、むしろ彼は前景化した。また、ローカルな政治的文脈に、伝統的神話からの引用や宗教的象徴が結びつくことも採りあげた。民主化以降の政治学における、権力（人を従属させ、ある活動に動員する力）の源泉を、従来の政治領域とされてきたもの以外の文化領域の要素も含んで、彼は考察した。

カメルーン人のンベンベ〔Mbembe 2001〕は、新聞の風刺漫画などを例証にひきつつ、アフリカの統治者と民衆がさまざまな行事による饗宴化（祝祭化）で結びついていることに着目した。[2] 政府はそれへの参加をよびかけて、象徴的に人々を動員し、他方で民衆も政府の強制力を巧みにかわしたりもする。民主化以降の政治構造は、一方向的な強制力と経済的な従属から、多元的、双方向的で、無意識にまで働きかける、微妙で不安定な力関係となった。

トンダ〔Tonda 2005〕は、コンゴ、ガボンの社会学・人類学的研究において在来信仰やカルトの展開を参照しつつ、「国家」や「近代的主権」、「資本主義」といった西洋的諸範疇自体の解明をすすめる。それらは外来のものだが、アフリカ側の要素と分割不能なほどの混合体であり、アフリカ人が忌避しながらも強く魅惑される両義性が特徴だという。従来の合理性や二項対立で区分されるのではなく、ハイブリッドな場としてそれらを理解しなくてはならないという。在来信仰やカルトの信仰活動は、資本主義的な経済活動や（賃金をえる）労働と不可分なのだ。

ニャムンジョ［Nyamnjoh 2005］は、主にカメルーンの新聞メディアを事例としたアフリカメディアの民族誌のなかで、民衆を賦活し、民主化をささえるのが本来のメディアの役割だという。同時に、アフリカメディアの不十分さや負の特徴を指摘しつつも、公権力の決定を批判的に論じ、個人の理解や共同体の活動に力となるかぎりで、メディアは民主化に正の機能をはたすと論ずる［Nyamnjoh 2005］。

アフリカ人研究者が主軸となったこれらの研究潮流は「下からの政治学 le politique par le bas」と称された。国家元首や政治アクター、官僚組織などの国家運営に携わる層ではなく、市民一般のような草の根からの動きを汲み取る。政党活動や選挙、投票といった顕示的な政治行動だけでなく、市井の語りや落書き、パフォーマンスなどの表象や表現に目を向けたことを、ここでは確認しておこう(3)。民主化転換期をへて、世代交代が進む政治、自由化が加速する経済、携帯電話などの新たな情報環境にある変動期アフリカ社会で、人々の公共をめぐる語りはどのようなものとなるのだろうか。隣接しつつ情勢の異なる両国で、どのような違いが看取されるだろうか。一党制や権威主義体制からの変革期にある社会では、政治家のコミュニケーションもさまざまなメディアを用いて人々の合意を得ることが不可欠である。他方、競争化が進むマスメディアは人々の支持をえるために、民衆の対話を促す双方向番組に力を入れている。

本章は、メディアをとおした人々の言論の場に着目しつつ、二〇〇〇年代以降、政権の世代交代や人々の価値観の変化がすすむ社会で、どのように公共なるものが問われるのかを、ベナンとトーゴを比較することで探ってゆく。以下では、トーゴの紹介に重点をおいて、双方の政治とメディア状況を整理したうえで検討に進もう。[4]

一　ベナン政治における世代交代

第二章で記述したように、ベナンでは大きな変動期を経ながらも、三選を禁じた平和裡での政権交代が積み重ねられている。近年の経緯を補足しよう。

民主化を牽引したマチュ・ケレクとニセフォール・ソグロが、二〇〇六年三月の大統領選挙で出馬を断念してから、ベナンにおける政治アクター交代が進んだ。こうしたカリスマたちに替わるのは、元国会議長、民主再生党（ＰＲＤ）党首のアドリエン・ウンベジや、社会民主党（ＰＳＤ）党首のブリュノ・アムスなど政党の代表たちと目されていた。しかし、人々の心をとらえたのは彼らではなく、むしろ、西アフリカ開発銀行総裁というキャリアをへて政界の外部から参入したヤイ・ボニであった。その彼が繰り返し唱えたスローガンが、「変化 le changement」であった。国内の特定な派閥や政党に属さない彼は、もっとも過去との決別というイメージが際立っていた。結果、圧倒的得票によってヤイ第一期政権が誕生した。

ヤイ政権は国内行政や経済政策において一定の成果をあげた。だが任期後半における汚職スキャンダルによって情勢は一変する（二章）。二〇一一年にヤイは二選を果たしたが、ＩＣＣ事件のような政・官・産業界を巻き込んだ汚職事件がたびたび問題となり、人々の政治不信と政権への批判は避けられないものとなった。また、国外の経済領域でのキャリアをもつ自らと同様な人物を首相に任命するなど、二期以降の影響力維持をうかがわせる人事を行ったことについても、人々の間では不穏な空気が漂い始めた。

こうしたなか、二〇〇六年のヤイ政権発足を支えたタロン Talon, Patrice が、前面に出てきた。彼はセネガルＵＣＡＤ（シェイク・アンタ・ジョップ大学）を卒業し）、フランスで航空会社研修を経た後に実業家に転じて、「綿花王」とよばれるほど成功を収めていた。二〇一六年の大統領選挙は三三名の候補が名乗りをあげたが、ヤイ政権からの決別や脱却を鮮明に訴えた、このタロンが、決戦投票を制して新大統領となった（表13参照）。

以上の民主化以降のベナンの国政選挙を概観すると、政権交代を果たしても、議会の混乱や政・官界をめぐる汚職や腐敗がつづいてしまう[5]。そうした関係の外部にあった新参者が人々の期待を集めて当選するが、そうした元首が任期末には憲法改正の動きやスキャンダルによって退陣する。政界内の腐敗はとどまらず、ふたたび新規参入者に期待がよせられる。こうした経緯において、ヤイ・ボニとタロンとの間に明確な違いは見られない。

二　トーゴにおけるポスト・エヤデマ

世紀をまたぐ長期間トーゴ政権に君臨したニャシンベ・エヤデマ Eyadéma, Gnassingbé 大統領が急逝したのは二〇〇五年二月だった。仏からの融資やリン鉱石事業などの国家資産をもとにして経済、

表 13　2016 年大統領選挙の投票結果概況

予備選							
	ジンス	タロン	アジャヴォン	ABT	クパキ	ビアン	アムス
得票数	858,080	746,528	693,084	262,389	177,251	46,634	35,390
割合	28.43%	24.13%	22.96%	8.69%	5.87%	1.54%	1.17%
二次選							
ALIBO	153,135 ○	88,466 ×					
BORG	176,913 ○	159,567 ×					
COLL	149,102 ○	75,898 ×					
ATAC	93,566 ×	105,068 ○					
ATLA	86,376 ×	392,850 ○					
COUF	39,661 ×	171,291 ○					
DONG	55,052 ×	74,544 ○					
LITTO	57,279 ×	212,368 ○					
MONO	30,883 ×	136,480 ○					
OUEM	136,439 ×	255,657 ○					
PLATE	42,702 ×	111,977 ○					
ZOU	49,665 ×	239,371 ○					
	34.63%（2eme）	65.37%（1er）					

出所：La Nation 2016 no.6443　2016 年 3 月 08 日、La Nation no.6453　2016 年 3 月 22 日

政治上の国父としてふるまっただけでなく、彼は自らを伝説化するエヤデマイズムと称される統治を行ってきた。だが、その死後、憲法が修正され実子フォール Faure, Gnassingbé への権力世襲が行われると、国内外から厳しい非難をあびることになった。民衆のデモと軍との衝突、都市部における騒乱を逃れた国外難民の発生は国際的に大きく報道され、二〇〇五年事件 événement 2005 として今も人々に記憶される。隣国ベナンへの難民流出は二万三〇〇〇人にも及んだ。

フォールは国内の融和と統合イメージを作ろうとしたが、四〇年にわたるニャシンベ家の権力保持に対する反発は強硬であった。フォール政権は遅々としながらも国内改革を進め、ロメ市内やカラなど都市部の道路補修、村道の建設、公衆衛生や健康法の改正などを行なう。ＥＵからの経済制裁も、二〇〇四年のブリュッセルでの民主化に関する誓約をもとに緩和されていった。二〇一〇年大統領選挙は、野党は統一候補を立てられずに票が分散し、フォールが組織票を固めて六割以上を得票し、再選を果たした[6]。

写真 27　市内を行進するフォール支持派のデモ

こうしたなか、二〇一〇年五月、最大野党ＵＦＣ代表オリンピオは与党との連立を決断した。これは四七年に渡るニャシンベとオリンピオ家系の和解を象徴するものとなった。この和解について、カリスマ神話の崩壊として、人々の間には失望が広がった。だが、これ以降、独立・民主化期前後の政治アクターからの世代交代が鮮明となった。フォールは二〇一二年には旧体制のＲＰＴを解党し、新たにＵＮＩＲへ改組した。ロメ市内のインフラや国際空港の整備、順調な港湾事業などの実績をアピールし、「持続と安定のなかの変化」を呼びかけた。やがて、野党を離党しＵＮＩＲに入党する議員も現れる。民衆の側にもボイコットと分裂を繰り返すだけの野党への失望が広がった。こうした世代交代の混迷がトーゴの情勢といえる。

三　ベナン、トーゴのメディア事情

こうした両国の政治情勢に関する人々の意見をラジオ聴取者に求めてみたい。周知のとおり今日のアフリカ社会ではテレビ、インターネットの利用はもちろん携帯端末やスマートフォンが人々の暮らしに浸透している。水道や電気などのインフラが不十分でも、通信機器では、彼らはバッテリーで通話やテクストメッセージのやり取りをしている。テレビよりもラジオから多くの情報を得る。民主化転換をへて、紆余曲折へながらも、その定着を模索するアフリカ社会では、人々がこうしたメディアを用いて意見を発し、活発な情報交換を行っている。アフリカではとくに政治に関する討論は白熱するが、こうした話題は自分だけでなく、他者にも、皆にも関わるという意味で「公共的なるもの」と呼べるだろう。それゆえに討論が過熱して相互対立を生んだり、人々への影響力から、番組として当局によって放送停止処分を受ける場合もある。メディアを行き来する「公共的なるもの」をめぐる人々の声から、民意の一端が読み取れると思われる。

ベナンでは仏領統治期の一九五三年からラジオ放送が始まった。[7] 一九九〇年の民主化と前後して、政治を語る民営新聞が現れ、ラジオ、テレビも視聴者のニーズに合わせた複数民族語で放送されるようになった。現在でも放送事業の中核はベナンラジオ・テレビ放送公社（ＯＲＴＢ）だが、一九九七年以降に放送網の開放が施行されたことから民営放送が一気に増大した。二〇〇八年以降では三局のＴＶ局と七〇以上の民営ラジオ局が稼働している。

トーゴのメディアも国の近現代史とともに展開してきた(8)。一九五〇年代からラジオ局があったトーゴでは、一九六七年のエヤデマのクーデタ以降、一九九〇年の国民会議まで、新聞や放送局は政権の広報機関であった。一九九一年の軍の介入時には放送局が占拠される事態にもなったが、一九八九年以来、複数の民営新聞が発行され、政府の立場以外から市民に政治情勢を伝えるようになった。そして、二〇〇四年のブリュッセルでの誓約による報道や表現の自由が保証されたことが転機となり、二〇〇四年以降、ラジオ局数はすでに七〇局を超えている。他国と同様に新聞よりラジオが浸透しており、新聞が南部都市のロメに集中する一方、ラジオは県庁のある各地でローカルラジオ、コミュニティラジオ、宗教系ラジオなどが展開している。

写真28　ロメ市内（トーゴ）のキオスクでは、新刊だけでなく在庫のあるかぎり旧刊紙も入手できる。

先の章でベナンについて挙げたのと同様に、ここでトーゴのラジオ番組を紹介しておこう。地域の関心事を主に放送し、人々の暮らしの基盤となっている。ロメにあるラジオ局の看板番組は次のようなものだ（二〇一四年八月、ロメ市にて聴取）。

写真29　ナナFM、ロメ一番の美女（が聞く放送局）のコピー

ナナFMは一九九三年に開局した局で、ロメのアシガメ市場の近くにあり、働く女性や民衆に向けた番組で好評を得ている。番組は南部住民の話すミナ語、エヴェ語、アジャ語の放送も多い。聴取者が関心を持つテーマを取り上げ、彼ら自身が電話参加する参加型番組がある。月曜から金曜の夜八時から一〇時放送のマセヌアメ ***massenuame***「知りたいことを聞こう」はミナ語でのリスナー参加や暮らしの情報交換を内容とした番組である。ミナ語、アジャ語を話すチーフディレクター兼アナウンサーのアファニョ氏はトピックの専門家や関心を持つ人をスタジオに招いて番組を盛り上げ、人々が話しやすい雰囲気を作っている。たとえばある日のトピックは会計士の資格取得とそのための学習内容についての話だった。

このとき聴取者からの番組参加があった。彼女はフランスのル・アーヴル在住のトーゴ人留学生で、まさにフランスからネット電話をかけてきたのだ。時差は一時間ある。内容はロメでの簿記の授業との違いについてであり、学習の進度についてゆくのはそれほど難しいことではないという。トーゴではわからないところをすぐに質問していたが、フランスでは一方通行に話される。だがわからないことについてはあとでまとめて質問にゆけるので心配することはない。資格取得後はフランスでの就職活動もできるなどが話された。現在、この局の番組はインターネット配信されており、安価なネット回線を利用して海外のトーゴ人がよく参加している。トピックに合わせて番組から参加を依頼する場合もあるが、ローカル言語の放送が容易に海外のトーゴ人ともつながり、コミュニケーションの輪を広げている。トーゴは一九六〇年代からRPTの圧制が続いたため、海外在住を余儀なくされた人々も少なくない。亡命者や移民たちのあいだで人権擁護団体などのネットワークが築かれてきた。近年ではインターネット回線、SNS、テキストメッセージなどの情報環境のなかで、このように、ローカル言語のネットワークが国境を越えて展開しているのである。

写真30　テレビ・トーゴ（TVT）局内にラジオ放送局がある。

ベナン、トーゴの両国ともに、民営ラジオ局ではリスナーの声をとりあげる参加型番組が活発なのが共通している。民主化以前、国営放送が中心であったのに対して、新規参入の民放は音楽や娯楽番組、ローカル言語による地域のニュースなどで人々の参加や情報提供を呼びかけたのである。そして、二〇〇〇年代から爆発的に浸透した携帯電話は、その参加ツールとして人々に広く用いられるようになった(9)。また、参加番組に積極的に電話参加をする常連たち、ヌフントレ **nouhuntole** ＝意見する人々も、それぞれの国に認めることができる。以下ではこうした人々の声をベナンとトーゴ両国の事例において比較し、考察を深めてみたい。

四　ベナン、トーゴの「意見する人々」

先述したように、一九九七年の放送網の開放から、民営ラジオ局はリスナー参加型の番組を積極的に組み込んできた。これらは番組のホストからゲストへのインタヴューや、トピックを設定したリスナー参加などが主な内容である。こうした番組がアフリカでは人とメディアの双方向の公共空間となってきた。そして、番組の常連＝ヌフントレは、フォン、ヨルバ、ミナ語、フランス語といった複数言語を使用して番組に参加しており、多くが複数の番組をハシゴして電話をかけていた。

こうしたベナンのような番組参加者はトーゴにおいてどのような状況であろうか。以下では両国での「意見する人」を比較し、政治状況への対し方を検討してみたい。

トーゴは一九六〇年代からＲＰＴの圧制が続いたため、国外移民のあいだで人権擁護団体などのネットワークが築かれてきた。エヤデマ旧体制が続く国内では、政権の世代交代があっても、人々には猜疑心が残っている。旧体制での言論統制や物理的な拘留の記憶はまだ生々しい。ベナンと同様なトーゴの参加型番組の視聴者を捜しても、多くは匿名であり、複数のジャーナリストの紹介をたどっても彼らに接触することは困難だった。だが、ロメ在住の有志たちからは次のような発言が得られた。

「私はエヤデマと旧体制を知っている世代だ。一九六三年一月一三日の独立英雄オリンピオ暗殺事件も知ってる。かつては話自体が許されなかった。だが今では意見することができる。これはたしかに前進だ C'est un grand pas。だが、これでは変化 changement はない。言論の自由は大事だ。だからそれを促そうというのだ。恐れている者のなかにも、我々（がラジオで発言するのを）を良いといってくれる者もいる。我々は互いによく知っている。でも恐れはしない。だから（ラジオに電話して）介入 intervention しているのだ。トーゴをこのままにしておけない。これからの世代にとっても」（六五歳男性、元通信技師、視聴者参加番組参加者）

また、熱心な番組リスナーでもある情報系専門学校教師は、次のようにトーゴ政治について語る。

「トーゴは民主主義にあるし、複数政党制にもとづいてはいる。だがゲームの規則が完全には伴っていない。政治クラス classe のなかで断絶してるようなものだ。野党はシャドーボクシング box contre des ombre しているだけだ。あるべき政治的ゲームに入れてもらえないから、改革はいつも効果がない。[…] ある者がこう言い、別なのがこう言う。だが折り合わないし、対話もしない。[…] そして気になるのは若い世代が政治に関心を持たないことだ。年長の者がいつも仕切っていて、若者は年長者が政治を自分たちにするものであって、自分たちはそのなかに入れてもらえない（政治は年長者が仕切って、若

写真31　トーゴにおけるヌフントレたち、言論の自由を主張する。

者に従わせるものであって、若者には決定権はない……筆者補足）と考えている。昔の世代は去って、新しい世代が出てきているが、実際には政治の場に入っていない。真に政治の場に入れないのだ。ここでは世代が替わっても、政治の議論はあらゆるレベルには成されていない」（五〇代男性、専門学校教師）

このような発言からも言論に関する人々のあいだの閉塞感を読み取ることができる。トーゴではエヤデマから引き継いだ派閥はいぜん多数派であり、四〇年以上同じ政治勢力が政権を独占しているからだ。だが慎重でありつつも、発言し続けること、対話することの重要性を彼らヌフントレは指摘する。若い世代について述べているように、トーゴ政治を語ることは広く、みんなに関わるべきもの、公共なる事柄と考えられている。

写真32　カナルFM（ロメ市内）

他方、ベナンの「意見する人」からは政治に関して次のような意見があった。

「ベナンの民衆は政治家出身に飽き飽きしていて、変化（する方）を選ぶ。ベナン人の性格としてとても移り気で、ある人物が無能であるとわかるとすぐ見捨てて批判しだすのだ」（家庭教師、五〇代男性）

ベナンではケレク、ソグロといった民主化転換期のリーダーが政治シーンから退場し、実質的にも世代交代が進んでいる。だが、政権交代に関して上記のような不安を述べる者もいる。そして、新たな指導者をえた二〇一六年大統領選挙については次のような談話が得られた。

「タロンを選んだのは、変化に期待したからだ *do mi do changement*。前任者が一〇年やったのち、タロンがどのように導いてゆくかを見てみようということになった。〔…〕彼はいろいろなことをしっかりと説明した。それは民衆に通じるものだった。〔…〕たしかにヤイのはじめの五年の間は物事がよくなった。悪いこともしなかった。毎年数百万の税金をかけて、経済再建を行なった。だがヤイはその痛みを繰り返す *mi bo mi nan gni me xixo*。そして一〇年間続けることになった。ソグロのときと同じように彼は出てゆくことになった。だから今度はタロンを選んで、どうしてくれるか見てみることになった *mi na so TALON to nan kpo de nan guider*。タロンがうまくできなければ五年後にまたヤイに戻すかもしれない *mi si le gnin*」（食品雑貨商、ヴォドゥン信徒(10)）

政界の腐敗や景気の不振から、新規な人物への交替がベナン政治では繰り返される。最後の女性の発言では、彼女はタロンが変化をもたらすと信じて票を入れているが、さらに、新大統領が選択肢の一つであり、不満があれば他に替えるとも述べている。これはソグロ、ケレク、ヤイと平和裏での政権交代が行われてきた、ベナンの実績にもとづくところが大きい。民意をはかる選挙によって、政権は交代するし、間接的だが民意は政治に反映される。選挙人名簿や選挙管理委員会によって、いまや大規模な不正はされにくい。こうした条件が、トーゴとベナンとの大きな差異と考えられる。ベナンに対してトーゴでは、状況ははるかにデリケートである。世代交代をむかえても、政権交代はほぼ望めない。閉塞感のなかでも、ヴィザの受給や事業の許認可、公共事業の受注などをめぐって、トーゴ民衆は現政治体制と折り合いをつけていかざるをえない。それゆえ、政治への展望はある限定された範囲のものになる。

五　変化への対し方

本章では、ベナン、トーゴの政権交代をめぐる体制転換、非転換をふまえて、両国の視聴者参加番組とオーディエンスの状況を紹介してきた。[11] ベナンの不満の電話などは、民主化と言論の自由を背景として活性化してきたといえる。だが、単に政治制度上のそれと異なる民主化が、人々の暮らしのなかに浸透してきている。本書はそれを、友の会のつながりや不満の代行業など、参加番組に関わる人々の実践に読み取ってきた。彼らはとりわけ政治の話題に熱が入るのだ。

米国の文化人類学者ピオットPiot, Charlesは人々が意にそぐわない不都合な過去に対して、それとなりかわる未来の到来を待ち望むトーゴ人の心性を'Nostalgia for the Future'と呼んだ。彼はこういう。

「（本書が示すのは、）トーゴ人が政治的かつ文化的にも不都合な過去と替わる未来を待ち望んでいることだ。こうした待望はキリスト終末論や脱出への普遍的希求だけでなく年長者を措いて若者を歓迎する多くの発展主導においても表象される。また、それが喚起するのは時の不整合な同時性であり、それは過去と交換される未来のみならず多様な主権者が支配的地位をとろうとする時の同時性なのだ。〔こうした〕現在の二側面、人々の創造性に関心をよせて、現在時点のあまりにリアルな喪失を過少化すべきでないし、あるいは危機のもとで生き抜くことの意味をロマン化すべきでもない。むしろ、トーゴ人が今日が良き日であること、さもなければ明日が良くなろうとイメージして生きている、そうした世界を認めること」〔Piot 2011: 19-20〕

写真 33　カナル FM、新聞レヴュー番組放送中

ピオットは人々が失望した過去よりも、不確定でとらえどころのない未来に望みをたくすという。トーゴにおいて、自由で平等なデモクラシーと呼ばれながら、経済的には従来のコネクションが維持され、それ以外のものは排除される。政治的決定権についても、特定の政治サークルが独占し、それ以外のものは交渉の場にさえもつけない。この状況は世代交代してもなお続き、変化を望む次世代たちの待ち時間がただ延長されてゆく。規範科学である政治学の見かたでは、こうした現状の是認は政治的アパシーとされて省みられない。

しかし、人類学や社会学ではむしろそれを認めようとする。たとえば、ブルデューは転換期フランスの若者の職業選択において、不確定であいまいな現状や未来をかりそめの猶予と捉えて、現状から想定される限界を先延ばしにする、取り違えの誤認をアロドクシアと呼んだ[12]。あるいは、フィジー諸島スヴァヴゥの人々が過去についての知識の方向性を未来へと反転させる認識手法として、人類学者の宮崎広和は方法としての「希望」を論じた［宮崎 二〇〇九］。こうした概念化に共通するのは不確実な未来や不透明な未来に対処する技法―構えともよべるものである。

そして、不安や不確実性への対し方は、むしろ、多くの社会において認められる。グローバル化以降の世界でも、投機的経済やずさんな金融政策、失業になやむ人々がいる社会では、ヨーロッパでもアジアでもほぼ共通して認められる。不安に抗して、自らが、将来への不確実性と可能性に、ともに開かれたものとして捉えかえすこと、それは実践的、認知的だけでなく霊的に自らを位置づけなおしもする。同時に人々はこの閉塞が恒久的な状況となると決めてはいない。それゆえに、たとえば、ベナンやトーゴの民衆は積極的に番組に参加するのだ。現在のたんなる延長や帰結が未来なのではなく、まずもってそれは構築されるものである。いずれにせよ、未来の閉塞に抗して、希望や展望を担保する認識の技法は、社会学や人類学によって受け止められる。規範科学のように目に見える政治活動だけを対象とするのではなく、不確実性における認識を転換して今日を生き抜く、人々の語りや表現を人類学は、むしろ前景化する[13]。

本章冒頭にしるしたトゥラボやンベンベ、ニャムンジョといったアフリカ人政治人類学者による「下からの政治学」は、示威活動や投票行動などに明示的にはむすびつかなくとも、権力者の揶揄や戯画化といった言語表現や図像などにおける政治的意味を取り上げた。それらは噂話や駄洒落、冗談、落書きなどと表現方法が多様化しており、直接的な行動や動員に現れる以前の政治の胎動が読み取れるものであった。本章でとりあげたヌフントレ nuhuntole の発言は、一見すると現状への不満の発散やうっ憤ばらしにとどまっており、必ずしも政治的動員として顕在化するわけではない。だが、不満の考えを共有する場を、メディアが作っていることは確かである。ベナンにおける友の会は互いに認知することで発言者の安全を保障する機能があるし、トーゴのそれも発言者たちが孤立することを防いでいた。彼らは「恐れはしない」と言いつつも、発言自体が困難なトーゴの状況では横のつながりが大きな支えとなっている。さらにベナンの参加番組においては、人々の発言がある種の暴露趣味やビジネス化といった商業主義を帯びるまでに至っている（第四章参照）。

ベナンでは初等教育の無償化やマイクロクレジット（小口金融）、トーゴではヴィザの発給やインフラ整備など、政府の政策はみえるかたちでも民衆生活に介入する。人々はマスメディアや携帯端末をとおして国内の遠隔地の住民や国外のディアスポラとさまざまな情報をやりとりする。そうしたなかで、ベナンでは交代劇の繰り返しも変化の持続として期待され、トーゴでは政権の持続に従いつつ、人々は暮らしのやりくりにしたたかといえる。政権批判が厳しかったトーゴ人記者も今日では与党党員となっていたり、閣僚、官僚の人脈をつねに探っている。また、二〇一二年のＵＮＩＲへの改組によって野党から所属変更する党員が続いている。他方で、政権側は、ベナンでは政権交代することで変化し続けること、つまり変化の継続を訴え、トーゴでは安定政権の持続における変化を人々に呼びかける。市民、メディア、政治アクターそれぞれにおける、「変化」と「持続」をめぐるこのような語りや、「かけひき」に注視することで、単に現状へのアパシーに回収されない彼らの生活実践が浮かんでくるはずだと思われる。

注

（1）［Toulabor 1992］は、たとえば、次のようなトーゴの事例を挙げる。人々は独裁者の姓であるニャシンベGnassingbéを、フランス語のつづりから大きなサルGrand Singeと読み替えたり、与党RPTをフランス語読みの屁の匂いair pétéと発音して、権威を貶めたりする。

（2）［Mbembe 2001］は例として、シンポジウムや催し物、記念行事などといった、政治活動とは従来無関係とされてきた行事をひき、その動員や一体化などの意味を論じる。

（3）［Nyamnjoh 2005］を参照。

（4）一章で述べたベナンと対照して、トーゴの基礎的地誌情報を記載する。人口は約六三〇万人（二〇一二年）、北緯六―一一度、東経一度に位置する、やはり細長い国土をしている。降水量はベナンとほぼ同じく、九〇〇―一三〇〇ミリである。主生業として、綿花、ココア栽培のほかに、リン鉱石、鉄鉱石が鉱物資源としてある。主要エスニックはエウェ、ミナ、カビイェであり、ベナンのフォン―アジャと南部民は会話可能であるため、頻繁に交流がある。植民地被支配としてドイツからフランスの統治へという複雑な歴史を持つ。

（5）アフリカの現実でもある汚職や腐敗については、［Apter 1999］、［Comaroff & Comaroff 1999］や［Adjovi 2003］などを参照されたし。［Apter 1999］では、ナイジェリアの犯罪法四一九条とＩＢＢ（イブライム・バダモシ・バダンギダ）と略称された大統領の金権政治についての事例研究を行い、「幻影の政治学Politics of Illusion」という概念から分析を加えている。

（6）ベナン人記者［Kékou 2010］がベナンの選挙について、トーゴ人記者［Tété 2012］がトーゴの選挙について報告している。社会に対しての批判的考察は重要だが、愛国心ゆえであろうか、彼らの記述や表現はときに感情的になりすぎてしまっている。

（7）［Frère 2000］、［Allagbada 2014］を参照。

（8）［Vondoly 2015］を参照。

（9）参加型番組や市民参加の報道について、世界の他の地域との比較として、［Ninan 2009］、［Bessire & Fisher 2013］などが参考になる。

（10）ヴォドゥンとはベナン、トーゴなどギニア湾岸地域で広く浸透する在来信仰であり、その神格の呼称である［Amouzouvi 2014; Tall 1995a, 1995b, 2014; Forte 2009］。次章で詳述する。

（11）両国の大統領選挙およびメディアの時系列的、物理的情報については、［Kékou 2010］、［Tété 2012］、［Allagbada 2014］、［Vondoly 2015］などを参照した。

（12）［Bourdieu 1984］を参照。終章において詳細に論じる。

（13）［Cooper & Pratten 2015］を参照。終章の主題となる。

第六章　信仰をつなぐ

――キリスト教、イスラム教、在来信仰ブードゥにおけるメディア

はじめに――宗教とメディアという問題

本書はアフリカ社会のメディア、とくにラジオがどれほど浸透し、人々の生活実践をどのように支えているかを民主化という政治変動を背景としてみてきた。それは、メディアをとおして人がどのように社会と接し、関わりを持つかを探ることだった。そして、番組参加のあり方をとおして、人々が社会に対してどのような思いや考えを持っているかをみてきた。とりわけ、政治情勢をどう捉えて、どう発言しているかをみてきた。だが、アフリカ社会におけるメディア理解には宗教の関わりを見落とすわけにはいかない。本章では宗教的表象がメディアをとおしてどのように表現されているかを検討しよう。

近代化とキリスト教化が並行して進んだ国々では、新聞、ラジオ、テレビそれぞれに専門誌や専門局があり、日本のような週末早朝の一定時間のテレビ枠だけを占める状況とはまったく異なる。週末や祝日の朝にはニュースやトーク番組よりも、厳かな聖歌が流れ、人々の悩み事相談に説教師が答え

る番組が放送される。イスラームのラマダーンの時期には日々の過ごし方や食事制限の仕方などが解説される。

しかし、伝統性を象徴する宗教と近代テクノロジーの産物である電子メディアはほとんど相対立し、なじまないものだと、かつては考えられていた。メディアは宗教において秘匿されていた情報をつぎつぎと公開し、その深遠さを失わせつつも、神聖なるものは伝統文化や歴史遺産としてのみ存続してゆく。[1]このような、一九七〇年代前後のモダニストや世俗化論における予測は、対抗文化やニューエイジといった潮流によって見直しがなされたが、当時は限定された層の人々がなす一現象とするにとどまっていた。そこでのメディアとはビデオやカセットテープなどの単体の媒体であり、アメリカにおけるTV映像を使用したキリスト教伝道（テレヴァンジェリズム Televangerism）は特殊例とされていた。だが、一九九〇年以降のグローバル化やインターネットの広がりによって、コンテンツは万人がアクセスできるネットワーク上に置かれることになった。

こうしたなか、二〇〇一年のいわゆる九・一一事件以降、民族や文化の対立が深刻化する事態になった。世界各地で宗教復興の動きが顕著となるなか、宗教的ファンダメンタリズムとエスニックな対立とが結びついた暴力的な衝突が生じた。それがメディアの映像に流れることで、多くの人々が関心をもち、感情をゆさぶられた。メディアの宗教的表現に多くの人々がアクセス可能となったことで、公共圏としての宗教や宗教の公共的役割（公共性）に関心が寄せられるようになった。[2]グローバル化とメディア技術は遠く離れた場所に直接的なつながりをもたらし、それはまた精神的、宗教的に超越する他界と現世を結びつけようとする人々の欲求とパラレルに存在する［Mazzarella 2004：346ff; Eisenlor

2012; Schulz 2012］。携帯端末が浸透するアフリカの村落部においても、事情は同様である。マスメディアのうち、ラジオ放送は誰もが聴取可能であり、教会やモスクが運営する放送局や、インターネット配信はいたるところでみられる。それゆえ、メディアを通した宗教の公共性がアフリカにおいても問題化してきたのである［Meyer & Moors 2006; Mudhai, Tettey & Banda 2009; Gifford 1998］。

本章では、メディアをとおした宗教表象の影響力や、宗教表象の公共性などを、具体的事例から検討していこう。以下の論述では、この問題系に関わる世俗主義批判、イスラーム的公共論からアフリカ宗教論へ接続する議論をたどる。それをふまえたベナンの事例研究として、メディアと伝統宗教ブードゥとの相互の関わりを考えていく。

一　宗教の公共性と世俗化

宗教をめぐるメディアと公共性についての理解を深めるために、世俗主義をめぐってかわされた近年の議論をたどっておこう。これは宗教表象に公共性を認めるべきか否かという問題に議論の枠組みを提供した機会だったからだ。

公共性とは国家、政府や法などに代表される世俗社会の性質であるが、宗教はこれらと分離されるものとされ、私事的な、個人的な事柄だとされてきた。こうした世俗主義の原則は公と私のあいだや世俗と宗教とのあいだを分割する。だが、公と私の領域を分離し、世俗と宗教とが区分されるのは歴史的経緯によって生じてきたのであって、その基準も普遍的、絶対的ではない。サウジアラビア生まれの人類学者タラル・アサド Asad, Taral は社会学、政治学で交わされた公共圏論における公と私の区分から、世俗と宗教の問題を深く検討し、人類学、宗教学を政治学や社会哲学のアクチュアルな領域に架橋した。本節では、この議論を誘発した宗教社会学者ホセ・カサノヴァ Cassanova, Jose の公共宗教論を整理したのち、アサドの議論を追ってみる。

ウェーバーに遡るモダニストの世俗化論は、社会の近代化が進むことで宗教は私事化し、衰退化してゆくと論じていた。私事化は西洋史においては、プロテスタント改革や公会議などをへて、カトリシズム、プロテスタンティズムの信教を個人が選択可能とすることで生じてきた。世俗化はこうしたキリスト教史を背景として、公的、私的の区分を前提とする。ホセ・カサノヴァ〔一九九七（一九九四）〕は、世俗化をさらに分化、衰退化、私事化の三つに再区分したが、社会の機能分化によって宗教がサブシステムの一つへと分化する説を受け取り、衰退化と私事化は妥当しないと論じた。西欧、北米、南米の事例では、宗教が周縁的で私的な役割にとどまらず、むしろ国家や政治社会、市民社会などの公的領域に介入しているからだ。

宗教が国家に介入するのは、たとえば、イギリスの国教会や、スペインのスペインカトリック教会において見られる。市民社会においては、妊娠中絶反対運動に積極的に関わる宗教団体などの事例があげられる。カサノヴァは近代市民社会の公的領域を補完するものが「公共宗教であると定義した。そして、西欧において確かに私事化は看取されるが、それは歴史的なオプションの一つであって、世界の宗教は私的領域にとどまるのでなく、むしろ論争や討議などによって公的領域に参加していく脱私事化 de-privatization のプロセスを進んでいると主張した。

これに対してアサド［二〇〇六（二〇〇三）］はカサノヴァの考察が西洋中心主義的であると批判し、そもそもの宗教という概念自体がキリスト教的文脈に依存していると指摘する。中世キリスト教史を遡れば、この概念は法や制裁、社会制度や訓練などをとおした権力によって構成された語である。「世俗」概念も「近代の生活におけるある種の行動、知識、感性を寄せ集めた」概念にすぎず、それはまた、「世俗主義という教理の一部」をなす。キリスト教神学言説の一部に世俗という概念があり、それとの対応関係のなかで宗教概念が構成されてきたのだ。宗教も世俗もこうした権力構造の産物なのだから、いわゆる政教分離の前提をなすその二分法自体が、きわめて西洋中心的な概念図式なのである。

これをうけてカサノヴァ［二〇一一（二〇〇八）］は自説が西洋偏重の事例研究であり、公共宗教の定式化も、西洋リベラルな理論にもとづく市民社会の公的領域に限定していたと応ずる。だが、公共宗教はおもに国家や市場に対抗し、伝統的生活世界を守るためのものであり、近代社会における共通の規範構造＝共通善のよりどころとなる。そのうえで、近代リベラリズムにある現代政治と宗教とが、いわば公共性をめぐって歩み寄ることを、彼は提唱する。

「宗教的権威は、［…］、民主的に選ばれた政府の自律性にたいして「寛容」でなくてはならない。逆に、民主的な政治制度は、［…］（宗教側が）かれらが自分たちの価値観を市民社会のなかで提唱し、政治社会のなかで組織と運動を後援するための完全な自由においても、彼らの自律性にたいして「寛容」でなければならない」［カサノヴァ　二〇一一：三五九］

一方、アサドはカサノヴァのいう世俗化論の分化説にも批判をむける。世俗主義、リベラル民主主義、国民国家などの特徴をもつ近代というものは、政治、経済、科学、教育などをそれぞれ自律した領域として分節化する。これらは人の誕生から死にいたるまで、生のあらゆる側面を定義づけ、秩序づけ、規制しようとする。アサドは国民国家という制度がさまざまな活動、すなわち教育、保健、余暇、労働、正義、戦争とともに宗教を明確な境界線を引いて分類し、規制しようとすると述べる。ならば、あらゆる活動が政治化を余儀なくされるなか、宗教が加わる公共領域の討議や言説自体も不変なままではありえない。宗教と世俗とは公共性をめぐって闘争するのではないか。

「近代国民国家は、個人の生のあらゆる側面を［…］規制しようとしている。そのため、宗教の信者であろうとなかろうと、誰一人としてその野心的権力との出会いを避けることができない。［…］あらゆる社会活動が、法の、それゆえ国民国家の、許可を必要としている。社会空間を定義し、秩序づけ、規制するやり方は、社会空間のすべてを等しく「政治的」なものにする。［…］イスラム主義が国家権力に傾倒しているのは、［…］正当的な社会的アイデンティティと活動の場を形成せよと、近代国民国家に強要されているからである」［アサド二〇〇六：二六〇―二六一］

アサドは国民国家に代表される近代の諸制度ゆえに、いかなる活動も公共＝政治に関わらざるをえないという。「私的なことは政治的である」というテーゼと同様に、性や余暇、労働、病や身に着けるスカーフなどまで、その問題の所在に声を出してプラカードを掲げるような、公共の場で承認を求める政治活動にならざるをえないと彼は言うのである。公共性は宗教と世俗が相克するアリーナとなることをアサドの議論は明らかにした。彼の議論はまた、宗教学、人類学の領域に政治学や社会哲学などの隣接諸科学の議論を架橋し、学際的な論争を引き出した。二〇〇〇年代初頭から熱心に論じられたこの主題は、社会状況と対応していた。九・一一からアフガニスタン、イラクへと展開する暴力の連鎖のなかで、宗教と公共性は、宗教学や政治学といった個別のディシプリンを超えて、学際的な検討が要請される課題となったのである。[3]

二　ポスト世俗化とイスラーム的公共

アサドが論じたように、世俗領域に属するとされる公共性は、イスラームという文化や地域を対照することで、西欧的前提が相対化された。そこではクルアーン、ハディース、シャリーアなどが記されるように、文字を用いた印刷メディアが充実している。そして、音声や映像を伴う近代的電子メディアは、このコンテンツの影響力や利用者をいっそう拡大した。それはイスラームの生活と歴史において重要な実践とされる金曜礼拝の位置づけも変えている。サウジアラビアではこうした礼拝やイスラーム大学での神学講義のなかで批判的精神に富んだ説教が行なわれる。これがカセットテープなどのメディアの流通によって繰り返し、より多くの聴衆が聞くことが可能となったのである。この内容では西欧とは異なる公共性や共通善が論じられるため、イスラーム的公共と捉えられる「公共なるもの」は多くの人々に浸透するようになっている。アサドとアサド以降のイスラーム的公共の議論を追ってみよう。

アサドは次のような歴史的な具体例を挙げていた。たとえば、一九九〇年代、湾岸戦争期の米軍駐留を発端として、サウジアラビア王国の国王に対する、説教師たちの批判があった。しかし、この政権批判は、イスラームの文脈ではナシーハ *nasiha*（神の教えに則り、ある人のためを思っての率直かつ誠実に与える忠告）として公開書簡が印刷され、国中に配布された。その内容は公共の富の公正な分配や個人と社会の諸権利の保証などを含んでいた。ところが、国王とその支持者側はこの批判をナシーハとはせず、人の誹謗・中傷としてのギーバ *ghiba* だとして道徳的な反批判をした。だがナシーハの公表によって公共空間が生成し、それは公開の神学的議論の場となったのである［アサド　二〇〇四：二一七―二二二］。

宗教的議論は不寛容であり、世俗的議論よりも柔軟性を欠くという批判がある。だがそれは妥当ではない。むしろ時代を経るにつれて柔軟な変容を経験してきた。アサドは、宗教的議論の柔軟性や創造性を指摘するとともに、イスラームの伝統が批判的推論や公共的議論の行われる基盤となっていることを論じた。世俗主義の確信が揺さぶられる、ポスト世俗化社会（ハーバーマス）の現代では、だから、世俗化とは実はヨーロッパ的なものであり、決して世界標準ではないと気づかされる。それは政治的な判断にも影響をおよぼす。たとえば、多文化共生に寛容な文化相対主義の立場は、もともと文化的マイノリティをまもり、同化の強制や文化のはく奪に反対していた。だが、メディアで流れるイスラーム過激派のテロ報道によって、マイノリティを擁護し文化帝国主義を批判していたこの立場が、啓蒙原理主義と和合し、自らの価値観と安全保障のために戦争を支持するようになる。このように、自らの価値観が相対化されることによって、むしろ以前と正反対の排他主義が生じてくるのである。

いずれにせよ、世俗的理性にもとづく公共圏について、その西欧偏重性を相対化する議論が、アラブ圏の社会環境の変化を背景に目立つようになる。こうした問題意識をもった論集に［Eickelman & Anderson 2003］がある。同書によれば、初期イスラーム世紀においても、為政者による公的（official）領域から自律した宗教的公共圏が、教養層や法学者らのなす特別なものとして存在したという。たとえば、八三三年の審理法廷において、当時のカリフにより、クルアーンは作られたものだという信念を受け入れるようにと判じられたが、その後一五年も反対派によって紛糾したのち棄却された（八四八年）。その後、公共領域においては教養人ウラマーの役割が高まったという［Eickelman & Anderson 2003: 2f］。

アイケルマンとアンダーソン Eickelman, Dale & Anderson, John は自らの家族や部族の利害を超えて、ムスリムのもつべき目標が、イスラームの規範的言語で語られることが近年多くなってきたという。そうした語りや議論の場を、彼らはムスリム的（イスラーム的）公共と呼ぶ。アラブ―イスラーム圏では、一九九〇年から二〇〇〇年代にかけて、とくに報道メディア、ビデオ、インターネットなどへのアクセスの変化によって、互いのコンタクトが迅速、柔軟になり、従来型権威や国家体制、民衆と断絶した一部富裕層へ対抗する語りが流通していた。こうした語りは宗教的、政治的、社会的領域を横断していた。加えて、イスラームの活動でもモスクの増設やイスラームの教育機関の各地での展開など、公的領域や政治的領域への積極的な働きかけが見られる。メディアを通した宗教表象や世俗主義をめぐるイスラーム的公共（Muslim Public）論の高まりとともに、公共圏と宗教についての優れたモノグラフが提起された。

エジプト、カイロにおける説教のカセットテープ流通についてハーシュキントHirschkind, Charlesは詳細な民族誌的資料を提示した。さまざまな階層の人々が繰り返し説教クトゥバを聞くようになった音環境サウンドスケープの記述である。すなわち、カフェにおける音響スピーカー、仕立て屋や修理工の仕事場のラジカセ、相乗りタクシーやミニバスでドライバーがかけ続ける説教テープなどだ。彼によると、これらは教義の流通とともに身体や情念にもふれるイスラーム実践と捉えられる。テープを聞くという行為が国家や伝統的な権威となるイスラームとは異なる、だが真のイスラームや共通善を問い直す対抗公共圏 Islamic counterpublic であるともいえる。イスラームの教義を理解する機会をカセットテープが助長したと解釈するよりも、テープを聞くことがむしろ倫理的な修錬であり、敬虔な主体を作り上げる日常実践なのである［Hirschkind 2003］。

また、エジプトで同じ頃にフィールドワークをしたマフムード Mahmood, Saba の民族誌は、政権掌握や変革をめざす政治活動ではなく、倫理性や敬虔さを重視した自己修養の実践も、公的な政治性をおびた社会運動だと主張する。敬虔運動に参加する女性たちは祈りの欲求をもつように、毎日の礼拝に勤しむ。これは神への畏れという重要な美徳を習慣化するための訓練といえる。こうしたムスリム女性の敬虔な振る舞いや男性への処し方の事例から、敬虔な行為が意図せざる政治的効果をもちうると論ずる。宗教的な行為と世俗的政治的な行為とは区分されるものでも、対立するものでもない。マフムードはまた、調査時以降に展開したアラブ革命や二〇一一年のムバラク政権崩壊のあとでも、なお草の根からの敬虔運動の意義を主張する。すなわち、SNSやフェイスブック、ツイッターなどの新たなメディア環境が、社会活動への有効な方法となるとし、あわせて草の根の敬虔の政治の意義を指摘し、三〇年におよぶ体制を実際に転換したエジプト民衆の実践を高く評価したのである［Mahmood 2005: 18］。

このように、アラブ・イスラーム圏では、説教をおさめたCD、DVD、インターネットを介したコンテンツの流通という現場の状況が、宗教実践によるメディア公共圏の議論をほとんど不可欠にしている。アラブ・イスラーム圏では、いわば新たなメディア環境によって、宗教の公共性が前景化してきたといってもよい。世俗主義をめぐる議論は、西欧的な公共圏論にイスラームという参照枠を挿入し、多文化社会やグローバル化する現代における公共性へと視野を拡充する議論となった。確認しておきたいのは、序章の公共圏―市民社会論では、西欧社会における公／私の区分の政治性を批判して、マイノリティや女性といった項目をたて、その再編を論じていたことだ。それに対して、本章の議論では、世俗と宗教を公／私の区分とする世俗主義の政治性が問題とされたということである。いわば、一九八〇―九〇年代の公共圏をめぐる社会哲学―政治学的議論と、二〇〇〇年代以降、世俗主義をめぐっての宗教学―政治学的議論とが、互いに論点を共有しつつパラレルに展開していたのである。

ポスト世俗化社会における宗教と世俗主義論争はアメリカやヨーロッパ各地で多発するテロ事件を背景に、宗教の公共性という論点を前景化した［De Vries 2008 ; Sullivan, Hurd, Mahmood & Danchin 2015］。そして各地の対立や暴力を表象化し、人々の情動をゆさぶるメディアの存在もまた、この問題を考える上で見落とすことはできない。では、本書が対象とするサブ・サハラアフリカ社会では上記の問題系はどのように展開しているのだろうか。次節で検討したい。

三　アフリカ・メディアと宗教——媒介 mediation としての宗教へ

アフリカの宗教研究は、一九九〇—二〇〇〇年代に「妖術モダニティ論」なる一連の妖術研究の勃興を機にリバイバルを経験し、英米圏ではシカゴ大の文化人類学者コマロフ夫妻 Comaroff, John & Comaroff, Jean、仏語圏では政治学者バヤール Bayart, J-F. らのアフリカ政治 Politique Africaine 誌寄稿者を中心とした論集が次々と刊行されてきた［近藤　二〇〇七、Moore & Sanders 2001; Comaroff & Comaroff 1993; 1999; Bayart 1993; Constantin & Coulon 1997］。そして、宗教を近代化やグローバル化の構成要素として捉え返す一連の議論のなかで、宗教とメディアという領域も果敢に切り拓かれてきた［De Vries & Weber 2001; De Vries 2008 part VI; Engelke 2010］。先述のとおり宗教の聖性と対立する電子メディアから、むしろ、人々の宗教実践をつなぐモノとしてのメディアという議論が重ねられてきた。マリ、ガーナやナイジェリアなどの西アフリカ地域においても、福音派キリスト教会やイスラームがラジオやカセット、ＤＶＤ、ＴＶ放送などを積極的に取り入れ、多くの信者を動員している。マリとガーナの事例を参照しておこう(4)。

シュルツ Shultz, Dorothea によれば、マリでは一九九〇年代から世俗国家に抗する複数のムスリム対抗公共圏が展開している［Shultz 2012］。なかでもシャリフ・ハイダラが主導する民衆カリスマ派イスラム運動では、メディアの宗教放送の働きがムスリムというアイデンティティ構築において重要だった。マリの公的な議論では政府側の世俗性をイスラーム的公共から分離するよりも、イスラームの議論に分断をもちこむ排斥的なものだった。ハイダラはこうした政治領域と距離をおいたために成功したといえる。彼は一九八〇年代中葉からラジオ番組に出演するなどの公の場に現れ、それとともに、彼の説教のビデオやカセットテープが急速に「正しい信者」に広まっていった。こうしたメディア販売やラジオ放送を巧みに用いることで、彼は幅広い信者層に接するようになった。ハイダラは民族性だけに固執するのでなく、自らの信念を公にするよう奨め、それを口頭で説得するのではなく、映像や放送によって人々に伝えた。このように、マリではムスリム活動家が自らの宗教的アイデンティティを表明するだけでなく、公共放送などのメディアにおいて宗教的アイデンティティの意義を主張し、創造するようになったという。

キリスト教の事例をメイヤー Meyer, Birgit から読み取ろう。一九九〇年代以降、ナイジェリア南部やガーナのカリスマ派、ペンテコステ・キリスト教会は電子メディアを利用して布教活動を積極化させている。メイヤーが論ずるのは、ペンテコステ教会が公共の場に参加したり、メディアをとおして発言や行事の様子などを広く発信するなかで見てとれる変化である。この時期は世界銀行の勢力下で国家主導のメディアが自由化され民主化転換が進んでいた。ペンテコステが公共圏に積極的に出てきていたのは、民主化転換によってメディアの自由化と商業化が進み、国家の規制に妨げられないようになったためだという。一九九〇年代以降、急速に発展したビデオや映画産業においてペンテコステに関連したものは増大し、その思想やイメージが利益を生み出すコンテンツとなっている。これらは

写真34　天上教会（Eglise Christianisme Celeste）の放送局のアレルヤFM（ポルト・ノヴォ）

しばしば娯楽性に富み、教会と映画、奇跡と特撮、娯楽と奉仕活動がきわめて近いものとなっているからだ。幻視や透視を通してもペンテコステのイメージが人々に浸透している。その広がりを懸念する牧師や信者からの批判もあるが、娯楽化様式ばかりが浸透するような単純な現象ではなく、聴衆が求める形式へとペンテコステが宗教を変革し、活性化していることは確かだという［Meyer 2006］。このように、イスラームをめぐるメディアは宗教実践のアイデンティティが問題となる傾向があるのに対して、キリスト教系では大衆化や商業化によって信者を動員することが問題化する。いずれも世俗化や宗教の衰退化を反証する事例となっている(5)。

ペンテコステの広がりは世俗と宗教の区分を揺さぶる。ガーナは一九九二年、世俗国家であると憲法の条文で明記され、宗教組織はＮＧＯと同様に登記することが必要となった。ところが、現在でも選挙において自らの当選を願う政治家たちが伝統宗教司祭に頼んで霊力jujuを授けてもらうのはよくあることである。公共宗教としてのキリスト教牧師と伝統宗教司祭は宗派をめぐって競合しようとも、「霊的なるもの」が世界に埋め込まれており、あらゆる領域に影響を及ぼしているという考えは共有している。それゆえ、牧師は自らの教区の教会運営が好転することを願って、伝統宗教司祭のもとに相談に訪れる。つまり、霊的／物質的領域の区分や宗教（伝統司祭）／世俗（政治家）領域を二項対立的に捉えることはできないのが現代ガーナなのである［Meyer 2012］。

メイヤーはさらに、宗教とメディアの研究をそれぞれ別個のものの結合ではなく相互に重なる領域として理論化する。それが媒介作用 mediation として宗教を理解することである。超越的なるものと人間とのあいだには越えがたい距離がありながら、祈りや儀礼、憑依によって交感する。むしろ、こうしたさまざまな表象化や物質化などの媒介の実践として宗教をとらえ返す。それは、宗教的実践者や他界、物質、技術、メディアなどもろもろのあいだの相互作用プロセスである。超越的なるものはそれ自体啓示するのでなく媒介 mediation プロセスによって形成される。そして、メディアと媒介作用 mediation はある感覚形式 sensational formation によって超越を喚起させるという。通常では目には見えず、アクセスも困難な対象が、感じられたり啓示されたりするのは、むしろさまざまなモノやテクノロジーと結びついた独特の感覚形式の経験である［Meyer 2008］。

写真35　宗教放送局内メディア売店、説教や奇跡をドラマ化したDVDが販売される。

媒介 mediation としてのメディアは単なる物質でも、あるいはテクノロジーでもなく、宗教経験において即時的で真正な経験（神との交感）の先触れとなるという。メイヤーは宗教研究を、感覚や情動ともつなげて、メディア論的転回を推し進める。こうした転回は理論上だけでなく、シュルツによってもマリのイスラームの調査データから支持されている。媒介 mediation とはある実体がある地点からよそへ移動することを意味するのだから、「イスラーム刷新運動の支持者が促す神への道pathwayの複雑さを把握するのに適切」であるという。「神との交流行為の方向や結果は予測できない」が、媒介過程に用いられるメディアは、幻視やその他の霊的経験を触知的で交流可能なものにする［Schulz 2012: 4f］。すなわち、メディアが離れた空間や時間を橋渡しして視るもの聴くものに不在のものを現前させるのと同じく、宗教実践やさまざまな物質は知覚を超えた領域に主体を結びつける。この意味では、社会生活自体が媒介mediation過程に深く根づいているともいえる。

メディア研究から「公共性」と「媒介mediation」を展開する以上のような研究史をふまえて、以下ではベナンの事例を接続してみたい。

四　ベナン宗教におけるメディア転回

ベナン全体の宗教人口割合ではカトリック二七・一％、プロテスタント系一〇・四％、イスラーム二四％に対して在来信仰ブードゥ（ヴォドゥン）は一七・三％、そのほかは一五・五％だとされる。在来信仰はむしろ少数派であるが、南部村落部では依然として影響力が強く、一月一〇日をブードゥ祭祀の日として祝日にしていることからも、今もなお文化的アイデンティティの源である。また、北部地方都市マランヴィルMalanvilleではムスリムが九四％を構成するのに比して、南部コトヌCotonouでは一四・二％となっており、地域による偏りが大きい（以上二〇〇二年センサスRGPH du Bénin）［Ogouby 2008: 54-57］。ベナン南部では、人々の生活にブードゥが深く浸透し、至高神マウリサ*mawu lissa*や天

空の神ヘヴィオソ *hevieoso*、流行り病の神サパタ *sakpata*、動物神などの多彩な神格群が万神殿パンテオン *kpame* を形作り、祀られている。また、人々は個人の実利的目的のためにボ bo と呼ばれるさまざまなモノ *nuwanu* を所有している。これらは多様な物質を組み合わせて作られており、事業や財政、人間関係など、個人の生活のトラブルをさけ、幸運をもたらす道具として用いられる。人々の暮らしへのこうした浸透度から、写真や映像でのベナンの紹介では、ブードゥの供犠儀礼 vosa や伝統的ダンスが主な文化イメージとして流布している。メディアの対象としては、ベナン＝旧ダホメ王国といえばブードゥ祭祀が前景化されるのである。

現在のベナンにおいて宗教的なものやオカルトなものが公共の話題として放送電波にのることは日常的である［Gratz 2011］。たとえば以下のラジオ相談番組でのリスナーの事例は、身近におきた深刻な、ある心配事の事例である。

事例1

二〇一五年八月のあるラジオの相談番組において、タクシー運転手からの相談があった。この男性は三年ほど前に今の妻と目抜き通りのサンミッシェルで出会い、それから結婚して一児をもうけたという。彼は仕事上、朝早く出て夜遅くに帰宅することもあったが、帰宅の前に連絡を入れていたという。ところが、ある日のこと、いつものように連絡を入れて夜に帰ってきたが、妻が不在だったことがあった。その後、妻の額や腕、体のいたるところに剃刀の痕があることを見つけた。それらは新しい傷痕だった。妻にそれの理由を求めても、自分の体のことだと言って答えようとしない。その後も妻はかたくなに説明を拒み、家事も滞りがちになった。そして彼が帰宅しても妻が不在になることが多くなった。彼が妻の姉妹に相談しても、親に相談しても、彼女は態度を変えない。やがて妻は子供をつれて家を出て行ってしまい、彼は養育費を支払うことになった。彼女はたびたび卜占師に相談しているようだ。この男性は、どうしたらよいかとの相談で電話してきたのだった。
スタジオの反応は、即座に「それは妖術 *aze* (*o*) だ」とのことだった。運転手は「自動車は自分のものなので、仕事の稼ぎはあるが、朝の客をつかまえるために家を空けざるをえない」という。「奥さんはあんたのお金が狙いだ。やがて家に戻ってくるかもしれない。子供の学校のこともあるしね。だがあんたに毒を盛るかもしれない。気をつけたほうがいい」と答えるラジオ参加者もいた。上記の事実関係を確かめるやり取りが続き、卜占師に対応を相談すべきという意見が出された。

子供をもうけて家族として暮らしてゆくはずの妻が、あるときから態度を急変させる。何かの儀礼を行ったのだろう創傷について問いただしても答えようとしない。さらには、子供をつれて家を出てしまい、家族関係は壊れてしまう。この顛末は男性にとって不可解なこと極まりない。妻と子どものために一日じゅう、客をさがしてタクシーを運転している。その妻が家庭ではなく、身体に瘢痕をつける儀礼に勤しんでいる。ある種のブードゥは現世利益を求め、信者に経済的な富をもたらすものもある。それは身近な親族からの富を奪う悪 enuvuin を行うことともなる。夫婦や家族のなかには支えあいとともに嫉妬や葛藤が潜在する [Geschire 2013: 13ff]。スタジオの聞き手たちは夫婦をとりまく親族の対応などの事実確認をしつつ、妖術azeの可能性を指摘していた。このタクシー運転手一人に起こることではなく、ほかの家族にも起こりうる問題としてとりあげていたのである。

このように、話者が抱える問題の相談だけでなく、メディアを通して多くの人に共有されるべき情報として、視聴者が介入する場合もある。二〇一一年八月のある早朝の参加型ラジオ番組では、福音派キリスト教を騙る団体が、一般家族の成員に分け入り、献金や奉仕をさせて次々と崩壊に導いていると伝えていた(6)。

「…いくつもの家族が壊れていくのを見過ごしてはいけない。家族がまずしっかりして、国が立ち直るのだ。家族は国そのものだ。国が成り立つのはまず家族がしっかりしてからだ。どうかこの心配事をとりあげてほしい。家族のなかを乱す者がいるんですよ」

話者はこう主張して、この問題が他者と共有すべき問題、つまり公共性をもつことを理解させようとしていた。このような放送のひとコマにとどまらず、毎週の放送枠で在来信仰をさまざまな面から取り上げて、人々の関心を呼んでいる番組もある。次節ではローカルラジオの事例をとりあげよう(7)。

五　ローカルメディアと在来信仰

本章で概観した先行研究では、キリスト教やイスラームの現状に拠るものが多かった。だがそれらだけでなく、アフリカの在来信仰もメディア利用が活発になっている。たとえば、近隣のガーナでは次のような事例が報告されている。それは、アフリカ伝統宗教 Africa Traditional Religion＝ＡＴＲを自称するアフリカニア Afrikania Mission の活動についてである。この組織は一九八二年創設と古くはないが、キリスト教やイスラームと異なるアフリカの固有性を強調する運動体である。汎神的信仰や夢と祖霊の力との関係、精霊憑依などを、その特徴とする。これはアフリカ人のアイデンティティと誇りを復興するものとして、一九八〇年代ローリングス政権に優遇された。国営ラジオ放送で毎週ある時間枠を与えられ、この運動の意義やねらいなどが説明された。人々のあいだの認知度ではキリスト教が優勢ななかで、アフリカニアはメディア利用やＰＲ活動によってそれに対抗するプレゼンスをもとうとしてきた。キリスト教やイスラームのような世界宗教に対して異質な立ち位置をとりつつも、たとえばあるＴＶの番組出演で、司会役と、以下のように、論争のようなやりとりをすることもあったという。

司会「われわれがあなたの信仰の仕方を未開 primitive だと述べると、なぜそれに抗うのです？あなたは石や生き血を用いて信仰をしているではないですか。それの何が良いのでしょう？」

アフリカニア指導者（以下、アフ）「それの何がフェティッシュなのですか？」

司会「なぜ石など使うのです？」

アフ「あなたに何の関係がありますか？　われわれには信仰の自由があるのではないですか？石のそばに座って鶏をそこで殺す、そして私が望む結果をえようとするのに、それの何があなたに関係しますか？　私の家とか選んだ場所に私の石をもってきて、鶏をそこで殺すのです。それは何事かを望んでいて、その何かを得るのです。そして私は満たされるのです」

司会「すると、あなたにとっては、目的が手段を正当化するというのですね。それをどうやって得るかは誰にも関係が無いのだと」

アフ「あなたには何の関係もないのでしょう。したいことをする自由がありますよね。あなたが教会に座して、お祈りをし、口を動かし、声をあげる、それを私がとがめるでしょうか？」

［*Hot Issues*, September, 2002］［De Witte 2015: 220］

このやりとりのように、フェティシズムを反近代的として貶め、信仰実践に正当性をもとめる司会に対して、「信仰の自由」というもう一つの概念で自らの実践を正当化する主知主義的性質を、アフリカニアはもつようになっている［De Witte 2009:198］。その根底には、ガーナの宗教事情のなかで福音―カリスマ派をふくめたキリスト教系がもつ圧倒的なプレゼンスへの対抗がある。これを念頭におきつつ、ベナンにおける在来信仰のメディア利用をとりあげて、そこに固有の特徴があるか検討してみたい。

本書第三章で紹介したパトリス氏の事例を再び考察する。先述のとおり彼に関する説明は次のようなものだった。パトリスはモノ県の町、ロコサにあるラジオ・モノのジャーナリスト兼アナウンサーで、番組制作のチーフである。一九七二年生まれで、首都コトヌで高校を卒業したあと、故郷でラジオ開局に際しての求人に応募し、二〇〇三年からこの業界に入った。父が在来信仰ブードゥの司祭

（ヴォドゥノ）であったため、彼は幼少時から卜占やことわざ、儀礼歌などに親しんでいた。そして、近代化によって家族親族の絆が薄まり、伝統的知識が忘れられてきている現状に危機感を抱くようになった。地域の伝統や知的遺産の大切さを呼びかけ、ブードゥへの偏見や誤解を正す番組、それが毎週月曜一七時放送の「ヌミセン *numisen* ＝語り伝えること」である。

ヌミセンのトピックは多岐にわたる。ことわざ、夢見、天候の兆し、卜占ファの結果の解釈、儀礼の作法など、リスナーからの相談に広く応じている。さらにブードゥに関することだけでなく、キリスト教やイスラームなどの他宗教との対話も進めようとする。二〇一四年一〇月六日に放送された宗教間の対話を以下で検討しよう。彼によれば、当時、宗教が原因の対立や社会不安などが背景としてあり、各方面のゲストを招いての対話を企画したという。この事例ではブードゥ司祭とキリスト教牧師、クルアーン教師の三者をスタジオに招いて、異なる宗教間での通婚について話し合っている。

事例2

P（パトリス、以下P）　ご出演に感謝します。家にどうしたら安寧がえられるか *le mi wa no fafa a va axome*、私たちはこれを望みます。今日では夫と妻とが家に同居します。だが妻がクリスチャンあるいはムスリム *malenon*、ブードゥ信徒 *vojunon* もあるでしょう。夫がブードゥ信徒で妻が別な信徒ということもある。家のなかで異なる信仰がみられる。［…］お尋ねしたいのはブードゥ *voju* の場合で、女性を娶るのと自分はブードゥを信じることができるのか。女性の方がクリスチャンやムスリムという別な信徒である場合。家のなかでたまたま妻とのあいだで口論が起きたとき、それを鎮めるのにブードゥ司祭 ***hunnon*** はどのようにふみこめるのかということです。

ブードゥ司祭Ｆ　お尋ねのことはまったく本当だ。私と妻とは別な信仰をしているが、いささか難しい。〔…〕ブードゥ司祭の場合、夫と妻とが口論をしてしまうのなら、会合に呼び出して両者のいさかいを止めようとあらゆることをする。では夫が別なものを信じるようでも夫の方がつねに優位だ。あなたと妻が口論して、家でも最も年長なら会合に呼んで説明をさせる。そうすれば再び平穏が来よう。〔…〕

Ｐ　キリスト教会の立場だと *le coci* どのようなことがいえるだろうか。

プロテスタント牧師Ｖ　やはり同様に難しい。よい土台、基盤がないと、そういうものは続かない。教会の立場では男性がクリスチャンならば彼は異なる宗教の女性を娶ろうとする権利はない。だがこうしたことが守られるのならば将来には困難はなくなる。だが若者たちが耳をかさないならばどうなるだろう。異なる宗教のものと結婚してしまう。〔…〕多数派のなかには異教徒間の結婚は多くの口論を起こしてしまう。〔…〕別な例では二人が以前はブードゥ信徒だったが、ある事柄から妻のほうが教会に来るようになった。夫もそれを容認した。あるいは逆に夫が教会に来るようになったが妻の方はそれを断ったばあいなどがある。ときに口論が起きるのだ。こうしたことはよくある。ブードゥ信徒もときには牧師やクリスチャンのところにくることもある。妻の方を呼んで助言することもある。

Ｐ　ムスリムの場合は、どうするのか。

クルアーン教師Ａ　男女の結婚について神がわれらに課した法では、ムスリムの相手と結婚することが決められている。我々は別な信仰の人と結婚し、われらの信仰にさせるかもしれないが、それは容易ではない。われらの祖先が言っている。我らが読む神の言葉によれば、クリスチャンやブードゥの娘を娶ってはならないとされている。ともに祈らない中立の人であっても娶ってはならない。神への信仰について、妻となるものはムスリムの信仰にかえなくてはならない。彼女は信仰をもち、他とともに祈ろうとする。

P　今日ではブードゥ司祭の場合ではよくほかの宗教の人と結婚している。どうであろうか。

ブードゥ司祭F　いえることとは、分かれているのは我々自身だということ *mio to we nyi le man man mio de ki to*。全てをもつのは神だ。キリスト教徒の血は別に、ヴォドゥノの血は別に、イスラム教徒の血は別に、などというふうにはされていない。体に流れるのは同じ血だ *ehun deka npo nyi e so do lan me non mi o sese*。我々は隣り合い、この世で兄弟とならなくてはならない。我々を分けるのは我々自身なのだ。われらは同じ神を崇めているが、我々が崇拝するやり方で神が異なっている。クリスチャンとブードゥ信徒とが夫婦の話で会合をしたら、ブードゥ信徒は自分たちのことで語るだろう。ブードゥ信徒はこうこうしたらうまくいくといってもクリスチャンはそんなことしたらうまくいかないというだろう。

宗教は都合に応じて変更（改宗）できるものではない。それは生活習慣全般に浸透しているため、異なる信仰をもつものがともに暮らすことは難しい。この放送では、夫と妻、あるいは結婚前の男女が互いに異なる宗教の信者の場合、どのように共存できるかがテーマとなった。家のなかで、訪問客がいる前で、口論が始まってしまうかもしれない。仲裁に入るものも完全に中立にはできない。イスラームの場合にはとりわけ厳格で、聖典クルアーンを引照しつつ、これまでの家族のつながりが断たれる必要があるという。それゆえ、むしろ結婚のまえに娘の意志を変えさせようと試みられる。その意志が固いのならばもはや話し合いはもたれない。異教徒の夫婦の話し合いに親が間に入ってくることはないという。放送では、異宗教間の結婚は難しいことが浮き彫りになった。だが、相手の宗教的習慣について理解を示すこと、互いに歩みよることの大切さが指摘された。

この事例で留意したいのは、第一にキリスト教牧師、クルアーン教師、ブードゥ司祭という現場の実践者をスタジオに招いて語りあっていること。第二に教義や宗派などをトピックとするのではなく、日常の暮らしでの身近な問いかけにくだいた放送をしていること。第三に家（家庭 xome）に安寧をもたらす（nyi fafa）ことが共通した優先課題とされ、その際に互いの宗教が争点となったことである。このような宗教間の対話は、信教の自由の実践であり、それが番組をとおして広く民間に伝えられたことに意義を見出せるだろう。

先述のガーナの事例では、福音派キリスト教らが台頭する、宗教市場の覇権争いといった背景から、在来信仰がメディアを活用してプレゼンスをたかめることが行われていた。メガチャーチやテレヴァンジェリズムの積極的な展開からガーナでは宗教の葛藤や競争が著しい。それは宗教のグローバル化やネオリベラリズムの一端ともいえる［Kapferer, Telle & Eriksen 2010: 7ff］。放送における司会とのやりとりでも、フェティッシュを批判するキリスト教よりの発言に過敏な応答がなされていた。だが、すでに政府の優遇策を失い、経済や情報発信面で苦境に陥るなか、アフリカニアは、メディア出演のさいには局側の望むような異質性を、ある程度忖度しなくてはならない。他宗教と一線を画しつつ、同時に、非近代性などのネガティヴなイメージを薄めるといった、困難なメディア対応をしていかなくてはならない。

宗教が競合し対立するガーナの事例に対して、ヌミセンはむしろ異なる宗教の間をとりもつ、メディア＝媒介となった。異なる宗教の間、そして一般の聴取者と宗教者の間という、いわば二重の意味での媒介となった。ヌミセンは放送を通じて、人々が自らの文化に意識的となり、それを地域において共有、継承してゆくことを目指している。情報や経験の共有をもとめて、人々の放送への参加を呼びかけるこのメディア実践は、ブードゥ信仰を公共圏へと接続し、刷新する動きといえる。

六　ボコノによるメディア利用

本節では少々以前の事例であるが、伝統医（ボコノ *bokono*）によるメディア利用の事例を検討したい。コトヌ在住のアジザ氏は伝統医およびアーティストとして人々に知られていた。彼は一九八〇―九〇年のロシアへの留学中、芸術学を専攻し、卜占術の研究論文によって学位（Ph. D.）を取得した経歴をもつ。この学識をもとに彼は伝統医として独自の活動をおこなっている。彼の活動、理論体系は次の三つの側面で展開された。第一にファト占体系を幾何学的手法によって精緻に理論化、体系化させた方法を普及させる。彼はそれをエバコクグラフィ *egbakokugraphy* と呼ぶ。第二に伝統的神格アジザを頂点としたブードゥ信仰の体系化、教典化であるアジザイズム *azizaism*、第三に全アフリカ諸国をその多様性を維持しつつ、文化的、政治的、自然的条件から三つのエリアのもとに協調化、統合化していこうとする政治的提言である。

一九九六年八月—九七年七月にかけてベナン国営放送ＯＲＴＢで放映された連続ドラマによって、彼は人々によく知られることになった。アジザを主役とした「王女の国 Au Royaume de Princesse」である。斬新なカット割り、ストップ・モーションなどの映像技術を駆使し、脚本、演出、主演をすべて彼が務めたこの作品は、視聴者に好評を博し、その後も再放送を重ねた（一九九九年）。自らが演じる主役のアジザは富をもたらす海神マミワタの加護により巨万の富を得るが、人々からの嫉妬や謀略、思いがけないトラブルにより流転の人生を歩むというストーリーである。マミワタははるか海のかなたから訪れることと、そして嫉妬深い女神であることが特徴である[8]。だがストーリーは、富への欲望や嫉妬心という人間の業、快楽の虚無観といった普遍的なテーマを主軸に据えていた。テレビドラマの制作、報道機関への積極的な発言、文化省施設との関わり、これら全てが彼のアジザイズムの布教活動となっているのである。

写真36　アジザの信仰を象徴する自家用車

当時は彼の知人を集めて制作したドラマであったが、協力者も視聴者も彼の才能を高く評価している。それは彼の政治的提言でもあるアフリカ共和国の建設（Fondation Africaine de la République d'Afrique）＝

FARAISMEをも好意的に受け止めていることからもわかる。これは、植民地政策の遺制から五四か国となっているアフリカ諸国家において、各地域の独自性を保ちつつ共和国体制を実現しようとする提言である。視聴者はこういうアジザを共和国大統領（Monseigneur Le Président、Sa Majesté）と呼んでいる。彼はこうした呼び名をうけとめ、人々の疑問や反論にも「大統領」として誠実に応える。人々はそのやりとりに引き込まれながら、彼への信頼を強めているようだった。コトヌ郊外にある彼の庵 *couvent* にも、たびたび卜占を依頼する訪問客がきていた。彼とのインタヴューと一市民とのやりとりを提示しよう。

事例3（二〇〇五年九月二日　コトヌにてインタヴュー、その場の二名の男性が話に加わる）

アジザ　ものごとを一＋一＝二というデカルト的精神で説明することはできない。西洋科学は一＋一＝二で終わりだ。だがブードゥでは一＋一＝一すなわち生＋死＝生となる。これは法なのだ。これはファ（*fa*＝卜占）の肯定的な面だ。ファをもつ手は純粋でなくてはならない。〔…〕世界を調べるにはその手は清浄で純粋で秩序だってないとならない。〔…〕ブードゥにより近づけば、よりそれは先に進む。ファにおいてはブードゥをする前にファをしなくてはならない。アセン *asen*（祖先を象徴する金具）に関しても、生者と死者の間の象徴的関係はここでは明白なことだ。アフリカの祖先は聖なるものとなるに値する。なぜなら人間の命とは聖なるものだからだ。注意深く汲み取ってほしいのは生＋死＝生というときだ。アフリカの祖先が聖なるものとなるに値するのは命が聖なるものだから、というのはこの法則を生み出すのだ。神という概念、人なしなのだ。

の神とは何ものでもない。神は人なしでは意味をなさない。神が存在するのは人が存在するゆえ

男性X　大統領閣下、疑問なのは、今日あなたが仰ったことです。変わったやりかたで宗教的事実、宗教的根拠、科学的根拠を切り分けることはできません。穂をよみがえらすには枯れる前に種を地に播かなくてはなりません。［…］それであなたの等式というのは［生＋死＝生］で未知のものです。なぜそれが存在するのかを明示することなしにものごとを話すことはできません。

アジザ　CAD［シェイク・アンタ・ジョップ、セネガル、一九二三―一九八六］博士がすでにいくつかの根本的問題を解決している。アフリカの偉大な学者CADはアフリカ性の先行性を明示している。［…］生＋死＝生という場合は神学のなかだ。これをいうときには政治学ではなく神学においてだ。神学が関係するのは占星術であり、神であり、人だ。そしてこの面こそがファの特徴となる生の楽観の面だ。それはババラオ（卜占師）がファを占うときに位置する。卜占の道具である貝殻をもつ手は純粋であり、秩序、世界と関わる。それはまたイエスキリストが誕生する前からわれらの祖先とも関わる。

これは、西欧人が我々にもたらしたのではない。聖書の思想をひいているのではない、聖書が我々を偽ったのだ。イエスが入信したのはエジプトではない。世界の文明に相当な貢献をした。だが今日ではものごとがなっているのは我々が無知で森から出てきたということでないか。迂回されているのだ。われらの発明や発見、偉大な思想や法が迂回されているのだ。私が言いたいのはアフリカに我々のなかにある価値観、神の観念を再構築することが大切だということだ。

男性Ｖ　大統領、私も少し補足ができればと思います。［…］私がお話ができてうれしいのは、大統領がわれらの文化を擁護なさっているからです。つまり、我々は世界に攻め込まれました。白人たちは神の言葉をとおして植民地化した。たしかにこの言葉は我らに良いことももたらしました。けれど、結局神の言葉は続行されず、変更され、神の言葉をわきにおいて自分たちの方法をあてはめてしまった。［…］閣下、有難うございました。

事例ではブードゥの一貫した体系化を望むアジザが、生と死をめぐって西洋とは異なる定式化を示している。聞き手から出された疑問に、祖先からの伝統を引き継ぐブードゥの教えについて応え、アフリカの在来信仰の文化を再評価し復権すべしという主張を展開する。こうした彼の主張が居合わせた人物から賛意を得ることになる。彼らはアジザをＴＶドラマどおりの「大統領」と呼ぶが、揶揄ではなく、彼らの敬意の表明である。質問したＸ氏は、その内容の真剣さからも窺われるように、単に知的な好奇心から質問しているのではなく、アジザの教えを真摯に求めている。というのも、彼自身がブードゥや妖術の問題を抱えていたからだ。後に語ってくれた話によると、彼は軽食を出す店*maquis*を開いていたが、同業者が店の従業員をつかって自分のコーヒーに毒を盛らせたという。腹痛、下痢、脱力感に苛まれた末に、彼は従業員と次のようなやり取りをした。

事例４

「［……しばらくは具合が悪くて何もできなかったのだ。そうして二週間ほど経ってから……］私にいったい何をしたのだ、と問うと、何もしていない。毒を盛るなどやっていない、絶対にしない、と彼は答えた。さらに確かめると、私が信じているブードゥ *vodun* は決してそんなことなど許しはしない、とまで言う。だから私は、ブードゥを信じているのか、何のブードゥなのだ、と尋ねた。するとトロン *tron* だという。そこで言った。トロンを信じているのかい。トロンは怪しげなことを好まない。トロンは清潔で正しい行ないを好んでいるはずだ、とね。すると彼は、本当に私がやったなら、ブードゥが自分を罰するはずだ、とそのとき三度も言ったのだ。だから私は、ああ、そうかい、ならばお前のブードゥがするにまかせるさ、と応えて、暫くたった。さあその後、彼はどうなったのか。私はもう彼とは会わなくなったが、彼は痩せていって、だいぶ苦しむことになったそうだ。人づてにそう聞いたよ。今ではとうとう彼を見かけなくなった。死んでしまったのだろう。

毒に関する彼自身の体験と、ブードゥが人を罰する実効性とが語られている[9]。超自然的なブードゥが人に及ぼす力はきわめて現実的であり、逃れられない。この現実性は毒を仕込む物質性と同じ次元である［cf. エヴァンズ＝プリチャード　二〇〇一：三六八―三七〇］。この従業員はすでにX氏のもとを去っており、その後の消息は人づての情報でしかない。X氏自身が彼を眼にし、確証をえたわけではない。だが、日々の生活のなかで、トラブルや不幸とは、往々にして原因や真相がわからず、それらの物的証拠を得ることは困難な場合が多い。いわば、人々の語りのなかで事実は形をなし、ブードゥの力の発現として情報がくみ上げられてゆく（痩せてくること、姿を見かけなくなったことなど）。X氏は腹痛の原因を毒と断定し、それを促す人々の嫉妬や妖術をつぎのように語る。

「ベナンには妖術 sorcellerie がはびこっている。近しい者の嫉妬で多くの争いが生じている。ベナンの人間はいつも近しい者に嫉妬するものなのだ」

人を妬む気持ちは、毒や妖術を用いて人に危害を与えるものであるし、ブードゥはそれに対して罰を加えたりもする。アジザはブードゥ司祭かつ伝統医として、人々の欲望や妬み、ブードゥ（マミワタ）の力、人の禍福の儚さや儘ならなさをメディアを通して示した。人々はエンターテイメントとしてそれを捉えつつも、アジザを敬愛し、身近に不可思議な体験をもっと妖術の信念を強固にして、アジザに教えを請う。アジザはその後、連続ドラマのモチーフを掘り下げ、映画化の企画を練り上げたが、残念ながら資金の問題もあり、実現せずに終わった。ＴＶが視聴可能な、通電設備の整いだした南部での放送であったが、早い時期にブードゥのメディア化を果たしたアジザの試みは注目に値する。

おわりに

本章では、宗教表象がメディアをとおして多くの人々に届くようになり、公共性をもつにいたったことをベナンの事例から読み取ってきた。他地域における宗教とメディアの先行研究をふまえつつ、本節ではベナンの特徴をまとめてみたい。第一、第二節において、アサド以降の世俗主義をめぐる議論が、序章における公共圏―市民社会論の公的、私的領域の議論とパラレルであることを確認した。

二一世紀初頭の同時多発テロの緊張のなかで、宗教の公共性という問題が前景化されてきたのである。メディアから流れるイメージは人々の感情を揺さぶり、増幅する。過激派組織や原理主義集団によるテロリズムの報道が、人々の不安を増幅し、多文化共生の意見を揺さぶるのである。信教の自由や表現の自由、多様性 diversity の考えは、今日では、安全保障が優先されるなかで難しい立場を迫られている［Sullivan, Hurd, Mahmood & Danchin 2015 ; 1-5］。英米圏では世俗主義批判、仏語圏ではライシテ（脱宗教性、信教の自由）をめぐってなされた議論は、サブサハラ・アフリカではそれほど展開されてはこなかった[10]。だが、民主化以降のベナン憲法では信教について次のように定め、ライシテを明記している。

「一九九〇年一二月批准の共和国憲法八条。「信教の自由、職業と宗教の自由な実践はこれを保証される。公共の秩序を保ち、これら自由を妨げる目的でのいかなる強制もなされない。」さらに宗教の自由に関してベナンにおける宗教の自由への国際報告が民主主義と人権、労働局から提出され、こう宣言している「憲法は宗教の自由を保証し、政府は人権を尊重しこれを実行する。国家はあらゆる面でこの権利を尊重するよう努め、いかなる性質でも国家や個人によって侵害することはこれを受け入れない。国家はいかなる宗教も優先しない。ベナンはライシテの国家である」」［Ogouby 2008: 63］

「二〇〇三年一〇月憲法裁判所による判決。「宗教についての討論は、揶揄になったとしても、表現の自由の権利のために、宗教の自由の侵害として捉えられてはならない。宗教集団を設立したいものはその集団名を内務省によって登録されなくてはならない。登録の基準は宗教集団すべてに同様であり、ある集団が登録を拒否されたという事実や、またある集団が闇取引や登録手続きの甚大な遅れに苦しんだという事実とはいかなる関係もないこと」［ibid:6 4］

こうした憲法条文からもベナンはキリスト、イスラーム、ブードゥをはじめとする諸信仰の併存をみとめ、フランスにならいつつ、ライシテを法制度上にも整備した国家だといえる。だが、植民地統治以前からの歴史的蓄積のあるキリスト教ミッションはもちろん、イスラームも商活動や経済力をもとに政治におよぼす影響力は小さくない。民主化転換期の国民会議の開催に関与したのはカトリック司祭であるし、大統領就任演説では「神の名において……」の文言がある。大統領や国会議員の選挙をめぐって与野党の対立が先鋭化するたびに、教会側から融和をよびかけるパストラル・レターが発信される。すなわち、法的にはライシテを整備してはいるが、社会的には宗教のプレゼンスが大きいのがベナンだといえる［Banégas 2003: 357-380; Strandsbjerg 2015: 68-76, 130-135; cf. ゴーシェ　二〇一〇］。

ブードゥにおいても、民間薬の知識によって地域社会の公衆衛生を支えるとともに、伝統的な祭祀活動をつかさどってきた。これをふまえて、第四、五、六節では近年のラジオ番組と映像作品に表現されたブードゥおよびブードゥ司祭をとりあげて考察してきた。第五節でガーナの事例を引いた際に言及したように、最新鋭の映像、音響設備でグローバルな布教を展開する福音派キリスト教において、独自の放送局やDVD販売などのメディアの積極的利用や、スタジアムに信徒を満員にする動員力などの効果は明白である。アフリカニアはガーナの宗教事情を市場として捉え、このようなキリスト教との競合から、メディアへの出演を積極的にしていた。だが、ベナンのブードゥの場合、アジザのような映像作品に展開した例は希少であり、多くは儀礼や演説の記録映像にとどまっている。アジザのような高学歴の都市居住者で、かつ若い世代のブードゥ司祭や伝統医も、インターネットやスマートフォンを操作しつつ、儀礼や施術に関しては依頼者との対面的な関係を重視している。

第三節で述べた媒介 mediation に関しては、ブードゥの場合は個別な施術や儀礼への参加といった対面性や経験性が重視されているように思われる[11]。新たな信者獲得を目的としてマスメディアを利用しているようには見えない。こうしたなかで、映像メディア化したアジザのドラマは、彼の創作ではあるが、巨万の富をもたらすブードゥ神マミワタや不可思議なことがありうるのだという人々の信念は持続しているように思われる。つまり、アジザの映像は、誰もが経験するわけではない、いわば不可視の出来事を、巧みな映像技術で可視化したものとなったといえる。ところで、先述したメイヤーの論稿につぎのような論述がある。

「ガーナを調査していた時のこと、ＴＶ映像化された奇跡セッションを神の力の描写とする多くの人々に会った〔…〕ＴＶやビデオは神の力の存在や効力を証明し、ペンテコステのスローガンである「あなたの奇跡はいま起こりつつある」が信念を持続させるものとして用いられていた。〔…〕ペンテコステ派キリスト教が人々に受け入れられているのをみると、彼らの多くが映画を神の啓示としてとらえている。それらはカメラやコンピューターの特殊効果によって、見えない力の操作を可視化しているのだ。観客はこれら映画が作りものだとよくわかっている。が、それでもなお、現れのために使われた映像技術は、現にあるのだが眼には見えないものを示すのだ、

と多くの人が主張する」[Meyer 2006: 112]

まさに先述した mediation と対応している。メイヤーはペンテコステの作りものの映画が奇跡を可視化し、信念を強める役を果たしていると述べる。通常は不可視でアクセス不能な超越した領域が、メディアを通して感じられ啓示されるものとなる。作りものによる幻惑ではなく、現にあるべきものの真正な経験の媒介過程 mediation である。つまり、科学技術の産物であるメディアが信仰を強化しているのである[12]。第六節で記述したように、アジザのドラマは概してとても好評であり、聞き取りの範囲では批判的な意見には出会わなかった。アジザに相談する顧客は彼のドラマの視聴者でもあり、彼の語りに際しても真剣に聞き入る。「大統領」という呼び名で敬意を払い、自らが苦しんだ毒とブードゥの力のリアリティはゆるぎない体験として語っていた。ドラマを見るものすべてをアジザイズムへ入信させるのではないが、妖術やブードゥへの理解と同じものを、人々はそこに見出したのではないだろうか。

他方、ブードゥ司祭や伝統医たちは、ブードゥのもつ呪術や秘儀性を払拭し、民衆の精神的支柱や倫理観の源として見直そうと呼びかけてきた[Tall 1995a; 2014]。秘儀的、特権的な結社の宗教ではなく、教育や経済活動などの世俗の生活とも両立する、民衆に開かれた活動であるとアピールしている。第五節のパトリス氏は日常の暮らしのなかで、次世代への伝統知識の継承が滞っていることに危機感をもち、ラジオ放送というコミュニケーションツールをとおして在地のブードゥを保存しようとしている。そのなかで、キリスト、イスラーム、ブードゥという異なる宗教を橋渡しする媒介

mediationを、「ヌミセン」は行っていた。ブードゥを公共圏へとひらくメディア実践として、我々はこれもまた重要視する。本章ではいわば、社会、政治的な媒介と霊的な媒介との両面において「宗教とはつねにメディアを必要とする」［De Witte 2009 :186］ことを確認したのである。

注

（1）ここでの宗教は、キリスト教、イスラームなどの世界宗教からブードゥなどの在来信仰も含め、なんらかの聖なるものへの信仰といった広義でとらえる。いわゆる呪術と宗教の区分の議論には立ち入らない［白川・川田　二〇一二］。現地語ではキリスト教*choci*やブードゥ*vodun*、あるいは妖術*aze*という個別の語だけで、宗教*religion*はない。

（2）序章でふれたが、公共圏とは皆がアクセスすることができ、理性的、批判的な討論が対面的に交わされる場のことをさす。周知のとおり、ハーバーマスによる公共圏論の「転回」とは、七〇年代の消費文化やメディアについての悲観論を見直したことだった。つまり、市民の間で開かれた討議や、メディアによる批判的見解の可能性を、彼は前景化するようになった。そのために公共圏の内実は可能なかぎり広義かつ流動的にとらえられた［林　二〇一四、キャルホーン　一九九九、Crossley & Roberts 2004］。アフリカの宗教と公共圏論については、［Meyer & Moors 2006］、［De Surgy 2002］、［Mayrargue 2009］、［Strandsbjerg 2015］、［Hirschkind 2006］を参照した。

（3）世俗、宗教、公共性をめぐる議論は、現代の公共性論の中心的論客ハーバーマスを刺激して、いわゆる宗教的転回をさせた［Mendieta & VanAntwerpen 2011: 118-120］。これは序章で整理した一九八〇年代の政治学や社会哲学における公共圏論の、二〇〇〇年代における宗教学的な変奏であるといえる。法や政治に関わる公的領域と個人や身内などの私的領域との事象を区分する公私二分論の排他性を批判し、多元性を導入する議論を、世俗主義批判論はトレースしている。むろんこれは当時の社会的背景とも不可分である。

ハーバーマスは、九・一一事件以降、世界各地で宗教的ファンダメンタリズムとエスニックな対立とが結びついて暴力的な衝突が深刻化していることを認める。現代社会における宗教のプレゼンスの高まりは明白である。だから、社会全体がおおむね世俗的でも、宗教集団や宗教的伝統が依然重要である現代をさして、「ポスト世俗化社会」とよぶ。そして、人々の動機や連帯の源泉である「政治以前の」文化的価値観を、宗教のもつ可能性だと考えて、宗教的伝統は異なった価値観をもつ人々が共生するのに重要な倫理的直観や道徳的洞察をわかりやすく伝えることができると考えられる。いわゆる討議倫理によるデモクラシーだけでは、人々の政治へのインセンティヴを持続させることは困難なのだ。

しかし、宗教的領域の意義を汲もうとするハーバーマスも、政治的意思決定においては世俗的理性を優先させる。しかも、世俗側、宗教側双方が折り合うある種の「翻訳」が必要だという。これは、リベラルな諸価値についての公共的討議に資する宗教の「脱私事化」を認める、カサノヴァの議論と対応している。でありながら、世俗と宗教を区分する権力性を批判するアサドと、留保つきで宗教の意義を認めるハーバーマスやカサノヴァの考えを調停することは難しいといえる。

(4) アフリカの宗教とメディア研究では、[Larkin 2009]、[Hackett 1998]、[Hackett & Soares 2015]、[Meyer 2009]、[Meyer & Moors 2006]、[Gratz 2011] のほか、[Eickelman & Anderson 2003 (1999)]、[Eisenlohr 2011] を参照されたい。

(5) アフリカ・メディアと宗教の先行研究では、本文でとりあげた論客のほかに、ラーキン Larkin, Brian やハケット Hackett, Rosalind も積極的に論集を編纂し、議論を牽引している。

ナイジェリア北部のムスリム改革派についてラーキンが報告するのは、メディアを用いたイスラーム的公共のありかたの議論である [Larkin 2009]。北部都市ではラマダーンの間、ラジオやテレビ放送の娯楽番組やニュースは、その内容がすべて祈りのやり方や宗教的事柄へのコメントにかかわる。とくにクルアーンの節を唱え、教師マラームがその釈義 tafsir を説明する放送が大事とされている。一九六〇—一九七〇年代からラジオ放送技術を積極的に取り入れた指導者であるシェイク・アブバカ・グミは、カリスマ指導者やスーフィ導師に従順となるのでなく、ムスリムとして自らクルアーンやハディースを読解して理解しようとすることを、人々に勧める。ゆえに、カリスマ的資質バラカの継承や秘儀的知識、呪術やヒーリングを批判し、神秘主義スーフィと対立する。グミの宗教刷新は、人々の間のオープンアクセスな討論や対話、平等主義を重視する意味で公共性をもつものであり、欧米のメソッドを取り入れた教育様式の改革を唱える点で世俗的な運動であった。人々にとってはグミがメディアを通して呼びかけることや国外のより広いイスラム世界と結びつきを持っていることいえる。

とが「近代的」に見える。グミとその信者による「刷新」運動はイスラームの合理化であり、宗教実践の強化といえる。

ハケットは、ナイジェリア南部やガーナのカリスマ派、ペンテコステ・キリスト教会の事例を報告する［Hackett 1998］。彼らは放送、映像、ＤＶＤなどを通して同質な内容の教えをトランスナショナルに流通させ、グローバルなレヴェルでの新たなネットワークを作りだしている。こうした宗教環境はメディア利用以降顕著になったという。欧米から始まったメガ・チャーチの活動では、音響や映像の機材が提供され、スタジアムの大勢の聴衆や信者を前に一大イヴェントが組まれる。劇化されたイメージにはとくに若者層が魅了される。そして、電子メディアを巧みに利用し、説教パフォーマンスを演じて人々を動員することが、福音教師にとって名声となり、カリスマ的な権威となる。メッセージは洗練された神学教義ではなく、個人の救済やエンパワーという簡明な内容の反復にすぎない。こうした教えは、他方で人々の実践においては魔除けとしてカセットやＣＤが身近に置かれたり、放送時に霊的力を伝えるためにラジオに手を置くように説教師に呼びかけられる。あたかも電子機器が呪術の道具と化しているのである。

そして、こうした彼らの報告でも、イスラームをめぐるメディアは宗教実践をとおしてのムスリムとしてのアイデンティティが問題となる傾向があり、キリスト教系では大衆化や商業化によって信者を動員する傾向が顕著である。各地にみられるこうした活発な動きゆえに、世俗化と宗教の衰退化をむすびつける枠組みはまったく妥当ではない。さらに、政教分離原則をめぐっての西欧における政治体制としてのデモクラシーと宗教との葛藤についての研究も、この現代の状況であるがゆえに、検討されるべきである［ゴーシェ　二〇一〇］。

（6）本書第四章の事例参照。

（7）本章の以下の調査資料における人物名はすべて仮名とする。

（8）人類学的知識に照らせば、このドラマは二〇世紀初頭から西アフリカ各地で浸透してきた新興カルト、マミワタをモチーフにした一つの寓話である。ベナンのマミワタ信仰については［Tall 1995b; 2014］参照。

（9）トロン *Tron* はギニア湾岸社会に広がる新興のカルトで、妖術に対抗する力によって多くの信者をえている［Tall 1995a］。

（10）宗教と世俗についての批判理論はサブサハラ・アフリカにおいてはそれほど展開されていない。それはポスト世俗化社会やグローバル化から疎外されていることを意味してはいない。Engelke は Ferguson に依拠しつつ

「影 shadow」という隠喩を用いて、つぎのように述べている。

「アフリカはグローバルの流れではなくグローバルの影と表せる。[…] それはアフリカが多くのことが知られていない、理解するのが困難なおそらくは知ることのできないところであるためだ。そして影のもつもう一つの意味、重なりとなる意味、何かに付属して同化するという意味に、本当は光を当てたい。この意味では影とは単に否定的な、不在という空間ではない。[……同様に、] アフリカはいささか重い世俗の影をも生み出しているのだということ。政治的企図としての世俗主義は、ある種の社会、つまり呪術医や霊媒ではなく、世界宗教のある社会、においてのみ意味をもつのだ。[このことが問題なのであり……] アフリカにおける政治的なるものの位置づけについても、なにかを示唆する」[Engelke 2015: 87-89]

アフリカにおいても、ボコハラムなどの組織を例にあげるまでもなく、宗教と暴力の脅威は存在する。その意味でグローバル化の外部に除かれるのではなく、それに付随し、負の側面が滞留する影をアフリカは担っているのである。

(11) ブードゥはむしろ、福音派や天上教会などのキリスト教系の活動が過剰な電子メディア利用を行なっているのとは、一線を画しているように思われる。ブードゥの祭祀では、限られた宗教者たちによる聖なる庵での供犠と平行して、村落の広場ではドラムの楽団と儀礼歌の唱和や興に乗った信徒が憑依する場面が見られる。人々はブードゥ仮面神のダンスも、憑依信徒の荒ぶるさまも、その時その場でのパフォーマンスとして経験を共有する。

(12) ガーナのペンテコステ派とその信者にとって、ビデオやDVDは神の存在やその力の証明となる。だが、電子メディアにとどまらず、すでにキリスト・プロテスタントにとって聖書は単に大量生産の本ではなく、それを通して神が顕現するメディアとして神聖化されるし、ムスリムにとってクルアーンは絶対で神聖なる本である。後述するが、本論は次のような見解を確認するものである。

「われわれはもはや歴史的や現在における宗教の意味について特別に考察するべきでなく、mediation, mediatization の過程の意味にこそ集中するべきだ。それなしではいかなる宗教も自らを顕現しえないのだから」[De Vries & Weber 2001: 28]

終章　アフリカが聞くこと、アフリカが語ること

本書の冒頭では、人々の暮らしのなかでのラジオとの関わりを具体的に記述してゆくことで、人々はこのアフリカ・メディアをとおしてどのように社会とつながるのか、社会に対してどのような考えを持っているのかを明らかにすると述べた。それによってアフリカにおける民主化という社会変化の本質とベナンにおける特徴を開示できればと考えた。新聞、テレビをふくめたマスメディアが報道するこの国の現代史やジャーナリスト、オーディエンスへのインタヴューでえた情報を整理することで、本書のねらいはどのくらい達成できただろうか。あらためて、本書のたどってきた議論をふりかえるなら、以下のようになるだろう。

序章では現代アフリカ社会を理解するのにメディアに着目する意義を論じた。人々はメディアから何を見聞きし、メディアを通して何を伝えているのか。従来のメディア論は欧米圏を中心に展開され、それに偏重していたために、とくに「南＝global south」と捉えられるアフリカなどの地域的事情は酌まれていなかった。そこで、欧米圏の研究蓄積をふまえつつも、地域に根ざしたアフリカ・メディア研究のあり方を、先行研究を整理して考察した。具体的な対象としてベナン共和国でのラジオをめ

写真37　地域の民謡グループの練習。ラジオ局もまとめ役などでサポートしている。

ぐる人やモノ、生活史の語りをとりあげる。

一章では対象とするベナンの民主化をめぐる近現代史と、マスメディアの概観および展開を、本書の背景として説明した。アフリカ・メディアの先行研究をふまえて、とくに国営放送と民営放送の対比のもとに、この国の事例を位置づけた。国営放送による報道や催事、連絡事項が中心であった頃から、民営放送が開局することで視聴者参加型の番組が導入され、活況を呈するようになった。だが、民主化、自由化の広がりとともに、放送倫理が問われ、番組や人材をめぐる局同士の競争が問題ともなってきた。

二章ではベナンの具体的なメディアの論調をみるために、二〇〇〇年度以降の大統領選挙をめぐる報道をとりあげた。ベナンにおける世論とジャーナリズムの相関の一端を記述しながら、人々が政治について何を、どのように語り、そして語りえないのか、ジャーナリズムがいかなる情報と向き合っているのかを示した。

三章では現在各放送局で働くジャーナリストたちに番組作成の舞台裏をインタヴューした資料を提示した。アフリカ都市社会を生きるジャーナリストたちは、日々の業務とともにそれぞれ自らの暮らしに懸命であった。経歴の語りから、人と交渉し、職を探し、業務に習熟するまでのさまざまな生活戦略を明らかにした。民主化という社会転換を経験し、ネオリベラリズムによって、むしろ日々の生活には不確実性が増大した。デモクラシーへの転換を人脈や能力、狡知、偶然によって生き抜く、彼らの技法を描き出した。

四章ではオーディエンスである市民に焦点をあてた。一九九七年の放送の自由化以降、民放局が次々と開局し、娯楽性や参加型を特徴とする番組が現れるなか、政治や情況に関する視聴者の意見交換が活発になった。「デモクラシー」を推し進めようとするそれら番組の常連、「意見する人」たちの活動と生活史を紹介するなかで、ベナンで起きているメディアをとおした民主化の実像を明らかにした。

写真38　ラジオ局の一室にて、子供たちに記者が生活指導の講習会をする。

五章ではベナンのメディアと政治の情況をより鮮明にするために、隣国トーゴの情況との比較を行なった。社会主義期をへて一九九〇年代の民主化が順調にすすんだベナンに対して、トーゴは民主化への転換をエヤデマ大佐―大統領を首班とするトーゴ人民連合（RPT）のほぼ一党体制のまま経てきた。大統領の死去後も息子フォールによる権威主義体制が継続するこの国では、民放局やリベラルな市民が存在しつつも、十全には声を上げることができない。両国は、体制の変化への希望をつなぐものがメディアである点は共通している。だが、トーゴの事例と対照することで、ベナンのデモクラシーがポピュリズムや商業主義に転ずる危険も孕んでいることを論じた。

六章ではキリスト教やイスラーム、在来信仰といった宗教とメディアとの関わりを論じた。キリスト教では福音派やカリスマ派、

写真39　ラジオ局は村落での学童たちをめぐる啓蒙活動を支援する。

ペンテコステがテレビ伝道で信者を集め、イスラームでは説教DVDが流通するなど、各地でメディアが関わる宗教復興が顕著になっている。アフリカにおける宗教とメディア、世俗主義についての近年の議論を整理した。ベナン、トーゴでは在来信仰ブードゥの知識やその伝統文化としての意義を伝えようとする番組が人々の人気を集めている。媒介作用mediationという概念を導入して、人と人、人とモノ、人と社会、人とカミを媒介するメディアが宗教に必要不可欠であり、宗教がメディア自体でもあることを事例から明らかにした。

　本章では以上の事例研究および議論を回収し、社会変動やデモクラシーに関する近年の人類学理論の蓄積に位置づけなおしてみたい。

一　デモクラシーを生きる技法

　本書では、従来のメディア文化研究を補完する試みとして、個人の生活史とメディアのつながりが民主化とどのように交叉してきたかを、ジャーナリスト、オーディエンス、意見する人々などの具体的な語りの資料に読み取ってきた。メディアと民主化をめぐって、オーディエンスのメディアへの参加とそうした場を作り出しているジャーナリストの経験という両面から捉えることで、人とメディア、人々の暮らしとデモクラシーの関わりをより具体的に提示した。民営放送のリスナー参加番組は、メディアの聞き手＝受け手であるリスナーが不満の電話をとおして主体化する事例となった。社会矛盾への不満をメディアをとおして共有することが、デモクラシーへの参与の第一歩となる。また、ジャーナリストの経歴では、不安定な立場に悩みつつ生き抜くうえでの葛藤を明らかにした。デモクラシーや自由化は、つねにポジティヴに機能するばかりではない。規制緩和や市場の活性化がむしろ人々の暮らしを困難にする場合もある。言論の自由や労働市場の拡大は、ことメディアをとおしては表現の可能性を人々に与えた。だが他方で人々は自由化に取り残されまいと、次の職探しに追われるようになり、小遣い稼ぎの小さな汚職が蔓延するようになった。メディアのもつ可能性への希望と、生活の現場におけるチャンスや収入をめぐる不安、焦燥は表裏一体である。では、オーディエンスと同様に生活者としてあるジャーナリストたちは、民主化をどのように生き、それは今後の社会にどうつながってゆくのだろうか。先行章で提示した事実をふまえて、本節ではこれらを社会再生産論からまとめてみたい。

本書の三章において、ジャーナリストが育った環境や教育が彼らの就業に影響していることがわかった。事例ではゴメスとカルロスが典型的であった。ここで注目したいのは、彼らがともに西アフリカでアグダと呼ばれる家系の人々であることだ。アグダとは何か。それは名前に明示的だ。ドスゥザ de Souza、ダルメイダ d'Almeida、ドリヴェイラ d'Oliveira などと並んで、ギニア湾岸部社会では彼らの名前は一八世紀の奴隷交易期にさかのぼる旧家が継ぐ名である。旧王都であるウイダ、ポルトノヴォに彼らの実家がある。彼らは交易商人や欧人商人との混血、帰還奴隷の末裔であり、ブラジル風の名前、肌の色、風貌の違いをもつことからブラジリアン（ブラジル人）とも呼ばれる。彼らは語学力、経済力で優位にあることからゆるやかなサークルをつくり、植民地期、独立前後などをつうじて知識層エリートとして近現代史を支えてきた［Guran 2010: 41-46; 矢澤 二〇一九：三一―四二］。現在これらの人々はベナン社会各所に分散し、明瞭な階層や差別化などは見られないという。だが、幼少時から青年期にいたる教育環境の違いはのちの就業状況に大きく関連しているようだ。カルロスは幼少期、公務員の父から歴史の話を聞いて育ったため、後に歴史教師となる。ゴメスは右足を患っていたという事情から、家庭で教育を受けている。こうした知的環境は農業人口が七―八割を占めるベナンでは特別な事例である。

アフリカにおいてこのような知識層エリートと社会との関わりは重要である。ウォーラースタインはその研究の初期に、第二次大戦から独立期前後のアフリカのエリートたちがどのように国家運営に関与したかを論じていた［Wallerstein 1965］。激動の一九六〇年代当時、伝統社会の権力構造における旧支配階層に対して、それと異なる近代的エリート層が新たに現れつつあった。この新興層の多くが学校教育を受けていたが、彼らは自分の子弟も学校に進学させようとし、次第にゆるやかなサークルで固まる傾向にあったという。これはいわば、新興層における再生産の組み換えとみなすことができる。こうした階層分離の進展が、やがて雇用機会をめぐっての社会葛藤を生じてゆく［バリバール&ウォーラースティン 一九九七（一九九〇）：三四八］。だが、変動期のアフリカでは、新興層の職業選択において、たとえば大商人の子息が官吏などの行政系の職位を志望したり、教師や医師、専門職などの当時としては目新しい職種が好まれる傾向があった［Wallerstein 1965: 4］。

こうした性向を理解するのに、社会学の文化資本論は有効かもしれない。周知の通り、さまざまな文化的諸実践 pratique は学歴資本と（父親の職業を通してとらえられる）出身階層に強く結びつけられていることが「文化資本」の再生産とされ、学校システムがそれに寄与している［ブルデュー 一九九〇：一九八 ff］。だが、一九六―七〇年代のフランス社会の具体例のなかで、ブルジョア層の子弟が、中身の不確定な職や新たな種類の産業に就くことを好んだと指摘されている。つまり、従来の職種のなかでも、当時、最も中身がはっきりと決まっていないものが他のどんな職よりも優先された。この典型が、ラジオ、テレビ、広告などのいわゆるメディアにかかわる職種だった。

ではなぜ、先の見えない、流動的で新規な産業が選好されたのか。一定の「資本」をもつ人々が、新たな学習や経験を積みなおさなくてはならないのは負担なはずだ。このことは次のように分析される。仕事の内容があいまいで未来が不確定であるということは、現状にすべて規定されるものでないということだ。だから、現在の状況をいわば仮りそめの猶予と見ることが可能となる。すなわち、未来像をぼやかしておくことは希望を残すことでもあり、現状を限界として受け入れるのではなく、先延ばしすることである。現状に不満を抱きつつも不安定、不確定を選好するのは、このようなアロドクシア［allodoxia 取り違え］があるからだとされる［ブルデュー　一九九〇：二四〇］。この考察は本書の事例に示唆的と思われる(1)。民主化という社会変動期において、未来の不安定さを引き受ける、人々の生きる技法のようなものが見えてくるからだ(2)。

これは五章で言及した変化への対し方の考察につながってくる。不透明で不確実な未来に対して、単なるロマンチシズムではなく、今日が良き日であること、そうでなければ明日こそは良くなるだろうというイメージにおいて人々は生きる。社会環境が変化し、政財界で世代交代が進みつつも、展望ではなく、不安や不確実性が広がる現代は、情報や判断力が欠如したままでやり過ごすことはできない。この点においては、ジャーナリストもオーディエンスも共通している。ベナン、トーゴにおけるラジオ、TV局のジャーナリストや参加型番組の常連たちは、中年から比較的若年層であり、一定の学歴があっても、従来、政治経済の表舞台からはじかれてきた。五章の事例では、「若者は年長者が政治を自分たちにするものであって、自分たちはそのなかに入れてもらえないと考えている」とか「(一般の人々だけでなく) 政界の野党もシャドーボクシングしているだけだ。あるべき政治ゲームに入れてもらえないから、改革はいつも効果がない」といったラジオの「意見する人々」の嘆きが想起されるだろう。特定の社会集団によって社会的ポストや国家リソースの専有が続けば、ある意味、社会状況が安定しているように見えるかもしれないが、その集団の外部にとっては変化に乏しい閉塞感しか感じられない。自由、平等であるはずのデモクラシーの、制度疲労や形骸化が生じているのである。ウォーラーステインが一九六〇年代のアフリカについて指摘した雇用機会をめぐっての社会的抗争 [Wallerstein 1965: 21-23] は、民主化三〇年を経た今日の社会において再燃している。アフリカではなく、欧米をはじめとする先進国でも、自由、平等を社会理念としながらも、格差や貧困、不平等な教育や雇用機会が再生産されることが、今日の社会問題となっている。デモクラシーの機能不全に陥ることなく、社会の流動性や活性化を図ることが、いずこにおいても課題となっているのである。

植民地支配からの独立期、社会主義革命政権期をへての民主化転換は、近代化のエリート指導層や官僚、専門技術者層（テクノクラート）が台頭する社会変動期ではあった。だが、都市住民の大多数や従来の村落住民の間では年長者優位や先住者優位などの慣習が継続したために、新規の事業や新参者がただちに興隆してきたわけではなかった。農業、商業、物流、建設業、仕立て屋や整髪店といった技能職など、暮らしに関わるさまざまな産業において、従来のやり方ではたちゆかない変化が生じていた。産業構造、経済、テクノロジーが変化しているにも関わらず、その担い手の交代は容易ではなかったのである。一定の高等教育を受け、社会変動期を職探しにあけくれた「若者」世代たちは、表舞台に上がる前の、いわば待機状態を余儀なくされてきた。近年のアフリカ社会の民族誌を「不確実性」という視角で読み込んだクーパーとプラットン Cooper, E. & Pratten, D は次のように述べている。

「若者は社会的に排除され、経済的に無力化され、政治に対しても権利を剥奪されてしまっている。これは不確実時代に育った世代であり、そして大人たちが持っているものへのアクセスを待つ状態にある世代の人々の肖像である。これに共通するのは、不確実な未来の不平等に対処するのにこの世代がなす戦術 tactics である。国際結婚や移民、さまざまな消費パターン（映画、ファッション、音楽）、さまざまな集会で対処するのだ。未来に立ち向かうことで示されるのは、不確実性が人間関係や結婚、集会などの社会形式を転換し、さらには未決定の現在と未来の展望にきわめて用心するような時間をラジカルに志向させるような圧力を生んでいることである。」［Cooper & Pratten 2015: 9-12］

不確実性に対して、人々は生き抜くためのさまざまな戦術 tactics をとると彼らはいう。社会、経済、政治的に不安定な状況におかれる一方、先行する世代とは異なる映画、音楽、ファッションなどを同世代で共有する。かつての西欧社会の事例ならば、長髪やジーンズ、ロックンロールやコミューンなどのカウンターカルチャーが想起されよう。現代アフリカ社会の場合、それは現状をかえる国際結婚や移民など、さらにどうなるかわからない選択肢も含んで不確実性に対抗する。つまり、人と人との関係やどうなるかわからない将来に注意深くなることを、不確実な現代社会によって強いられているという。ここで、本書の考察が批判的に読みとりたいのは、不確実性や不透明性から確実性へと置き換わるわけではないということだ。国際結婚や移民は必ずしも確固たる安心や安住を約束するわけではない。不確実性は、必ずしも恐怖や不安につながるわけでも、希望につながるわけでもない。人々は不確実へ対処をする。だが、いわば新たな不確実性をひきうけることで生き延びて行く。

ところで、カップFMのカルロスはベナンのジャーナリズムを批判的に捉えて次のように言っている。

「今日のジャーナリズムの真の問題とは、その無計画性だ。報道の企業化が生じていないのだ。企業化していないというのは、そこで働く多くの若者が一時しのぎのためだけにいるからだ。失業が広がっているために、皆が報道機関におしよせる。労働市場があるからね。だが彼らはジャーナリストでないし、本当になろうともしていない。もっと良い仕事につくまでの通りすがりなのだ」

この仕事一筋に打ち込み、業界の行く末を憂う彼は、次世代の人材が根付かないことが、ジャーナリズム全体の構造的問題だと考える。しかし、市場の自由化と言論のデモクラシーが広がる現場のジャーナリストたちは、就職、転職、結婚や出産などの自らのライフコースに囚われ、あらゆる「資本」を用いて職探しに必死だ。変化への展望はひらけず、労働市場は不安定で流動的だからだ。一見短絡的、刹那的に思われる行為も、次のようにとらえかえせる。すなわち、現状を続けつつ転職のあらゆる可能性を留保することで、行きづまりを先延ばしにし、不確定な将来を無限の可能性に読みかえるのである。先のクーパーとプラットンは、こうした人々の営みを「仮説的主体をなす」ことだという［Cooper & Pratten 2015: 13］。この日常的な技法が不安定を生き延び、押しつぶされない強さを彼らに与えている。

複数政党制の導入と普通選挙の実施、文民出身の国家元首、六〇年代独立期の政治アクターからの世代交代、そして近年進められている地方分権化。これらはメディアや通信事業の民間への開放を典型とするリベラル経済政策とも連動している。世界経済の危機を経験しながらも、ベナンの政治的民主化は順調に定着してきている。だが、人々の暮らしのうえでは、そのデモクラシーの機能不全ともいえる状況も、本書では見てきた。三章でみたように、ジャーナリストたちは一定の留保をつけながらも、言論の自由という点では民主化の意義を評価している。人々の政治への発言、相互の対話を促し、文化の表現を支援することをとおして彼らはデモクラシーに参与している。だが、同時に彼らはメディアに新たな市場の可能性を見出し、あらゆる「資本」を用いて模索し続けてもいる。そうした実践は、社会の構造的再生産を支えている。ここで、再生産とは恒久不変や同じものの反復ではない。状況に応じて個人の実践がたえず変化することで、構造が均衡を保ちつつ存続するのである。しかし、専門を替え、職種を替え、職場を異動する彼らの実践は、現状の限界からあえて目をそらしつつ未来の表象を受け入れるという意味で、欺瞞と不安をともなった実践の再生産であることを、本書は明らかにしたのである。

二　人とメディアとデモクラシー

最後に、本節では、ひろく近年のデモクラシー論のなかに本書におけるメディア研究の成果を接続し、その意義を確認してみたい。メディアからみたベナンのデモクラシーの事例がこうした議論にどのような知見をもたらすだろうか。周知のとおり、人や物資、情報の移動や拡散が増大した二〇〇〇年代は、社会・経済的危機や移民・難民の大量発生が世界各国で共有する問題となった。グローバリゼーションは、人々に移動や活動の自由を与えたが、紛争地域から押し寄せる難民、ヨーロッパ諸国の首都で頻発するテロリズムや未遂事件は、異なる者と共生することの困難やリスクを顕在化させた。六章で論じた宗教・世俗主義をめぐる問題も、他者との共生における文化的差異が焦点化されたものである。二一世紀に入り、グローバリゼーションによるボーダレス化や流動化という現象に抗して、むしろ経済・政治のブロック化や自国第一主義を掲げる政体が支持を集めている。こうしたなか、人文・社会諸学をまたいでデモクラシーを問う諸研究が重ねられてきた。この制度の多様性ゆえに、それに関係するさまざまなタームや概念、具体的な対象を設定して検討するなかで、デモクラシー自体の問題点や可能性を図ろうとする。「国家」「市民社会」「公共性」「共同体」や「アソシエーション」「シティズンシップ」などの隣接概念は、(3)しかし、それぞれを具体的な切り口として論じられたために、デモクラシーの外延が見えにくいものともなった［Paley 2002: 470-472］。

政治学では一九九〇年代にもラディカル・デモクラシー論が討議や政治参加のありかたをめぐって展開された［Paley 2008: 4-19; 林　二〇〇二：一九九—二二五、林　二〇一四：七一—七八、西　二〇〇九］。東西の壁崩壊、民主化ドミノにともなう社会、経済変動においても欧米的「近代」や「民主主義」は堅持すべきものとされ、ゆえに、それらの再考や刷新が強く求められたのである。ラディカル・デモクラシーは、人々に開かれた公共的討議をかさねることで、参加した市民が自らの見解を見直し、新たな視座をえてさらに討議を深めてゆくプロセスを重視する。もっともラディカルな立場では、その討議自体が合意を前提とせず、それぞれのアイデンティティを積極的に表出する「対抗者」同士の闘技agoneを主張した［ムフ　二〇〇八：五〇—五六］。九・一一同時多発テロ事件からエスカレートしていった二〇〇〇年代の暴力の連鎖、あるいは「例外状態」の継続のなかで、政治的なるものの根源的な見直しが迫られた。

そうした考察をふまえて、demosとkratiaというギリシャ語源から、デモクラシーを西洋起源とする従来の前提を相対化する議論［グレーバー　二〇二〇（二〇一四）］も生じた。むしろ、「開かれた、相対的に平等な公共的議論のプロセスを通して自分たちの課題に対処するコミュニティのやり方」をデモクラシーとするのならば、その実践は、どこでも現れるものだという。国家を典型とするような「人間の生活が強制力を備えた制度構造」の外部では、人間がデモクラティックにふるまう姿が見出せる。これは政治共同体としての国家を、デモクラシーが成立する前提におく政治学の常識からは逸脱するものだ。いっぽう、人類学では、先述のパーレイによるデモクラシーの各社会における展開［Paley 2008］や、土地固有のデモクラシー（vernacular democracy）のあり方など［田辺　二〇〇六：一〇九―一一二］、社会、政治制度としてのデモクラシーの多様性を示す研究が重ねられてきた。インド地域研究は英語での研究蓄積があるが、市民社会や政治社会なる西欧由来の術語を使いつつ、平等主義的な供犠原理である義務や奉仕や配分が現地の社会政治的連帯の枠組みとなっていると論じられる。民主的実践に地域的アイデンティティを保証するモラルや価値観を創造的に架橋する人々がそこには見られる［田辺　二〇〇六：一〇九］。

さらに、「人類」学を超えて、人間と非人間、社会と自然などの枠組みをゆさぶる近年の研究では、単一ではなくハイブリッドな自然を認識し、自然も企業も労働者も地域の有権者もさまざまな関与者が広く参加するモノの議会をとおした「モノのデモクラシー」を説いている［ラトゥール　二〇〇八（一九九七）］。従来の政治学、社会科学では、「デモクラシーはどうあるべきか？」といった規範的な問いを市民や国民がなす政治の領域だけで論じてきたために、こうした「人類」学を超えたモノのデモクラシーはいささか飛躍が大きい。だが、このデモクラシーは、ヒトとモノ、主体と客体、社会と自然などあらゆる対象を分け隔てするのではなく、さまざまなアクターのエイジェンシーのからまりやハイブリディティを前提とする。モノを含むあらゆるアクターが互いに分離しつつも同時に互いを包摂しあっている動的な関係性に注目し、それらが構築されつつあるままに捉えようとする。

本書の記述では、ジャーナリストとオーディエンス、メディア、参加型番組、普通選挙、政治体制などの諸要素が原因と結果という関係だけではなく、互いに構築し、包摂していると見ることも可能だろう。ジャーナリストは番組を担当するが、その出来はオーディエンスの参加や反応、ときには当局の規制にも依存している。オーディエンスはメディアの利用者や受け手だが、今日では電話やインターネット、SNSでの参加を通して番組の作り手ともなっており、単なる情報の受け皿ではない。彼らの積極的な介入によってジャーナリストは動かされるし、メディアに流れる市民の政治批判や意見に対して、当の政治家も無反応ではいられない。第二章で述べた二〇一一年大統領選挙でのICに関するスキャンダル批判は、参加型番組での市民の声が各地での抗議運動ともあいまって、政治を大きく揺さぶった事例であった。ヌフントレたちによるラジオをとおした市民の声が、受け手receiverからアクタンactantとなったのである。

さて、近年のデモクラシー論をふまえると、本書におけるベナンの事例研究が提起するものは何だろうか。以下、オーディエンス、ジャーナリストの順で整理してみよう。本書の四章と五章では、おもに視聴者参加番組とオーディエンスの活動をとりあげて検討した。そして、熱心に電話参加を繰り返す人々のうち、代表的な人物像を提示した。彼らの不満の電話などの活動は、その内容からも、民主化を背景として顕著になったといえる。それは普通選挙の実施や複数政党制などの制度上の変化だけではない、人々の生活様式へのデモクラシーの浸透であった。

彼らはなぜ、あれほど熱を入れて語るのだろうか。なるほど、自分が黙っていられない不満を聞いてもらおうとして電話をかける、と彼らは言う。個的な問題を集団に開こうとする、次のような語りがあった。「何か問題があれば、それは皆の問題だ（*e nyin do ploblème de wa mi we bi si ta we*）」は、一人一人が抱える問題が他の者とも関わる問題であること、私的な問題も皆が抱える問題と不可分だとする認識といえるだろう（GB氏）。そして、個々の声がメディアを通すことで「やがて多くの人の考えを変える（*kplo n nye non nan mi edi o tovi bi*）」という考えは、共有されているように思われる（AE氏）。

しかし、告発はG氏やM氏が語るごとく、国家機関その他の権威との緊張関係にある危うい行為だ。G氏のように失職したり、M氏のように脅しにあうこともある。放送の民間開放当初は、ゴルフFM自体がジャーナリストの発言を理由に業務停止の危機を経験している。G氏によれば、この事件がむしろ言論の自由について多くのオーディエンスの関心を喚起させたという。抑圧が必ずしも服従を招くわけではない。意見する人（nuhountolé）たちも、駆け引きや工夫を重ねるだろう。こうした緊張をふまえつつ、四、五章の人々の人物像を想起するのなら、常連参加者のなりわいが自由度のある人々、もしくは失業中も含めて不安定な人々であることが目につく。修理工や職人、自前の店をもつ床屋や仕立て屋がラジオの固定ファン層といえる。彼らは自分の仕事をしつつ、不満の声をメディアにぶつける。これらとM氏のいう、不満の声を人に委託する匿名の依頼者の事情とがつながってくる。

依頼者がリークするのは自分の身近に起きている不正情報だ。彼らの多くは組織のうちにいるがゆえに、矛盾や不祥事に通じている。だが、その内部での軋轢や衝突をさけるため、おいそれと組織を告発することはできない。役所や政府系企業に不満をもつことが多い中で、自分の組織の矛盾はできればなくなって欲しいと思う人は少なくない。つまり、組織の内部に滞る不満のうち、いくらかを掬い上げ、発散する役を組織外の常連参加者が果たしているという構図が読み取れる。そして、そこには謝礼をめぐる取引やビジネスも入り込む。たしかに放送への参加はおもてむき、国の進歩や発展がスローガンとして説明される。だがそれと同時に、威信や知名度向上をもくろむ話者のアピールがあり、参加者の歯切れのいい発言のうらには電話の代理を依頼する人と常連参加者の取引もまた潜んでいる。五章H氏がまとめる常連どうしのネットワークは、不協和が生ずるときもあるが、それはこうした「取引」の相場や商談の情報交換を含むがゆえともいえる。

他方、ジャーナリストも、その多くが長時間の緊張する業務や低賃金にあえいでいる。それゆえ、彼らはしばしば取材先から謝礼を得て中立性を欠いた報道をしてしまい、批判されている。ベナンのジャーナリストであり、メディア研究者のペレは次のように言っている。

「要するにベナンの情報産業は商業化されてしまっていて、なによりも取引をして生活費を稼ぐ手段でしかなくなっている。こうした論理が富の蓄積をみちづけして、ベナン社会の特徴となっているのだ。この国での一九九〇年以来の処罰されない文化で補強されている。こうした状況では、ジャーナリストを含めて皆が何でも許されると思ってしまっている。さらには報道業界人の腐敗行為は政治家や財界人からでるお金と同じくらい当然だとさえ思われている。しまいには、報道人は利害関係者の目をつぶらせる、再分配の経済にも加わってしまうだろう[(4)]」[Perret 2005: 122, 243-245]

このような状況で、近年では一般の民衆のあいだにメディアとジャーナリストへの不信感が広がりつつもある。映像や音声、言説で形づくられる世界であるからこそ、メディアの空間にはつねに狡知や虚飾が入り込む危険性がある。フランスのメディア業界における言論の生成について論じたブルデューは、次のように指摘する。

「ジャーナリストの世界というのは分裂している世界であり、争い、競争、敵対が存在する。（…）（この）職業は最も多く、不安、不満、反抗、あるいはシニカルなあきらめが存在している職業の一つです。人々が体験し続けている（…）労働の現実に対する怒り、憤り、あるいは落胆は、ジャーナリズムのなかでは極めて広範に表明されています」［ブルデュー　二〇〇〇：九七－一〇〇］

ジャーナリズムは言論の自由を標榜する。だが、現実にはメディアが広告主に経済的に依存し、番組のホストとゲストの人選から放送内容、発言まであらゆる拘束をうけ、それらが権力構造から生み出されつつ、その構造を補強し再生産する関係にある。一見自由な討論番組でも、話者の「資本」やその社会的地位、人間関係によって発言が生み出されており、批判的であるべきジャーナリズムでも互いに無数の拘束と統制を押し付けあって、それを「職業倫理」として尊重する。ブルデューはこうした記述をとおして、ジャーナリスト自身が抱えるストレスが個人的、心理的なものでなく、社会的、構造的な問題であることを明るみに出した。ベナンの事情に照らしても、メディア側へのオーディエンスの不信感は、政治経済をふくむ構造的問題なのである。

ビジネスと金儲け主義 affairisme［Adjovi 2003］が横行するメディア業界の「慣行」は、五章のM氏の実践から窺われるとおり、今日、オーディエンスにも広がっている。不満を叫ぶ参加者のなかには、自らの見聞ではなく、人の依頼による代行業をなりわいとする者もいる。不満の放送をアピールの機会として、自らのキャリアのステップアップに利用する場合もある。内容の事実確認は、放送によってはきわめてルースな場合もある。局側は参加者の電話で番組を埋めることで手一杯だからだ。それゆえ、参加番組では、過剰な暴露趣味や売名欲、自己顕示、ビジネス化までまきこみつつ、多くの言論が交錯する場が生じている。こうした場は、本書の序章で整理、検討した理性的討議や規範を志向する公共圏のモデルからは逸脱とみなされるだろう。また、そうした相対的に平等な公共的議論のプロセスによって担保されるデモクラシー像にとっても、不健全となるかもしれない[5]。はたして、ベナンのメディア状況とは、デモクラシーの逸脱なのだろうか。

欧米ではリベラル・デモクラシーの機能不全や過剰な市場原理に対して、公共圏の規範性が求められる。視聴率だけを追い求めるのではなく、メディアは何をどう伝えるべきかを問い、反省性や規範性を取り戻せ、というわけである。また、四章で言及したパブリック・ジャーナリズム運動も、市民文化（civic culture）教育という側面では、コミュニティの倫理性復権が目指されていた。だが、本書の多くのインタヴュー内容が示すのは、道徳や倫理の啓蒙をメディアに求めるのとは異なる意図の存在である。つまり、メディアには声や姿が遠くに伝わるというモノとしての楽しみがあり、音楽やパフォーマンスなどの娯楽性が魅力として具わっている。それは規範性や有用性といった理念型とは異なるありかたである。一章での一般の人々へのアンケート結果からわかるように、兄弟のお下がりのラジオを使い、やがて自分のラジカセを買いもとめ、携帯電話を持つのは楽しいことだ。電話がつながり、番組に参加することは幸運なことなのだ。自由な言論や対話を持続的 sustainable とするのは、絶えず人の参加を呼び込み対話を促す、こうしたインセンティヴが不可欠である(6)［カラン 一九九五：一六五、Jenkins 2006; Bosch 2011: 82-84］。

聞く、語る、参加するというメディアや番組のもつ魅力からも、アフリカのメディア文化ではデモクラシーを支えるのが規範性や倫理の復権にとどまらない広がりが感じられる。二章における大統領の再選に沈黙したジャーナリストは、その後も局内で報道業務を続けている。五章の政権への批判的ジャーナリストは、多数派与党の党員となり、党内部の人脈を使って政治情勢の取材を行っている。オーディエンス側ならば、ヌフントレの「何か問題があれば、それは皆の問題だ」（四章）は、聞き手が伝え手となり、問題を共有する他の聞き手がさらなる伝え手となるために、熱を帯びることも意味している。しかし、彼らもつねに権威への批判を繰り返し、衝突しているばかりではなく、放送で政権へのエールを送ったり、和解したり、遠まわしに述べたり、オーディエンスの間で連帯したりする。四章、五章で武勇伝よろしく、自分の批判的立場を「怖いものなどない」と強がる彼らも、語りのなかに比喩表現やジョークをからめ、ときには妥協もしつつ、相手との一進一退を繰り返している。いわば、権威に対して逃げつつ闘っているのである。ジャーナリストも新聞、ラジオ、テレビなどさまざまな媒体、放送局を異動しながら、そんなオーディエンスの声を拾いあげようとする。

このようなベナンの状況は、先述のようなデモクラシー論に重ねることは可能だろうか。なおも慎重な検討を要するが、規範論的性質をもつ公共圏やデモクラシーの議論は、ベナンの事例における抑圧と駆け引きという現実にそのままでは適用できないように思われる。これらは多様な市民団体や市民社会が展開する欧米の状況を想定しているからだ。ラディカル・デモクラシー論においても、対抗関係のヘゲモニー闘争を前景化するのだが、多元的な価値観を容認するリベラリズムが前提となっている。この議論は、むしろゆきすぎたリベラリズムによるデモクラシーの機能不全を懸念するために、敵対関係を懐柔して闘技性 agonism を活性化させるという［ムフ　二〇〇八：三三―三九］。だが、ベナンのヌフントレたちは現状に嘆息しながらも、入念に下書きを準備して電話をかけ続ける。彼らの逃げながら闘うしたたかさは、こうした論理からは後景に退いてしまう。

　また、モノのデモクラシーは、モノや非―人間などもアクターとすることで人を超えた災害や気候変動、環境問題などに考察を導く。たしかに諸要素の配置や連関、構成を明瞭にはするが、政治に関わるアクターの感情や虚勢が混じった妥協、戦略、技法を描くことは難しいと思われる。デモクラシーのありかたをめぐるこうした議論が、アフリカの一地域の事例と容易に重ならないのは、社会学、政治学や科学論などの、論が立脚する学的背景にもよるだろう。科学的発見やテクノロジー、イノベーションの構築性や連関の動態を解くのに、感情や虚偽といった要素は妨げとなるかもしれない。だが、異なる領域や視座からの議論をつきあわせてゆくことで、問題が明らかとなったり突破 breakthrough を見出すことにもなる。

　ベナンのメディア事情では、局側は話者の自由度を生かして聴取率を確保しながら、政治への批判的論調を醸成しようとする。人々はその枠組みのなかで、だが番組によっては冗舌となり逸脱しながらも、発言の可能性をさぐっている。このようなせめぎあいの中にあるベナンのメディア状況を理解するには、感情や象徴、駆け引きや取引きという実践性をみてゆくことは避けられない。意見する人々は極端な場合には失職したり、告発した政治家サイドに詰問されたりもする。こうした権力側の潜在的脅威は、今日、なおも続いている。人々は発言する（nu hou）営みに参加し、自らの戦略とメディアとの駆け引きを労しながら、デモクラシーの手探りを続けているのである。

注

（1）ブルデューのフランス社会研究と現代西アフリカ都市との対照は慎重にすべきかもしれない。だがむしろ本論が受け取りたいのは、変動期にある社会と人々がもつ、ある種の共通性である。後述する、不確定な未来をやがて来るべき何かと捉える「取り違え」は、時代や地域をこえて相似する生活戦略といえる［cf. ブルデュー一九九〇（一九七九）：三一七―三一九］。それゆえ、今日の私たちにも無関係ではない。また、このことはメディア業界に限らないという見方もあるだろう。だが、他者とつながる情報発信や表現としてのメディアという場、未整備であるがゆえに創意工夫が許されるこの場では、とりわけ端的にあてはまる、と考える。

（2）人々の日々の暮らし方、art＝技法という語をもちいたが、従来からさまざまな論者が「実践」や「戦略」や「狡知」や「作法」なる術語で論じている。それらは論者により、対象の主体性を前景化するのなら戦略や狡知とよぶこともあろう。だが社会の矛盾に批判の声をあげたり、散発的なデモ活動に参加したりする一方で、妥協したり、逃亡したり、傍観したり、硬軟とりまぜての対応をすることをさして「技法」の語を用いた。

（3）国家やそれにともなう政府、議会、政党、軍、選挙といった枠組みの分析は、政治学が専門としており、人類学もその多くを学んできた。だが、政治学も国家に対する人々の意識や文化要素の考察では積極的に人類学と連携してきた。ナショナリズムをめぐって、B・アンダーソンは政府や選挙、官僚や軍ではなく、無名戦没者の慰霊碑といった人々の記憶や意識、想像から国家を論じ、そのイメージを共有し拡散する装置として印刷技術や資本主義経済を論じた。E・ゲルナーも秩序の強制に携わる制度の集合体を国家とし、それと民族を一致させようとする原理であるナショナリズムの拡散について、教育やメディアによる拡散を論じていた［cf. Sharma & Gupta 2006: 7-8］。

アフリカの諸国家の人類学的研究では一九九〇年代の東欧民主化を背景として、抗国家性や自律性をもつ市民社会に注目があつまるなかで、近代国家を再考する流れが出てきた。コマロフやゲシーレ、ファーガソンらの政治人類学がそれであり、日本では小川［一九九八］の独創的な研究がある。「再考」と記したのは、アフリカの政治人類学は、エヴァンス・プリチャード＆マイヤー・フォーテスの「アフリカの政治体系」とその「国家なき社会」と「未開国家」との区分が主要な参照点となり、地域性や民族性が固有の政治システムを個別研究から明らかにしてきたからである。一九九〇年代に入って、伝統王国の首長と近代国家との関係性を論ずる研究が現れてくる。いずれにしてもアジア社会におけるような、出版物やそれを流通させる経済、教育制度などをとおして国家イメージや国民意識が醸成されるのとは異なった状況論がアフリカの政治をめぐって議論されてきたといえる。

（4）現場のジャーナリストは他のジャーナリストやライバル局との聴取率競争というストレスにさらされている。そして、権力側との癒着や金銭の受け取りは、劣悪な労働環境での生活戦略ともいえるほど切実である。ベナンのメディア研究者アジョヴィAdjoviは、ジャーナリズム業界にゆがんだ商業主義、金儲け主義があると告発し、政治家と記者とのあいだにある情報とワイロの取引きを、多くの証言や事例とともに指摘している［Adjovi 2003: 163-168］。

（5）むろん、メディアの娯楽性が、三章の参加型番組で言及した過剰なインフォテイメント化に流れる可能性は多分にある。ハーバーマスは資本主義の展開過程での、社会領域が国家の統制に組み込まれる「再封建化」により、代表具現者による言論が力をもち、公共圏の批判的性質が薄れてしまうと論じた［ハーバーマス一九九四：三〇〇―三二〇］。これをひきつつ、ムダイは独立期前後での統治者のイデオロギー的道具であったメディア（ラジオ）が、近年の自由化、民営化にも関わらず、再び人々の自由な言論や意見交流の場を囲い込んでいると指摘する。

「近年のアフリカ放送事業の自由化の結果生じたことは、ラジオの三面記事化や数々の馬鹿げた放送だった。過度な誇張や情報のエンタテインメント化は、とくに都市の若者音楽やそれに類したものについて進んでいる。そのかわり、メディアにもっとも依存した地域住民にとって有用な、まじめなニュースや情報が損なわれてしまった」［Mudhai 2011: 264-265］

（6）番組では、ジャーナリストは司会役だが、今日、オーディエンスは携帯電話やスマートフォン、ＳＭＳやＳＮＳのテキストメッセージなどで番組コンテンツの作成にも加わっているという意味で、情報の送り手と受け手、作り手と消費者とは区分できなくなってもいる［Willems & Mano 2017: 8f］。したがって、次のような見方も可能だ。人々はラジオに聞く楽しみを見出し、参加型番組に批判的思考を促される一方、こうした聞き手の電話で番組は成り立っている。近年の速報的なＳＭＳメッセージは番組のスピード感を変えたし、ＳＭＳ自体が知人との連絡手段から特異な略語や掛詞を用いて放送と連動するという明らかな変化を遂げている。このように、複数の人、モノ、メディア、情報はおのおのエイジェンシーを行使しつつ自らも変容し、相互に包摂しあっている。このような見方は従来のデモクラシー論の硬直化を回避し、本文で述べた「モノのデモクラシー」への展望を拓くだろう。

あとがき

屋台の一角にびっしりと貼りだされたおびただしい種類の新聞に人々が食い入るように見入っている。脇にはつけっぱなしのFMラジオがニュースや音楽を流している。街中の軽食屋台の近くでよくみかける光景である。役所や病院、ホテルなどまとまった部数の新聞を仕入れる客は店内で読み比べるが、それ以外の二〇〇CFAの小銭が惜しい客はオモテの瓦版を斜め読みするのだ。そしてその傍らでは、新聞から、ラジオから伝えられた政治ニュースをめぐって議論がなされている。本書はこうしたアフリカのごく普通の人々のニュースへの関心、メディアへの興味について魅了されたことから探究がはじまり、ようやくのその中間地点でまとめられた報告書である。筆者がフィールドとして学び続けるベナンについての二冊目の民族誌として著した。ラジオや他のニューメディア、都市居住の人々をインフォーマントとしているために「民族」色が薄いかもしれない。だが、（前著で在来信仰をあつかったのと同様に）ベナンを理解するためにはこれを知らなくては（かなわない）、という考えで取り組んだものである。

村落での長期の住み込み調査をおこなった一九九〇年代と違い、日本と往復し、短期集中とせざるをえない本書の調査ではなかなかに進展をみないというもどかしさもあった。だが人々にもっとも近いメディアであるラジオの調査を重ねるにつれて、この国の放送業界や事業の沿革よりも、具体的な放送する人々、聞く人々、そして参加する人々自身へと興味関心が広がっていった。本書でも記したように、西洋で一八世紀イギリスのコーヒーハウスを起源とされた自由な「討議する」場は、アフリカでは屋台やキオスクそしてラジオで展開している。文字の出版物よりも、耳学問の情報で人々は活発に話し合っている。こうしたことは、民主化以降、政権交代が起き、体制が転換する社会変動期にあって、顕著なことのように思われた。さながら、街頭の議会（道端議会）parlement de la rue とでもよぶべきものに、近年注目が集まっている。それはカイロのタハリール広場やニューヨークのズコッティ公園などのような規模や凝集性をそなえた場所だけでなく、ラジオ放送やネット空間にまでも広がる。いずれにせよ、熱っぽい議論の場に出くわすたびに、マクロな政治情勢への理解不足だけでなく、目の前のこれほど個性的な人々の魅力を、わが身の非力さによって伝えきれないことにもどかしさがつのっていった。

したがって、本研究のカウンターパートとして、ファブリス・ゴメス氏、ジェローム・カルロス氏、パスカル・ダウェ氏、ディダス・トス氏、バリー・アマナ氏、サス・ガウォ氏、オノレ・モズュロ氏に深く感謝申し上げたい。放送業界でレジェンドであり、現役のトップジャーナリストである彼らは、私にとってフォフォ（fofo 兄貴）であり、メガン（megan 長老）であった。ベナン、トーゴの地域研究をしてきたとはいえ、国内外の歴史、政治、経済からスキャンダルの話題までさまざまな情報に通じた彼らとの対話はみずからの浅学を恥じるばかりだった。そして、本書では仮名としながらも、我々の声を、思いを伝えてくれ、と話してくれた多くのヌフントレたちに深く感謝する。語ることが困難な状況においても、語り続ける大切さを、彼らから学び取ってゆきたい。

本書のまとめ作業は、世界中が新型コロナウイルス感染症の脅威にさらされるなかで行なわれた。わが国では移動が禁じられ（正確には自粛要請され、だが）、人付き合いは社会的距離 social distance を守って行われ、多くの人が同じメディアの報道に接していた。直接的な対話から間接的―媒介の対話へ。親密な距離感から社会的距離を保った関係に。音や映像などで遠くに離れた人どおしをつなぐ媒介―媒体が、密な交流をへだてる媒体となった。本書のベナン、トーゴの放送局でも、感染状況の情報提供とともに、手洗いやうがい、ソーシャルディスタンスなどについて、一時間ごとにアナウンスするようになったり、複数ゲストをスタジオに招いてのトークラジオも、リモートに切り替えたり人数を限定するなどの対策がとられた。これに関する文明論的な解釈はさまざまあろうが、いままでとは異なった関係や対応をせまられることは必至と思われる。

人々のコミュニケーションはテレビからスマートフォン、タブレットなどの電子通信網を介して行なわれ、個人個人がいわばメディア漬けの日々を送っている。人を隔てるとともに再びつなぎあわせるメディアとは、今後どのような位置づけになってゆくのだろう。メディアへの問い直しは、本書のような地域研究との比較とともに繰り返されていくと思われる。

本書は以下の文部科学省科学研究費補助金による現地調査の成果の一部である。関係諸機関には心から御礼申しあげる。

日本学術振興会科学研究費補助金「変動期西アフリカにおけるメディアの民主化とリテラシーに関する研究」（研究代表者：田中正隆、二〇一〇〜二〇一二年度）

日本学術振興会科学研究費補助金「変動期アフリカ系社会におけるメディアリテラシーと公共圏の展望」（研究代表者：田中正隆、二〇一五〜二〇一七年度）

日本学術振興会科学研究費補助金「民主化以降、世代交代がすすむ西アフリカにおいてメディアと若者が抱く「変化」の展望」（研究代表者：田中正隆、二〇一九〜二〇二二年度）

また本研究の遂行過程で加えて頂いた以下の研究会での討論から多くの刺激を頂いた。記して感謝したい。

東京外国語大学アジア・アフリカ言語学研究所共同研究「現代アフリカにおける〈国家的なもの〉に関する研究：ニューメディア・グローバリゼーション・民主主義」（二〇一二〜二〇一四年）：代表　内藤直樹

国立民族博物館共同研究「呪術的実践＝知の現代的位相――他の諸実践＝知との関係性に着目して」（二〇一四〜二〇一八年）：代表　川田牧人

本書の一部の章の初出は以下のとおりである。いずれも本書の論旨と一貫させるための大幅な改稿や再検討を加えている。

第二章「ベナンのメディアとパブリックなるもの――参加型番組の事例から」『森羅万象のささやき――民俗宗教研究の諸相』鈴木正崇編、風響社、三四七―三七四（二〇一五年三月）
第三章「ジャーナリストと生活戦略――民主化以降ベナンにおける人とメディアの関わり」『文化人類学』（日本文化人類学会）第七七―一号、一―二六（二〇一二年七月）
第四章「メディアをめぐる公共圏の検討――ベナンの視聴者参加番組の事例をとおして」『国立民族学博物館研究報告』四〇―一、一四九―一九二（二〇一五年六月）
第六章「ベナンにおけるブードゥのメディア転回」『現代世界の呪術――文化人類学的探究』川田牧人・白川千尋・飯田卓編、春風社、二〇三―二二六（二〇二〇年五月）

人類学の初歩の段階からご指導を賜った宮家準先生、鈴木正崇先生、和崎春日先生、長島信弘先生、浜本満先生、内堀基光先生、清水昭俊先生、には深く感謝申し上げます。学位論文以降もおりにふれて研究の指針を示していただいた機会は数え切れない。学位やタイトルのためだけではない、「人類学者の通常業務」を継続して行くことを日々教えられている。筆者のアフリカ研究を初期から真摯にうけとめ、ご助言いただきながら、すでにご逝去された、阿部年晴先生、渡辺公三先生に謹んで御礼を申し上げます。今後も一心に精進を続けて行こうと思う。

本書の刊行には令和二年度（二〇二〇年）の大谷大学学術出版物刊行助成の交付によって可能となった。関係する諸機関、諸氏に深く感謝申し上げたい。

また、本書の刊行に多大なるご尽力を頂いた風響社の石井雅氏に格別の御礼を申し上げる。

最後に、私という存在を、愛し、理解し、今日まで支えてくれる家族に本書を捧げます。有難うございました。

著者

二〇二二年二月

参考文献

〈外国語文献〉

Adjovi, Emmanuel V.

2003 Liberté de la Presse et Affairisme médiatique au Bénin. *Politique Africaine* no. 92 : 157-172.

2007 La voix des sans voix: la radio communautaire, vecteur de citoyennete et catalyseur de développement en Afrique. *Africulture* no.71 : 90-97.

Allagbada, Noël

2014 *Une Histoire des Médias en République du Bénin*, Cotonou: Star Editions.

Amouzouvi, Hippolyte

2014 *La religion comme business en Afrique: Le cas du Bénin*. Paris: L Harmattan.

Apter, Andrew

1999 IBB = 419 : Nigerian Democracy and the Politics of Illusion. In Comaroff & Comaroff (eds.), *Civil society and the political imagination in Africa*, 267-307 (Chicago: The University of Chicago Press.)

Askew,Kelly

2002 Introduction In *The Anthropology of Media: A Reader* Askew,Kelly & Richard R. Wilk (eds.) pp.1-13. Blackwell.

Askew,Kelly & Richard R.Wilk (eds.)

2002 *The Anthroplogy of Media: A Reader*. Oxford: Blackwell.

Bako-Arifari, Nassirou

1995 Démocratie et logique du terroir au Bénin. *Politique Africaine* 59: 7-24.

Banégas, Richard

2003 *La Démocratie à pas de caméléon : Transition et Imaginaires politiques au Bénin*. Paris: Karthala.

Barber, Karin

1981 How Man Makes God in West Africa : Yoruba Attitude Towards the Orisa. *Africa*. 51(3) : 724-745.

1997 Prelimenary Notes on Audiences in Africa. *Africa*. 67 (3) : 347-362.

2007 *The Anthropology of Texts, Persons and Publics: Oral and Written Culture in Africa and Beyond*. Cambridge: Cambridge University Press.

Bayart,Jean-François (ed.)

1993 *Religion et modernité politique en Afrique noir*. Paris: Karthala.

Bessire, Lucas & Daniel Fisher

2013 The Anthropology of Radio Fields. *Annual Review of Anthropology* 42,（2013）, 363-378

Bird,S. Elizabeth. (ed.)

2010 *The Anthropology of News and Journalism*. Bloomington: Indiana University Press.

Bosch, Tanja

2011 Talk Radio, Democracy and Citizenship in(South)Africa. In Wasserman, Herman. (ed.) *Popular Media, Democracy and Development in Africa*., pp.75-87. London: Routledge.

Bourdieu, Pierre

1977 *Outline of a Theory of Practice*. Cambridge: Cambridge University Press.

Bourgault,Louise M.

1995 *Mass Medias in Sub-Saharan Africa*. Bloomington: Indiana University Press.

Calhoun, Craig, VanAntwerpen, Jonathan & Mark Juergensmeyer

2011 *Rethinking Secularism*. Oxford University Press.

Cefaï, Daniel and Dominique Pasquier. (dirs.)

2003 *Les Sens du Public. Publics Politiques, Publics Médiatiques*. Paris: Presses Universitaires de France.

Cody,Francis

2011 Publics and Politics. *Annual Review of Anthropology* 40: 37-52.

Comaroff, John & Jean Comaroff (eds)

1993 *Modernity and its Malcontents: Ritual and Power in Postcolonial Africa*. Chicago: University of Chicago Press.

1999 *Civil society and the political imagination in Africa : critical perspectives*. Chicago: University of Chicago Press.

Constantin, François & Christian Coulon (eds.)

1997 *Religion et transition démocratique en Afrique*. Paris: Karthala.

Cooper, Erizabeth & David Pratten (eds)

2015 *Ethnographies of Uncertainty in Africa*. New York: Palgrave Macmillan.

Crossley, Nick and John Roberts (eds.)

2004 *After Habermas: New Perspectives on the Public Sphere*. Oxford: Blackwell.

Dahlgren, Peter

2002 In Search of the Talkative Public. *The Public*. 9 (3) : 5-26. Javnost.

De Surgy, Albert

2002 Le choix du monde spirituel comme espace public. In Corten, André & André Mary (eds.) *Imaginaires politiques et pentecôtismes*. :40-59 Paris: Karthala.

De Vries, Hent & Samuel Weber (eds)

2001 *Religion and Media*. California: Stanford University Press.

De Vries, H (ed)

2008 *Religion: Beyond a Concept*. New York: Fordham University Press.

De Witte, Marleen

2009 Modes of Binding , Moments of Bonding, Mediating Divine Touch in Ghanaian Pentecostalism and Traditionalism. In Meyer (ed) *Aesthetic Formations: Media, Religion, and the Senses*. 183-205 Palgrave

Macmillan.

2015 Media Africania: Styles and Strategies of Representing "Afrikan Traditional Religion" in Ghana. In Hackett & Soares (eds) *New Media and Religious Transformations in Africa*. 207-226 Indiana University Press.

Eickelman, Dale. F. & John W. Anderson (eds)

2003(1999) *New Media in the Muslim World*. Bloomington: Indiana University Press.

Eisenlohr, Patrick

2011 The anthorpology of media and the question of ethnic and religious pluralism. *Social Anthropology* 19(1) :40-55

2012 Media and Religious Diversity. Annual Review of Anthropology 41: 37-55.

2014 Religion publique et médiation religieuse chez les musulmans mauriciens. *Social Compass* 61(1): 48-56.

Ekeh, Peter

1975 Colonialism and the Two Publics in Africa: A Theoretical Statement. *Comparative Studies in Society and History*. 17 (1) : 91-112.

1992 The Constitution of Civil Society in Afircan History and Politics. In Caron,B., Gboyega, E. and E, Osaghae. (eds.) *Democratic Transition in Africa*. pp.83-104. Ibadan: CREDU.

Engelke, Matthew

2010 Religion and the media turn: A review essay. *American Ethnologist* 37(2): 371-379.

2015 Secular shadows: African, immanent, post-colonial. *Critical Research on Religion*. 3(1): 86-100.

Englund, Harri

2011 *Human Rights and African Airwaves: Mediating Equality on the Chichewa Radio*. Bloomington: Indiana University Press.

Fardon, Richard. & Graham Furniss (eds.)

2000 *African Broadcast Cultures*. Oxford: James Currey Publishers.

Forte, Jung R.

2009 Marketing Vodun : Cultural tourism and dreams of success in countemporary Benin. *Cahiers d'Etudes*

Africaines.193-194 : 429-451.

Frère, Marie-Soleil
2000 *Presse et democratie en Afrique francophone*. Paris: Karthala.

Geschiere, Peter
2013 *Witchcraft, Intimacy & Trust: Africa in Comparison*. Chicago: The University of Chicago Press.

Gifford, Paul
1998 *African Christianity : Its Public Role*. Bloomington: Indiana University Press.

Ginsburg, Faye, Lila Abu-Lughod & Brian Larkin (eds.)
2002 *Media Worlds: Anthropology on New Terrain*. Berkeley and Los Angeles: University of California Press.

Gratz, Tilo
2011 'Paroles de vie': Christian radio producers in the Republic of Benin. *Journal of African Media Studies* 3(2):161-188.
2014 Radio Call-In Shows on Intimate Issues in Benin: 'Crossroads of Sentiments' *African Studies Review*. 57(1) : 25-48.

Guran, Milton
2010 *Agoudas: les Bresiliens du Bénin*. Paris: La Dispute.

Haas, Tanni
2007 *The Pursuit of Public Journalism: Theory, Practice, and Criticism*. New York: Routledge.

Hackett, Rosalind
1998 Charismatic / Pentecostal appropriation of media technologies in Nigeria and Ghana. *Journal of Religion in Africa*. 28(3) : 1-19.
2015 Traditional, African, Religious, Freedom ? In Sullivan, W.F, Hurd,E.S., Mahmood,S and Danchin, P.G.eds. *Politics of Religious Freedam*. Chicago: University of Chicago Press.

Hackett, Rosalind & Benjamin Soares (eds)
2015 *New Media and Religious Transformations in Africa*. Bloomington: Indiana University Press.

Hannerz, Ulf

2002 Among the Foreign Corresondents: Reflections on Anthropological Styles and Audiences. *Ethnos*. Vol. 67(1), 57-74.

Head, S.W. eds.

1974 *Broadcasting in Africa*. Philadelphia: Temple University Press.

Hirschkind, Charles

2006 *The Ethical Soundscape: Cassette Sermons and Islamic Counterpublics*. New York: Columbia University Press.

Hyden, Goran, Leslie, Michael and Folu Ogundimu. (eds.)

2002 *Media and Democracy in Africa*. New Brunswick: Transaction Pub.

Iroko, Félix

2001 *Le Président Mathieu Kékékou : Un homme hors du commun*. Cotonou: Les Nouvelles Editions du Bénin.

Jenkins, Henry

2006 *Fans, Bloggers, and Gamers: Exploring Participatory Culture*. New York: New York University Press.

Kapferer, Bruce, Telle,Kari & Annelin Eriksen (eds.)

2010 *Contemporary Religiosities: Emergent Socialities and the Post-Nation-State*. New York: Berghahn Books.

Kékou, Akan, C.

2010 *Amour & Désamours : des alliances politique pour batir une nation, 50 ans après les indépendence*. Cotonou: COPEF.

Larkin, Brian

2007 *Signal & Noise:media, infrastructure,and urban culture in Nigeria*. Durham and London: Duke University Press.

2009 Islamic Renewal Radio and the Surface of Things. In Meyer (ed) *Aesthetic Formations: Media, Religion, and the Senses*. pp.117-136 : Palgrave Macmillan.

Lewis, Lisa (ed.)

1992 *The Adoring Audience*. London: Routledge.

Mahmood, Saba

2005 *The Politics of Piety: The Islamic Revival and the Feminist Subject*. New Jersey: Princeton University Pres.

Malkki, Liisa H.

1995 *Purity and Exile*. Chicago: University of Chicago Press.

Mayrargue, Cédric

2006 Yayi Boni, Un president inattendu ? *Politique Africaine* (102) June: 155-172.

2009 Pluralisation et compétition religieuses en Afrique subsaharienne. Pour une étude comparée des logiques sociales et politiques du Christianisme et de L'Islam. *Revue Internationale de Politique Comparée* 16(1): 83-99.

Mazzarella, William

2004 Culture, Globalization, Mediation *Annual Review of Anthropology* Vol. 33 : 345 -367.

Mbembe, Achille

2001 *On the Postcolony*. Berkeley: University of California Press.

2002 African Modes of Self Writing. Public Culture 14(1) : 239-273.

Mendieta, Eduardo & Jonathan VanAntwerpen (eds)

2011 *The Power of the Religion in the Public Sphere*. New York: Columbia University Press.

Meyer, Birgit and Annelies Moors. (eds.)

2006 *Religion, Media and the Public Sphere*. Bloomington & Indianapolis: Indiana University Press.

Meyer, Birgit

2004 Praise the Lord Popular cinema and pentecostalite style in Ghana's New Public Sphere. *American Ethnologist* 31(1): 92-110.

2006 Impossible Representations: Pentecostalism, Vision, and Video Technology in Ghana. In Meyer & Moors (eds) *Religion, Media and the Public Sphere*. Indiana University Press.

2008 Religious Sensations: Why Media, Aesthetics, and Power Matter in the Study of Contemporary Religion. In

De Vries, Hent (ed) *Religion: Beyond a Concept*. New York: Fordham University Press., pp. 704-723.

2012 Religious and Secular,'Spiritual' and 'Physical'in Ghana. In Bender, C. and Taves, A. (eds), *What Matters? Ethnographies of Value in a Not So Secular Age*. New York: Columbia University Press, pp. 86-118.

Meyer, Birgit (ed)

2009 *Aesthetic Formations: Media, Religion, and the Senses*. New York: Palgrave Macmillan.

Monga, Célestin

1996 *The Anthropology of Anger: Civil Society and Democracy in Africa*. Boulder CO: Lynne Rienner.

Moore, Henrietta.L. & Tod Sanders (eds.)

2001 *Magical Interpretations,Material Realities : Modernity,Witchcraft and the Occult in Postcolonial Africa*. London: Routledge.

Mudhai, Okoth.Fred

2011 Survival of 'radio culture' in a Converged Networked New Media Environment. In Wasserman, Herman. (ed.) *Popular Media, Democracy and Development in Africa*, pp.253-268. London: Routledge.

Mudhai, O. F., Tettey, W. and Banda, F. (eds.)

2009 *African Media and the Digital Public Sphere*. New York: Palgrave Macmillan.

Mwesige, Peter

2009 The Democratic Functions and Dysfunctions of Political Talk Radio: The Case of Uganda. *Journal of African Media Studies*. Vol 1 (2) : 221-245.

Ninan, Sevanti

2009 Local News Gatherers.. In Arvind Rajagopal (ed.), *The Indian Public Sphere*, Oxford University Press., 260-277.

Nyamnjoh, Francis

2005 *Africa's Media*. London and New York: Zed Books.

Ocwich, Denis

2010 Public Journalism in Africa: Trends, Opportunities and Rationale. *Journal of African Media Studies*. Vol. 2 (2)

: 241-254.

ODEM (Observatoire de la Déontologie et de l'Ethique dans les Médias)

2001 *Étude sur l'État des Médias au Bénin 1998-2000*. Friedrich Ebert Stiftung.

大林稔 & Nuama, Ekou

2000 Étude sur la situation et les difficultés de la presse écrite en Côte d'Ivoire『龍谷大学経済学論集』40(2): 1-21.

Ogouby, Laurent O. G.

2008 *Les religions dans l'espace public au Bénin : Vodoun, christianisme, islam*. Paris: L'Harmattan.

Paley, Julia

2002 Toward an Anthropology of Democracy. *Annual Review of Anthropology*. 31: 469-496.

Paley, Julia (ed.)

2008 *Democracy: Anthropological Approaches*. Santa Fe, NM: SAR Press.

Perret, Thierry

2005 *Le Temps des Journalistes*. Paris: Karthala.

Piot, Charles

2011 *Nostalgia for the Future: West Africa after the Cold War*. Chicago: University of Chicago Press.

Rajagopal, Arvind (ed.)

2009 *The Indian Pubic Sphere: Readings in Media History*. New Delhi: Oxford University Press.

Robinson, Pearl T.

1994 The National Conference Phenomenon in Francophone Africa, *Comparative Studies in Society and History*, 36-3, 575-610.

Roschenthaler, Ute & Dorothea Schulz (eds.)

2016 *Cultural Entrepreneurship in Africa*. London: Routledge.

Rothenbuhler, Eric W. and Mihai Coman. (eds.)

2005 *Media Anthropology*. London: Sage Publications.

Schulz, Dorothea E.

2012 *Muslims and new media in West Africa: Pathways to God*. Bloomington: Indiana University Press.

Sharma, Aradhana & Akhil Gupta (eds.)

2006 *The Anthropology of the State: A Reader*. Oxford: Blackwell.

Spitulnik, Debra

1993 Anthropology & Mass Media. *Annual Review of Anthropology* 22: 293-315.

2000 Documenting radio culture as lived experience: Reception studies & the Mobile machine in Zambia. In Fardon,R. & G.Furniss eds. *African Broadcast Cultures*. pp.144-163、James Currey Publishers.

2002 Mobile Machines and Fluid Audiences: Rethinking Reception through Zambian Radio Culture. In Ginsburg, F., Abu-Lughod, L. and Larkin, B. (eds.) *Media Worlds: Anthropology on New Terrain*. Berkeley: University of California Press.

Strandsbjerg,Camilla

2015 *Religion et Transformations Politiques au Bénin: Les spectres du pouvoir*. Paris: L'Harmattan.

Sullivan, W. F, Hurd, E. S., Mahmood, S and Danchin, P.G. (eds.)

2015 *Politics of Religious Freedam*. Chicago: University of Chicago Press.

Tacchi, Jo

2002(1998) Radio texture: Between Self and Others. In Askew, Kelly and Richard R. Wilk. (eds.) *The Anthroplogy of Media: A Reader*, pp.241-257. Oxford: Blackwell.

Tall, Emanuelle K.

1995a De la démocratie et des cultes voduns au Bénin. *Cahiers d'Études Africaines* 137,35-1 : 195-208.

1995b Dynamique des cultes voduns et du christianisme céléste au sud-Bénin. *Cahiers des Sciences Humaines de l'Orstom* 31(4): 797-823.

2014 On Representaiton and Power: Portrait of a Vodun Leader in Present-Day Benin. *Africa* 84(2): 246-268.

Tété, Godwin

2012 *Histoire du Togo: Le coup de force permanent (2006-2011)*. Paris, L'Harmattan.

Tonda, Joseph

2005 *Le Souveraine Moderne: Le corps du pouvoir en Afrique centrale (Congo, Gabon)*. Paris: Karthala.

Tokpanou, Prudent V.

2012 *Boni Yayi ou Le Grand Malentendu: Le quatrième président du renouveau démocratque béninois*. Paris : L'Harmattan.

Toulabor, Comi

1992 Le Jeu de Mots, Jeu de Vilains : Lexique de la dérision politique au Togo. In Bayart, Mbembe. & Toulabor. eds., *Le Politique par le bas en Afrique Noire*, Paris: Karthala, 97-113.

Tudesq, André-Jean

1999 *Les Médias en Afrique*. Paris: Ellipses.

2002 *L'Afrique Parle, l'Afrique Écoute*. Paris: Karthala.

Vondoly, Kodzo

2015 *Le Journalisme au Togo: Contraintes et Réalités du Terrain*, Lomé: Editions Continents.

Wallerstein, Immanuel

1965 Elites in French-speaking West Africa:The Social Basis of Ideas. *Journal of Modern African Studies*,3-1 p.1-33.

Wasserman, Herman (ed.)

2011 *Popular Media, Democracy and Development in Africa*. London: Routledge.

Willems, Wendy & Mano, Winston (eds.)

2017 *Everyday Media Culture in Africa: Audiences and Users*. New York: Routledge.

〈日本語文献〉

アサド、タラル

二〇〇四(一九九三)『宗教の系譜――キリスト教とイスラムにおける権力の根拠と訓練』中村圭志訳、東京：岩波書房二〇〇六（二〇〇三）『世俗の形成――キリスト教、イスラーム、近代』中村圭志訳、東京：みすず書房。
アジア経済研究所編
一九九五『第三世界のマスメディア』東京：明石書店。
エヴァンズ＝プリチャード、E・E
二〇〇一（一九三七）『アザンデ人の世界――妖術・託宣・呪術』向井元子訳、東京：みすず書房。
エヴァンズ＝プリッチャード、E・E、フォーテス、M編
一九七二（一九四〇）『アフリカの伝統的政治体系』大森元吉・安藤勝美・細見真也・星昭・吉田昌夫・林晃史・石井章訳、東京：みすず書房。
飯田卓・原智章編
二〇〇五『電子メディアを飼いならす』東京：せりか書房。
今関光雄
二〇〇三「メディアによって生まれる対面的な個別性の関係――あるラジオ番組リスナーの『集い』について」『民族學研究』六七（四）：三六七―三八七。
伊藤守・毛利嘉孝編
二〇一四『アフター・テレビジョン・スタディーズ』東京：せりか書房。
小川了
一九九八『可能性としての国家誌――現代アフリカ国家の人と宗教』京都：世界思想社。
カサノヴァ、ホセ
一九九七（一九九四）『近代世界の公共宗教』津城寛文訳、東京：玉川大学出版部。
二〇一一「公共宗教を論じなおす」磯前順一・山本達也編『宗教概念の彼方へ』三三七―三七二、京都：法藏館。
川田牧人
二〇〇五「聞くことによる参加」『電子メディアを飼いならす』飯田卓・原智章編、一九七―二〇七頁、東京：せりか書房。
柄木田康之・須藤健一編
二〇一二『オセアニアと公共圏――フィールドワークからみた重層性』京都：昭和堂。

カラン、ジェームズ
一九九五「マスメディアと民主主義：再評価」児島和人・相田敏彦訳『マスメディアと社会――新たな理論的潮流』一二七―一八八、東京：勁草書房。
カラン、J、M・グレヴィッチ編
一九九五（一九九一）『マスメディアと社会――新たな理論的潮流』児島和人・相田敏彦訳、東京：勁草書房。
カラン、ジェームス、朴明珍編
二〇〇三（二〇〇〇）『メディア理論の脱西欧化』杉山光信・大畑祐嗣訳、東京：勁草書房。
キャルホーン、クレイグ編
一九九九（一九九二）『ハーバマスと公共圏』山本啓・新田滋訳、東京：未来社。
グレーバー、デヴィッド
二〇二〇（二〇一四）『民主主義の非西洋起源について――「あいだ」の空間の民主主義』片岡大右訳、東京：以文社。
小池誠
二〇〇三「ジャワ村落社会のテレビ視聴者――メディア人類学の試み」『国際文化論集』一七：一二三―五七。
ゴーシェ、マルセル
二〇一〇（一九九八）『民主主義と宗教』伊達聖伸・藤田尚志訳、トランスビュー。
児玉由佳編
二〇〇九『現代アフリカ農村と公共圏』東京：アジア経済研究所。
近藤英俊
二〇〇七「瞬間を生きる個の謎、謎めくアフリカ現代」阿部・小田・近藤編『呪術化するモダニティー』二二五―二六一、東京：風響社。
二〇〇二「カモフラージュとしての専門性――ナイジェリア・カドゥナの伝統医療の専門職化をめぐって」『民族學研究』六七（三）：二六九―二八八。
佐藤章
二〇一五『ココア共和国の近代――コートジボワールの結社史と統合的革命』千葉：アジア経済研究所。

白川千尋
　二〇一二「言葉・行為・呪術」白川千尋・川田牧人編『呪術の人類学』九―四五、京都：人文書院。
白川千尋・川田牧人編
　二〇一二『呪術の人類学』京都：人文書院。
シルバーストーン、ロジャー
　二〇〇三（一九九九）『なぜメディア研究か――経験・テクスト・他者』吉見俊哉・伊藤守・土橋臣吾訳、東京：せりか書房。
白水繁彦
　二〇〇四『エスニック・メディア研究』東京：明石書店。
田中正隆
　二〇〇九『神をつくる――ベナン南西部におけるフェティッシュ・人・近代の民族誌』京都：世界思想社。
田辺明生
　二〇〇六「デモクラシーと生モラル政治――中間集団の現代的可能性に関する一考察」『文化人類学』七一（一）：九四―一一八。
西真如
　二〇〇九『現代アフリカ社会の公共性――エチオピア社会にみるコミュニティ・開発・政治実践』京都：昭和堂。
ハーバーマス、ユルゲン
　一九九四（一九九〇）『公共性の構造転換――市民社会の一カテゴリーについての探究』細谷貞雄・山田正行訳、東京：未来社。
羽渕一代・内藤直樹・岩佐光広編
　二〇一二『メディアのフィールドワーク――アフリカとケータイの未来』東京：北樹出版。
林香里
　二〇〇二『マスメディアの周縁、ジャーナリズムの核心』東京：新曜社。
　二〇一四「ポスト・マスメディア時代の〝ジャーナリズム〟研究――デジタル時代における「公共圏の構造

転換」の可能性とリスク」伊藤守・毛利嘉孝編『アフター・テレビジョン・スタディーズ』七一―八九、東京：せりか書房。
バリバール、エティエンヌ、イマニュエル・ウォーラーステイン
一九九七（一九八九）『人種・国民・階級』若桑章孝・岡田光正・須田文明・奥西達也訳、東京：大村書店。
ブルデュー、ピエール
一九九〇（一九七九）『ディスタンクシオン――社会的判断力批判Ⅰ、Ⅱ』石井洋二郎訳、東京：藤原書店。
二〇〇〇（一九九六）『メディア批判』櫻本陽一訳、東京：藤原書店。
松村圭一郎
二〇〇九「エチオピア農村社会における公共圏の形成――市民社会／共同体の二元論をこえて」児玉由佳編『現代アフリカ農村と公共圏』二九―六七、千葉：アジア経済研究所。
宮崎広和
二〇〇九『希望という方法』東京：以文社。
ムフ、シャンタル
二〇〇八（二〇〇五）『政治的なものについて――闘技的民主主義と多元主義的グローバル秩序の構築』酒井隆史・篠原雅武訳、東京：明石書店。
矢澤達宏
二〇一九『ブラジル黒人運動とアフリカ――ブラック・ディアスポラが父祖の地に向けてきたまなざし』東京：慶應義塾大学出版会。
山本真鳥
二〇一二「サモア社会に公共空間は存在するか？」柄木田康之・須藤健一編『オセアニアと公共圏――フィールドワークからみた重層性』八八―一〇六、京都：昭和堂。
ラトゥール、ブルーノ
二〇〇八（一九九七）『虚構の「近代」科学人類学は警告する』川村久美子訳、東京：新評論。

新聞・センサス、そのほか資料

Le Matinal 2010, July 16
Le Matinal 2010, August 05
Le Matinal 2011, March 21
La Nation 2016, March 08
La Nation 2016, March 22
INSAE (Institut National de la Statistique et de l'Analyse Economique)
  2002 *3ème Recensement Général de la Population et de l'Habitat de février 2002*: Cotonou: Ministère du Plan, République du Bénin.
  2013 *Principaux Indicateurs Socio Démographiques et Economiques*.

ウェブサイト

ABP (Agence Bénin Presse)
http://www.agencebeninpresse.info/affiche_depeche.php?rubrique=Politique&sousrubrique=Pr%C3%A9sidentielle%20 2016&id=318（二〇一六年四月一六日アクセス）
Reuters
http://www.reuters.com/article/us-benin-election-idUSKCN0WS08X ; 'Newly-elected Benin president aims to reduce presidential terms（二〇一六年四月一六日アクセス）

図

表

写真・図表一覧

写真

マ

ヤ

ラ

ナ

ハ

タ

索引

著者紹介

田中正隆（たなか　まさたか）

1967 年、横浜市生まれ

2002 年一橋大学大学院社会学研究科博士課程修了。博士（社会学）。

1996 年 3 月よりベナン、トーゴにて調査に従事、現在も継続中。高千穂大学人間科学部准教授をへて現在、大谷大学社会学部准教授（2017 年〜）。専門は社会人類学、文化人類学、民俗学、アフリカ地域研究。

著書として、『神をつくる―ベナン南西部におけるフェティッシュ・人・近代の民族誌』（世界思想社、2009 年）、近年の論文として、“Medias,Elections and Democracy : A comparative study of presidential elections in modern Benin”『高千穂論叢』47-2（2012 年）、“Mediation between the Secular and the Religious : A Local Radio Program in Benin and the Post-Secular Argument”『大谷学報』99-1（2019 年）、“In the Hope for Change: Media and Audience in the Post-Charisma Era in Benin and Togo.”*Annual Memoirs of the OTANI University Shin Buddhist Comprehensive Research Institute* No36.（2019 年）

アフリカの聞き方、アフリカの語り方　メディアと公共性の民族誌

2021 年 2 月 10 日　印刷
2021 年 2 月 20 日　発行

著　者　田中　正隆
発行者　石井　雅
発行所　株式会社　風響社

東京都北区田端 4-14-9（〒 114-0014）
03(3828)9249　振替 00110-0-553554
印刷　モリモト印刷

ISBN 978-4-89489-291-0 C1039